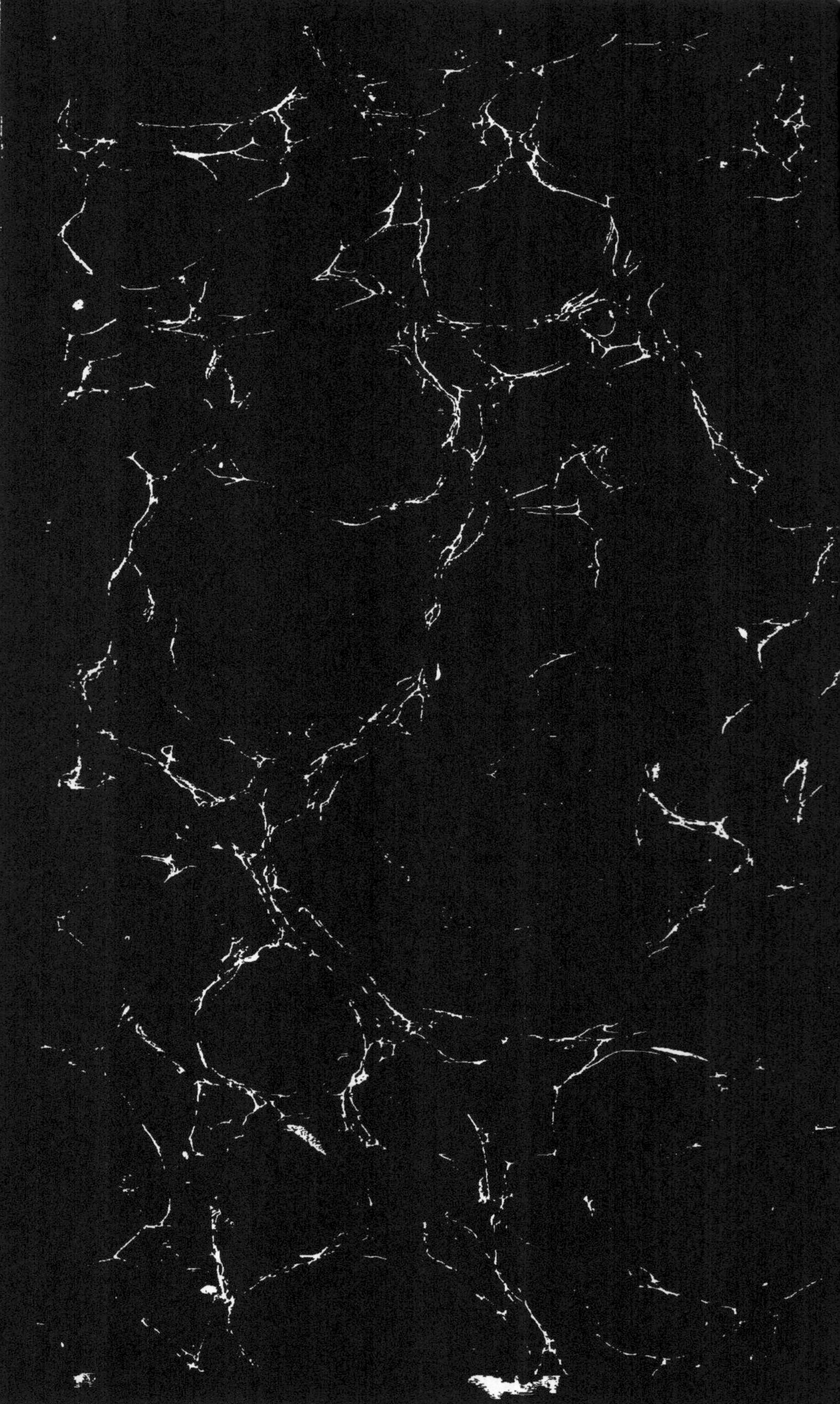

F

TRAITÉ
DES ABSENTS.

DE L'IMPRIMERIE D'A. EGRON.

TRAITÉ
DES ABSENTS,

SUIVANT LES RÈGLES CONSACRÉES PAR LE CODE CIVIL.

PAR A. G. DE MOLY,

CONSEILLER A LA COUR ROYALE DE TOULOUSE.

PARIS,
A. ÉGRON, IMPRIMEUR-LIBRAIRE,
RUE DES NOYERS, N° 37.

TOULOUSE,
F. VIEUSSEUX, IMPRIMEUR-LIBRAIRE,
rue Saint-Rome, n° 46.

1822.

On trouve chez le même Libraire :

ŒUVRES INEDITES D'OMER ET DE DENIS TALON, Avocats-Généraux au Parlement de Paris, sous Louis XIV, recueillies et publiées sur les manuscrits autographes, et dédiées à M. le comte De Sèze, Pair de France, etc. ; par D.-B. RIVES, Chef de division au Ministère de la Justice. 6 vol. in-8. 30 fr.

Le premier volume renferme diverses pièces en latin et en français relatives à ces deux magistrats célèbres; et un Discours préliminaire sur l'origine et les progrès du barreau de France. Cette belle Collection doit accompagner dans les bibliothèques de tous les magistrats les Œuvres de d'Aguesseau et de Cochin.

PUISSANCE PATERNELLE (DE LA); par J.-P. CHRESTIEN-DE-POLY, vice-président du Tribunal de la Seine, Chevalier de l'Ordre royal de la Légion-d'Honneur. 2 vol. in-8 de 400 pages. 12 fr.

Franco. 15 fr.

Cette question si grave a été traitée, dans ses plus grands détails, sous les rapports religieux, moral et politique.

TABLE DES CHAPITRES
ET DE LEURS DIVISIONS.

CHAPITRE TROISIÈME.

CHAPITRE QUATRIEME.

ERRATA.

Pag. 8, lig. 6, au lieu de : *nuisible*, lisez : *inutile.*
14, 4, des notes, retranchez le mot : *vastes.*
49, 25, au lieu de : *cette*, lisez : *ce.*
50, 19, au lieu de : *Malville*, lisez : *Maleville.*
91, 22, au lieu de : *109*, lisez : *909.*
128, 11, au lieu de : *se'scriait*, lisez : *s'écriait.*
141, 27, lisez : *d'absent.*
205, 27, au lieu de : *ses*, lisez : *ces.*
242, 14, au lieu de : *tos*, lisez : *tous.*
317, au lieu de : § 2, lisez : N° 2.
318, à la note, au lieu de : *v°*, lisez : *t.*
337, au lieu de : N° 1er, lisez : *Première subdivision.*
340, au lieu de : N° 2, lisez : *Deuxième subdivision.*
358, au lieu de : N° 3, lisez : *Troisième subdivicion.*
383, 26, au lieu de : *dirposition*, lisez : *disposition.*
392, 5, au lieu de : *était*, lisez : *serait.*
405, 1, au lieu de : *déclare*, lisez : *déclaré.*
433, 12, au lieu de : *nous ne pouvons pas relever*, lisez : *nous ne pouvons ne pas relever.*
452, 10 et 11, au lieu de : *donne seulement les formes*, lisez : *donne seulement dans l'art. 863 les formes.*
461, 2 et 3, au lieu de : *que lorsqu'il aura été mis*, lisez : *que lorsque le mari aura été mis.*
465, 6, au lieu de : *ces actes*, lisez : *cet acte.*
478, 4, au lieu de : *les*, lisez : *ses.*
481, 1, au lieu de : *auquel*, lisez : *à quel.*
482, 2, supprimez *une M.*
490, 22, au lieu de : *contumax*, lisez : *contumaces.*
493, 1, lisez : *professe aussi sur les deux questions.*
494, 5 et 6, au lieu de : *contumax*, lisez : *contumaces.*
499, dernière, au lieu de : *à un résultat*, lisez : *un résultat.*
503, note, au lieu de : *777*, lisez : *788.*
504, 22, lisez : *le procureur-général*
508, 4, au lieu de : *condamnés*, lisez : *accusés.*

AVANT-PROPOS.

Lorsque j'ai tourné toutes mes études vers nos lois civiles, je me suis bientôt aperçu que la série de ces lois qui se rapporte aux absents, était la moins complète et la moins approfondie de toutes.

Avant le Code Civil, la jurisprudence seule s'était occupée des absents; et nous n'avons aucun traité spécial et complet sur l'absence et ses effets civils.

Les lois françaises n'avaient pas, à la vérité, pourvu spécialement à quelques autres matières; mais les lois romaines étaient là pour combler la lacune. On n'avait même pas cette ressource en matière d'absence; aucun titre du corps du droit romain n'est relatif *aux absents*, dans l'acception donnée à ces mots par le titre 4 du livre premier du Code Civil. Si quelques lois romaines s'occupent des individus éloignés de leur domicile, c'est en partant, presque toujours, d'idées autres que celles qui sont attachées, dans le titre que nous venons d'indiquer, aux mots *absence*, *absent*.

C'est donc, pour ainsi dire, une matière nouvelle, que celle qui fait le sujet du titre du Code Civil, intitulé *des absents*. Or, nulle institution humaine n'a atteint dès l'abord un degré de perfection tel, que l'expérience n'ait pas appris à y faire des changements.

De plus, et pour ce qui concerne les lois qui règlent les rapports des particuliers entre eux, les modifications que les mœurs, les habitudes éprouvent par la succession des temps et des événemens, forcent à modifier aussi les lois civiles; car, ces lois doivent être en harmonie avec les mœurs et les habitudes du peuple auquel elles sont destinées.

Il fut un temps où un homme qui était sorti de sa province passait pour un phénomène. Les lois mêmes avaient élevé une sorte de barrière entre chaque province, qui avait d'ailleurs formé souvent un état indépendant; et leurs habitants respectifs tenaient à honneur de se distinguer jusque par leur costume. La politique des seigneurs avait fait naître et avait entretenu une sorte d'éloignement qu'éprouvaient les habitants d'une province pour ceux de toutes les autres.

A mesure que la France agrandit ses frontières et que ses Rois purent étendre leur bienfaisante autorité, les différentes contrées fraternisèrent davantage; et, lorsque les croisades ou les guerres civiles eurent anéanti ce qui restait des anciennes familles, la sage politique de nos Rois sut empêcher que les nouveaux possesseurs des fiefs marchassent sur les errements de leurs prédécesseurs. La féodalité proprement dite n'existait plus que de nom: elle cessa d'avoir de l'influence sur les mœurs, sur les habitudes.

Le prestige des noms disparaissait; il fut remplacé par l'ascendant de la fortune; la puissance de l'argent succéda à celle des créneaux. Dès-lors les grands seigneurs allèrent la chercher dans les faveurs de la cour; les petits dans les emplois, et le tiers-état dans le commerce; surtout lorsque le Nouveau Monde eut été découvert.

De plus, avant le seizième siècle, tous les états de l'Europe existaient isolément; les relations entre les souverains étaient peu fréquentes, et les peuples ne connaissaient les contrées éloignées que de nom. Peu à peu les Européens sont devenus, pour ainsi dire, une même famille; aujourd'hui un voyage autour du globe étonne moins, que jadis celui de la capitale du royaume.

Cette grande révolution, dans nos habitudes, créa de nouveaux rapports civils; le juge eut à s'occuper des intérêts de ceux qui disparaissaient de leur domicile, et la jurisprudence dut établir des règles dont la nécessité ne s'était pas fait sentir jusque-là.

Comme la France n'obéissait pas aux mêmes lois civiles, et que le juge souverain participait en quelque sorte au pouvoir législatif, chaque parlement, pour ainsi dire, adopta des principes différents sur l'absence.

Plus les années se succédaient, plus l'amour des découvertes et la soif de l'or éloignaient de leur patrie des hommes, qui quelquefois laissaient en France leurs intérêts à l'abandon.

Peu à peu les principes sur les secours que la société devait aux absents, s'étendaient et s'épuraient en même temps.

Cependant la matière était à peine ébauchée lorsque le projet de Code Civil fut soumis à la discussion du Conseil d'Etat. Aussi, aucun des titres de ce Code n'y a souffert autant de changements, n'a éprouvé autant de rédactions différentes. (1)

Si, jadis, le Français ne savait pas sortir de sa province, aujourd'hui presque personne ne veut y demeurer.

Il serait certainement facile de démontrer que cette ambition universelle, qui fait que personne n'est content de son sort; que tous les enfants méprisent la profession des auteurs de leurs jours, est une des causes les plus actives de la fermentation qui agite le monde. Sans doute, l'homme, par son essence même, tend sans cesse à se perfectionner; c'est ce qui prouve surtout qu'il est appelé à une autre vie. Mais faut-il que ce désir, ce besoin de perfectionnement, se changent en un esprit novateur, qui ne sait rien trouver de bon dans ce qui est? *Perfectionner* n'est certainement pas *détruire!* sauf à reconstruire ensuite, mais sur des plans dont aucune partie n'a passé par le creuset de l'expérience : des milliers de volumes ne vaudront jamais quelques instants de pratique.

Mais je m'éloigne de mon sujet, en traitant cette question immense. Les lois doivent prendre les hommes tels qu'ils sont; et dès que l'ambition ou le devoir éloignent beaucoup d'hommes de leur domicile, le législateur a dû juger qu'il était nécessaire de s'occuper de ceux des voyageurs que les événements retiendraient loin de leur patrie, plus de temps qu'il n'avait été dans leur intention de s'en absenter : tel est le but du titre *des absents* au Code Civil.

Pour toutes les autres matières traitées dans ce Code, le

(1) *V.* nº 18 *infra.*

législateur a pu consulter et la jurisprudence, et les ouvrages des jurisconsultes, et les lois anciennes, et le code de la raison écrite. Lorsqu'il a dû s'occuper des absents, il a été pour ainsi dire réduit à des idées spéculatives. C'est maintenant à l'expérience à perfectionner ce premier travail; et c'est à la jurisprudence qu'il appartient de sanctionner les leçons de l'expérience, et aux jurisconsultes à préparer la marche de la jurisprudence.

Non seulement la loi actuelle présente beaucoup de lacunes, elle ne produit pas même tous les heureux résultats auxquels elle pourrait arriver telle qu'elle est, parce qu'elle n'est pas appliquée aussi souvent qu'elle devrait l'être.

Le particulier qui a des intérêts à démêler avec un homme qui a disparu, se garde bien de dénoncer cette disparition; et comme le juge ne sait que ce que lui apprennent les parties qui réclament son intervention, il ne voit qu'un défaillant dans celui qui devrait être considéré comme absent. Le législateur a bien senti que le bénéfice de la loi sur les absents ne serait pas assez souvent réclamé par les tiers; il a appelé toute *partie intéressée* à former cette réclamation. Mais ceux que la loi désigne par cette qualification, ignorent, pour la plupart, leurs droits et leurs devoirs; ils les ignorent d'autant plus que les auteurs ne sont pas d'accord sur la signification des mots *parties intéressées*. De là les désordres les plus graves, qui amènent trop souvent des crimes épouvantables.

Une succession s'ouvre; parmi ceux qui y ont des droits, il en est un qui a disparu; les présents procèdent au partage tout comme si l'absent n'existait plus. Mais celui-ci revient; et, au lieu de retrouver des parens, il ne rencontre que des assassins. Que de fois les journaux nous ont présenté le tableau de crimes commis sur la personne d'un individu que l'on avait long-temps considéré comme n'existant plus, et qui avait été égorgé par ceux qui, s'étant emparés de ses biens, voulaient se mettre à l'abri de toute réclamation!

Je remplis depuis bien des années des fonctions près les Cours d'Assises; dans cet espace de temps, j'ai vu trois fois l'homicide inspiré par le désir de se délivrer d'un co-héritier dont le retour inespéré commandait des restitutions. Voici les faits de l'une des trois procédures.

Un père et une mère avaient trois enfants; ils possédaient, relativement à leur condition, une belle fortune, et ils étaient heureux par leurs enfants. Le fils aîné est atteint par l'inexorable loi de la conscription, il part. Fait bientôt prisonnier, il ne donne plus de ses nouvelles. Le père meurt, laissant un testament par lequel il léguait la portion disponible à ce fils aîné. Le frère et la sœur présents, partagent la succession, tout comme s'ils étaient les seuls héritiers, et quoique les dernières nouvelles de leur frère ne remontassent pas à cinq années. Bientôt après le fils aîné revoit le toit paternel; mais, au lieu d'embrassements, il trouve dans les bras de son frère un poignard homicide. Ce frère est arrêté, il est convaincu, et il périt sur l'échafaud.

La mère inconsolable ne veut plus que pleurer sur ses malheurs; elle cherche un époux pour sa fille, à laquelle elle abandonne tous ses biens, n'en réservant que quelques usufruits. Mère infortunée! elle trouve dans son gendre un homme insatiable, qui la prive même du nécessaire. Enfin, le feu dévore les récoltes de cette famille; le gendre va lui-même accuser sa belle-mère d'être l'auteur de l'incendie, alléguant qu'elle a voulu se venger de ce qu'il s'était emparé de toutes les récoltes. Heureusement les jurés firent justice d'une si effrayante accusation, en gémissant sur le sort de cette mère accablée par toutes les infortunes. (1)

Cependant, si, à la mort du père de famille, les droits de l'absent eussent été réservés, la société aurait eu une victime de moins à pleurer, un crime de moins à punir, et la morale publique n'aurait pas été effrayée par la monstruosité d'une accusation dirigée contre la plus tendre et la plus malheureuse des mères.

Un ouvrage qui répandrait la connaissance des règles sur l'absence, et qui en démontrerait les heureuses conséquences, serait, ce nous semble, éminemment utile. Mettant chacun à portée de connaître les droits et les devoirs qui découlent pour lui de ces règles, les intérêts des individus éloignés de leur domicile seraient moins souvent compromis; et les présents seraient amenés à respecter ces intérêts, et à ne pas regarder comme leur appartenant, des biens qui ne pourraient leur être échus que par un décès tout au moins incertain.

Tel est le but de l'ouvrage que j'offre aujourd'hui à mes concitoyens.

Après l'avoir écrit, j'ai été effrayé de son volume; car je sens que pour rendre une science plus commune, il faut la présenter dans les termes les plus courts, en même

(1) *V.* encore la note à la p. 314.

temps que les plus simples. J'ai en conséquence cherché à abréger mon travail; mais si je retranchais quelque chose qui me paraissait superflu, je devais bientôt ajouter de nouveaux aperçus.

C'est ici l'examen d'une loi bien importante, d'une loi bonne sans doute, mais que je crois susceptible de beaucoup d'améliorations, et d'importantes additions. J'ai dû montrer et les règles consacrées par le législateur, et celles qui m'ont paru manquer, pour compléter son ouvrage.

Je n'ai donc pas su abréger mon travail. Ceux qui me feront l'honneur de le lire, en apercevront mieux que moi les longueurs. S'il est jugé digne d'être censuré, je me ferai un devoir de prendre en considération toutes les observations dont il deviendra le sujet. Mon but principal a été d'attirer l'attention des jurisconsultes et des magistrats sur une matière encore neuve et certainement trop négligée. Je m'estimerais heureux si mon ouvrage amenait les savants légistes que possède la France, à traiter plus spécialement encore une matière si digne de leurs lucubrations, et sur laquelle il est indispensable d'appeler encore les méditations du législateur.

TRAITÉ

DES ABSENTS,

SUIVANT

LES RÈGLES CONSACRÉES PAR LE CODE CIVIL.

INTRODUCTION.

1. Le mot *absent* a plusieurs significations bien différentes. Dans le langage ordinaire, on confond sous cette dénomination toute personne qui n'est pas là où sa présence est demandée. Ainsi, on appelle *absent* et celui qui a disparu de son domicile sans que l'on sache où il est allé, et celui qui a quitté momentanément son habitation ordinaire, en faisant connaître le motif, le but de son voyage; celui-là même qui

n'est pas là où il devrait être au moment où son nom est appelé (1).

2. Le mot *absence* a, dans l'usage, une signification tout aussi étendue.

3. Nous tomberions dans de bien graves erreurs si nous conservions ici, à ces mots, la même étendue de signification.

Les rédacteurs de la loi du 25 mars 1803 qui forme le titre du Code Civil applicable spécialement aux *absents*, voulurent prévenir ces erreurs, en se servant d'expressions qui eussent rendu toute leur pensée et rien que leur pensée (2); la langue française ne leur en fournit aucune.

4. Afin que l'ambiguité des termes ne répande pas d'obscurité sur l'application des règles, il faut donc commencer par se fixer sur la signification que doivent avoir ici les mots *absent, absence.* Nous arriverons à ce but en précisant les caractères constitutifs de l'absence suivant les principes de la loi.

---

(1) Dictionnaire de l'Académie, verbo *absent*; art. 12, 13, 14, 15, 17, 42, 100 du décret du 30 mars 1808 sur l'organisation judiciaire. Delvincourt, Cours de Code Civil, in-4°. Paris, 1813, p. 63.

(2) *V.* l'ouvrage qui a pour titre : *Procès-Verbaux du Conseil d'E'tat, contenant la discussion du projet de Code Civil*, édit, in-4°; à Paris, de l'imprimerie de la République, an 12 (1804 v. s.), t. 1. p. 211.

5. Ces caractères sont : 1°. l'éloignement du domicile et de la résidence ordinaire; 2°. l'ignorance dans laquelle tout le monde est du nouveau domicile et de la nouvelle résidence; 3°. la non réception de toute nouvelle soit directe soit indirecte : l'existence simultanée de ces trois caractères autorise, seule, à ranger dans la classe des absents, celui sur la tête duquel ils se réunissent.

6. Ainsi, ne sera pas considéré comme régi par les règles que nous allons exposer, celui qui ne sera pas là où sa présence serait même absolument indispensable; celui dont on connaît la résidence quelque éloignée qu'elle soit; celui-là même qui n'a aucune résidence connue, mais dont on a des nouvelles, même indirectes. Tous ces individus sont qualifiés par le législateur de *non présents* (1). Il ne veut reconnaître pour *absent* que celui qui a disparu de son domicile et de sa résidence sans que l'on sache où il est, et dont on n'a depuis quelque temps aucune nouvelle soit directe soit indirecte; encore faut-il qu'à sa disparition ne se rattachent pas des présomptions trop fortes de mort; car, pour qu'il puisse y avoir absence, il faut qu'il y ait éloignement.

---

(1) Art. 840 du Code Civil.

7. Ailleurs, le législateur a fait pour les *non présents* ce que lui a inspiré sa sollicitude pour l'homme placé dans cette position; leurs intérêts continueront à être surveillés d'après les règles consacrées par les lois des 24 août 1790, 11 février et 6 octobre 1791, et si ce sont des militaires, par celles que nous rapporterons plus loin (1).

8. La commission chargée de la rédaction du projet de Code Civil, pensant que ce code manquerait une partie de son but, s'il n'abrogeait pas toutes les lois dont il n'aurait pas recueilli les dispositions, professait que celles que nous venons de rappeler ne pourraient plus être invoquées. Elle appréhendait en conséquence qu'il n'y eût plus de dispositions relatives aux personnes qui ne se trouveraient pas, par exemple, au lieu où une succession se serait ouverte à leur profit.

Ces différentes considérations furent pesées lors de la discussion au Conseil d'Etat du projet de loi sur les absents, et il fut répondu, en dernière analyse, que les dispositions que l'on arrêterait, ne concernant évidemment que les *absents* proprement dits, elles ne pouvaient être appliquées aux individus dont s'occupaient les lois de 1790 et 1791; d'où résulterait la conséquence que ces lois ne seraient pas rapportées.

---

(1) *V.* Chap. V.

Cette conséquence a été sanctionnée par la loi du 30 ventose an 12, d'après laquelle: ne sont abrogées que les lois sur les matières qui font l'objet du Code Civil. Ce code ne s'étant occupé nulle part *spécialement* des personnes *non présentes*, les lois qui les concernaient ont conservé toute leur force et doivent être encore observées (1).

9. Ce que nous allons dire ne sera donc relatif qu'aux personnes qui auront *cessé de paraître au lieu de leur domicile et de leur résidence*, *et dont on n'a pas de nouvelles, soit directes soit indirectes* (2).

La lettre de la loi et les discussions qui ont eu lieu au Conseil d'Etat pour sa rédaction, concourent également à établir le véritable sens des dispositions qu'elle contient et l'esprit dans lequel elles ont été conçues. On reconnaît, surtout à la division des absents en deux classes, que le législateur a voulu distinguer entre les personnes dont l'existence n'est pas douteuse et celles qui sont peut-être décédées.

10. Mais, de même qu'aux yeux de la loi il est deux sortes de morts, la mort naturelle et la mort civile, il y a aussi deux sortes d'absence, l'absence naturelle et l'absence que nous qualifierons

---

(1) Locré, Esprit du Code Civil, édition de l'imprimerie impériale. Paris, 1806, t. 2, p. 291 et suiv.

(2) Art. 115 du Code Civil.

de *civile*, puisque, comme la mort civile, cette absence n'a lieu que par la force de la loi.

11. Nous entendons par *absence civile* la position dans laquelle se trouve le contumax, d'après les dispositions des articles 28 au Code Civil et 471 au Code d'Instruction Criminelle. Nous établirons spécialement cette proposition qui a de bien imposants contradicteurs, et qui mérite toute l'attention du jurisconsulte.

12. Bien fixés sur les personnes que le législateur désigne par la qualification d'*absents*, jetons un coup d'œil sur les motifs généraux qui l'ont amené à s'occuper spécialement de ces personnes : l'intelligence de plusieurs des dispositions qui les concerne en deviendra plus facile.

13. L'intérêt de l'absent, celui de sa famille, celui des tiers, enfin l'intérêt public qui ne permet pas que les propriétés restent trop longtemps abandonnées ou incertaines, commandent, à la fois, qu'il soit pris des mesures relativement aux droits et aux biens de celui qui a disparu et dont on n'a aucune nouvelle.

14. Il était en effet impossible de ne pas poser des règles pour toutes les conséquences qui résultent de la disparition d'un individu. Non-seulement ces conséquences l'atteignent, elles portent aussi sur ses héritiers légaux et testamentaires, sur ses donataires, sur tous ceux qui avaient

traité avec lui. Elles gênent dans ses créanciers l'exercice de leurs droits ; elles frappent l'autre époux ; elles laissent des enfants mineurs sans défenseur, sans guide, sans appui. La loi civile eût été incomplette si elle avait négligé de pourvoir à tant d'intérêts.

15. Pour proportionner aux circonstances les secours à accorder à l'individu qui a disparu, il a fallu le considérer dans tous les rapports qu'il peut avoir, soit avec les choses soit avec les personnes, et régler ces rapports. Le motif dominant de toutes les dispositions, à cet égard, a dû être l'intérêt de cet individu ; aussi le législateur s'est-il d'abord occupé à graduer les mesures qu'il voulait ordonner, sur l'espace de temps écoulé depuis la disparition ou les dernières nouvelles.

16. Voici le principe d'où découlent toutes les règles sur l'absence : *la loi considère comme également incertaines la vie et la mort de celui qui a disparu, et cette égalité d'incertitude diminue progressivement à mesure que le moment de la disparition ou des dernières nouvelles s'éloigne.*

17. En réfléchissant sur ce principe, le législateur a été amené à diviser la durée de l'absence en périodes.

Inconnue dans l'ancienne jurisprudence, cette division a été introduite afin de faciliter la conservation de tous les intérêts.

Trop précipitée, la protection que le législateur croyait devoir à celui qui a disparu, lui serait devenue souvent funeste, ou du moins nuisible; trop différée ou trop restreinte, elle eût pu produire les mêmes résultats; elle eût été tout au moins nuisible.

18. Le titre des absents a été, de tous ceux du Code Civil, celui qui a coûté le plus de travail. M. de Maleville, l'un des membres de la commission qui a rédigé le projet de ce code, et l'un des savants jurisconsultes qui y ont mis la dernière main au Conseil-d'Etat, dit, dans son excellent ouvrage sur ce code (1): « J'ai sous les yeux cinq rédactions différentes que ce titre a souffertes avant d'être définitivement arrêté, quoique les procès-verbaux du Conseil d'Etat n'en mentionnent que deux. Cette matière était en effet très-épineuse; les lois romaines ne disent presque rien sur ce sujet, la jurisprudence était différente dans chaque ressort, et les coutumes présentaient encore beaucoup de variantes. C'eût été un grand bienfait pour la législation que de donner seulement des règles fixes sur un objet où tout était arbitraire; mais de plus on peut soutenir, avec M. Bigot-Préame-

(1) Analyse raisonnée de la discussion du Code Civil au Conseil d'Etat. Paris, 1805, p. 127.

neu, dans son discours au Corps-Législatif, qu'on a choisi les meilleures.

19. Après de longues discussions, le nombre de périodes qui diviseront le temps de l'absence, a été fixé à trois.

20. La première commence à la disparition ou aux dernières nouvelles, et finit par le jugement de déclaration d'absence.

Pendant cette période, l'absence n'est que présumée, parce que les raisons qui amènent à penser que l'éloignement ou le silence de l'individu qui a disparu et dont on n'a plus de nouvelles ne se prolongeront pas, sont plus fortes que celles qui font craindre une disparition ou un silence ayant pour cause un décès.

21. La seconde période commence au jour de la prononciation du jugement qui déclare l'absence.

La disparition sans nouvelles existant depuis plusieurs années, les motifs de croire que des raisons très-graves, des difficultés sérieuses s'opposent au retour de l'individu qui a disparu, commencent à l'emporter sur celles qui faisaient espérer ce retour : dès-lors il y a plus que présomption d'absence, il y a absence proprement dite.

Cette seconde période continue jusques à l'envoi en possession définitif.

22. La troisième période est marquée par le jugement d'envoi définitif; et même, sous

certains rapports, par l'expiration du délai après lequel cet envoi peut être demandé.

Le long temps qui s'est écoulé depuis la disparition sans nouvelles, donne la presque certitude que l'absent ne reviendra plus, parce qu'il n'existe plus; et il est temps de faire cesser les effets provisoires, de consolider la propriété des biens. On ne peut plus que ménager encore les intérêts de l'absent, assez, pour que si, contre toute attente, il reparaissait, il ne fût pas totalement dépouillé.

23. Après avoir divisé le temps de l'absence en trois périodes, le législateur n'a cependant fait que deux classes des individus qui ont disparu. Il qualifie ceux de la première classe *absents présumés*, ceux de la seconde *absents déclarés*.

Cette division est sans doute suffisante si l'on considère les individus, abstraction faite de leurs intérêts; elle peut amener quelque confusion lorsqu'on veut rappeler les effets de l'absence. Nous avons, en conséquence, cherché à prévenir cet inconvénient, en donnant aux individus une qualification différente pour chacune des périodes dans lesquelles les place le temps écoulé depuis leur disparition, ou depuis les dernières nouvelles. Nous les appellerons *absents présumés* pendant la première, *absents déclarés* pendant la seconde, *absents définitifs* dans la troisième:

L'épithète *définitifs* nous a paru peindre la position dans laquelle le législateur place l'absent pendant la troisième période.

24. Par cet ordre nous conserverons le mot *absent* comme terme générique et s'appliquant à tout individu qui a disparu, abstraction faite de la considération de la période dans laquelle le place le temps écoulé depuis sa disparition.

25. Concluons de tout ce que nous venons de dire, que trois principes forment la base de toute la loi sur les absens.

1er. Il faut qu'il y ait incertitude sur la vie et la mort d'un individu pour qu'il puisse être rangé dans la classe des absents.

2e. Le législateur a toujours eu cette incertitude dans la pensée; de telle sorte, que celui qui veut, pour exercer un droit, se prévaloir de la vie ou du décès de l'absent, doit établir avant tout, sauf les exceptions expressément consacrées par la loi, que l'absent existe ou est mort.

3e. L'intérêt de l'absent est le premier mobile de toutes les règles sur les effets de l'absence, tous les autres intérêts ne sont que secondaires et subordonnés.

26. Bien pénétrés de ces trois principes, il nous sera facile de saisir le sens de toutes les dispositions législatives sur les absents, et de suppléer au silence du législateur, ou d'inter-

préter ses expressions, sans jamais nous écarter de son intention et du but auquel il a voulu arriver.

27. Les effets de l'absence étant différens dans chaque période, nous consacrerons un chapitre distinct à l'examen des règles à suivre pendant la durée de chacune.

Nous réunirons dans un quatrième chapitre certaines règles qui ne conviennent pas spécialement à une période, ou qui sont applicables à toutes.

Un cinquième sera consacré à retracer les règles particulières à l'absence des militaires de terre ou de mer.

Nous traiterons dans un sixième, de l'absence civile, c'est-à-dire des effets de la contumace relativement aux biens du contumax.

Un septième et dernier sera consacré à dire les causes de la cessation de l'absence et les effets de cette cessation.

CHAPITRE PREMIER.

PREMIÈRE PÉRIODE.

Des absents présumés.

28. Pour rendre l'intelligence des dispositions qui règlent les effets de l'absence pendant la première période de plus en plus facile, rappelons ici les discussions qui, au Conseil d'Etat, amenèrent la distinction des absents en absents présumés et absents déclarés.

29. On n'avait pas d'abord des notions bien arrêtées. Pour arriver à des idées fixes, incontestables, parce qu'elles sont dans la nature des choses, il fallut passer par beaucoup d'hésitations, de doutes, d'incertitudes. Ces idées étaient nouvelles dans notre législation; il est des hommes, parmi les plus éclairés même, qui ne peuvent pas se dégager de celles qu'ils se sont precédemment formées, et qui les cherchent, croyent même les trouver, dans l'expression destinée à leur anéantissement.

Aussi crut-on d'abord au Conseil d'Etat, que les règles proposées pour former le chapitre premier de la loi, ne concernaient que les individus seulement éloignés de leur domicile, mais dont on connaissait d'ailleurs la résidence, dont on avait du moins des nouvelles.

30. La Commission (1), dans son projet, ne s'était pas occupée de l'absent présumé, elle ne proposait des précautions qu'en faveur de l'absent déclaré.

---

(1) Locré, ibid., p. 280.

Nota. L'ouvrage de M. Locré sur le Code Civil est, des commentaires qui ont paru sur ce Code, l'un des plus précieux. Non seulement M. Locré, par ses vastes connaissances, pouvait donner d'excellentes vues sur l'interprétation de la loi; mais, les fonctions qu'il exerçait au Conseil d'Etat l'ayant appelé à assister aux discussions qui y ont eu lieu pour préparer les lois nouvelles, il a été à même de donner, sur l'esprit qui a présidé à leur rédaction, les notions les plus dignes de foi. Aussi avons-nous pensé que, pour ce qui était surtout des discussions du Conseil d'Etat, nous ne pouvions mieux faire que de suivre un guide aussi sûr. Nous avons rapporté si souvent ses propres expressions, que nous n'en avertissons pas la plupart du temps nos lecteurs. Nous nous faisons un devoir de publier ici, et une fois pour toutes, que nous devons à M. Locré ce que l'on trouvera dans cet ouvrage de mieux interprété et même de mieux écrit.

Nous avons toutefois eu soin de consulter toujours M. de Maleville, qui a été plus à portée encore de connaître toute la pensée du législateur, et qui, par ses vastes connaissances était si propre à apprécier cette pensée, à nous en transmettre le développement et les conséquences.

Plusieurs cours signalèrent cette omission. Elles demandaient : qui, avant la déclaration d'absence, et avant l'envoi en possession provisoire, administrerait les biens de celui qui avait disparu, s'il n'avait pas laissé de procuration? qui dirigerait les actions lui appartenant?

31. Cette lacune n'était pas une omission, elle était la conséquence d'un système très-réfléchi qui a été expliqué dans la discussion, et qui avait été adopté par la section du Conseil d'Etat chargé de revoir le travail de la Commission pour en faciliter la discussion.

32. Ce système posait sur deux considérations puisées, l'une dans les principes de la jurisprudence alors existante, l'autre dans l'intérêt de l'absent présumé.

La loi, disait-on d'abord, protège la propriété des citoyens, mais elle ne dirige pas leurs affaires; elle doit donner à chacun le droit de défendre sa propriété, elle ne doit administrer pour personne : *vigilantibus jura succurrunt.* L'individu majeur qui est éloigné, s'il ne veille pas à ses intérêts, est, par rapport à la loi, dans le même cas que l'individu présent qui les néglige; il lui était facile de pourvoir à l'administration de ses biens en laissant une procuration. Il n'y a qu'une circonstance où la loi doive agir pour lui ; c'est : lorsque la culture de ses terres demeure abandonnée ; alors les lois de police rurale veulent qu'il y soit pourvu ; mais cette disposition n'a pas pour but l'intérêt des absents, elle est fondée sur celui de la société qui doit assurer ses propres subsistances.

D'un autre côté, il est dangereux, ajoutait-on, de donner à des collatéraux avides, connaissance, par un inventaire, des affaires de celui qui s'est éloigné ; d'autoriser qui que ce soit à fouiller dans les secrets de sa fortune et de sa maison, et d'y porter souvent le désordre, sous prétexte de veiller aux droits de l'absent. Il serait intolérable qu'une simple absence de six mois, ou même une demande en déclaration d'absence, donnât cette faculté aux héritiers ; il vaut mieux que, jusqu'à la déclaration d'absence, les biens et les droits de l'absent souffrent un peu (1).

33. D'après ces considérations la Commission et la section proposaient de laisser les choses dans les termes où elles se trouvaient d'après la jurisprudence ; c'est-à-dire, de ne faire d'autre différence entre l'absent non déclaré et l'individu présent qui néglige ses affaires, que celle que l'intérêt des tiers pourrait réclamer.

34. Au Conseil d'Etat on ouvrit un avis contraire ; et, après une longue discussion, il fut reconnu qu'il était nécessaire de pourvoir à l'administration des biens, avant la déclaration

(1) Locré, ibid., p. 281 et suiv.

d'absence. Lorsque l'individu qui a disparu a laissé un fondé de pouvoir, tout est terminé ; mais si ce fondé de pouvoir vient à mourir, ou si le présumé absent, étant pauvre, n'a pas donné de procuration, et que cependant il s'ouvre ensuite une succession à son profit, il peut devenir nécessaire de donner un administrateur à ses biens.

35. Tels sont, d'après M. Locré (1), les motifs qui ont amené le législateur à s'occuper des absents, avant que l'absence fût constante aux yeux de la loi. Nous les avons analysés, parce qu'ils seront d'un grand secours pour bien apprécier l'étendue des mesures adoptées relativement à celui qui vient de s'éloigner de son domicile, ou qui cesse de donner de ses nouvelles, et dont on n'en a, par aucune autre voie ; et qui n'a pas pourvu à l'administration de ses biens, à la défense de ses intérêts. Ces motifs complettent les moyens qui sont donnés au jurisconsulte pour parvenir à l'intelligence des règles sur cette matière, si l'on les rapproche de la discussion qui a eu lieu sur chacune d'elles en particulier.

36. Ce que nous avons à dire sur l'absence présumée sera divisé en cinq sections.

Dans la première, nous verrons quelles personnes peuvent être considérées comme présumées absentes ;

(1) Ibid., p. 280 et suiv.

Dans la deuxième, nous indiquerons les mesures autorisées par la loi pour l'administration des biens de ces personnes ;

Dans la troisième, nous examinerons par qui pourront être demandées les mesures conservatrices des biens d'un absent présumé ;

La quatrième sera consacrée à l'examen de la question de savoir devant quel tribunal seront formées ces demandes ;

La cinquième aura pour objet les effets généraux de la présomption d'absence.

PREMIÈRE SECTION.

Des personnes qui peuvent être considérées comme présumées absentes.

37. Nous ne trouvons nulle part dans la loi, la désignation précise des caractères auxquels on peut reconnaître la présomption d'absence ; mais nous savons que, par *absent*, il faut entendre l'*individu qui a disparu de son domicile et de sa résidence depuis un assez long temps, pendant lequel on n'a pas eu de ses nouvelles* (1).

Nous savons aussi, que le législateur n'a pas voulu abandonner, depuis le moment de sa disparition ou des dernières nouvelles, l'individu qui ne peut être encore déclaré absent.

---

(1) Art. 115, Code civil.

38. Lorsqu'un homme s'est éloigné des lieux qu'il habitait, on doit croire, dans les premiers momens, que son éloignement n'est que momentané. Cette croyance devra être plus ou moins complette, suivant la connaissance que l'on aura des motifs du départ de cet homme, ou l'ignorance plus ou moins absolue dans laquelle il aura laissé à cet égard. Il peut même avoir eu de bonnes raisons pour faire un mystère de son éloignement et des causes qui l'ont amené.

Ainsi, alors même que cet homme ne donnerait pas d'abord de ses nouvelles, ce n'est pas un motif suffisant pour avoir, presqu'aussitôt après sa disparition, des inquiétudes sur son existence; sa conduite à cet égard a pu être dictée par une détermination réfléchie.

39. Il était donc impossible de ranger, en règle générale, dans la classe des absents, aussitôt après sa disparition ou à partir des dernières nouvelles, l'individu qui aurait disparu et dont on n'aurait plus de nouvelles.

40. De plus, si, à la disparition d'une personne, on avait de fortes présomptions de croire qu'elle a péri ou par un suicide, ou par un assassinat, ou par tout autre événement, ce n'est plus le cas de l'absence. Il ne peut en être question, que lorsqu'on est certain d'un éloignement.

41. Lorsque celui qui s'est éloigné continue

à garder le silence ; si l'on ne reçoit aucune nouvelle de lui par quelle voie que ce soit, son éloignement, prolongé au-delà du terme qu'il avait assigné, ou qu'il avait laissé entrevoir, ou qu'il est naturel de calculer sur la nature des affaires qu'il laisse en souffrance, commence à faire naître des craintes sur son existence, sa vie et sa mort cemmencent à devenir également douteuses.

42. Mais avant que le temps nécessaire pour servir de fondement à ces craintes se soit écoulé, les biens de l'individu qui a disparu peuvent être en péril; le législateur a voulu prévenir le danger auquel leur abandon les expose.

43. Pour faire maintenir les anciens principes qui ne permettaient de s'occuper de l'intérêt de l'individu qui a disparu, que lorsqu'il était déclaré absent, on disait au Conseil-d'Etat (1) : on ne peut pas pourvoir à l'administration de ses biens immédiatement après son départ; on ne peut pas demander l'ouverture de ses portes le lendemain de son éloignement; une telle précipitation n'est pas nécessaire, on doit présumer que celui qui vient de disparaître a mis ordre à ses affaires et ne les perd pas de vue. Cette précipitation serait nuisible à celui que l'on voudrait protéger; personne n'oserait s'éloigner du lieu

---

(1) Locré, ibid., p. 279 et suiv.

qu'il habite, s'il avait à craindre que, sous prétexte de le secourir, la fraude ou l'intérêt pussent pénétrer dans ses affaires, s'emparer de ses secrets dès l'instant de son départ, pour en abuser trop souvent contre lui-même.

44. Nous avons vu, dans l'introduction, que ces raisons ne purent empêcher de décider que la loi veillerait pour le presumé absent. Il fut reconnu qu'elle pouvait et devait s'occuper de la position de celui qui avait disparu, pourvu qu'elle conciliât ce qui était dû au maintien de la liberté que chaque citoyen doit avoir d'aller où bon lui semble, d'administrer ses biens comme il l'entend, avec la protection que mérite celui que la force des choses retient éloigné de son domicile; avec les intérêts des tiers; avec ceux de la société.

45. L'individu qui *a disparu* et *dont on n'a pas de nouvelles*, est donc celui que la loi qualifie *de présumé absent.*

46. Mais il faut une certaine durée d'éloignement, pour qu'il soit prouvé que celui qui s'est éloigné de son domicile, ne donne pas de ses nouvelles. On ne peut donc considérer l'individu qui vient de disparaître, comme absent présumé dans le sens de la loi, le lendemain du jour où il est parti.

Quel espace de temps devra s'être écoulé

depuis sa disparition? Cette question n'est pas non plus formellement résolue par la loi.

Toutefois, nous trouverons dans une de ses dispositions, des éléments propres à en faciliter la solution.

Nous lisons en effet dans l'article 142 que : *six mois après la disparition du père, si la mère était décédée lors de cette disparition, ou....... la surveillance des enfans sera déférée.....*

Sans doute, on doit décider que la surveillance des enfants ne pourra être déférée après la disparition du père, que lorsque cette disparition sera caractérisée par l'ignorance du lieu où il est, jointe à la privation de toute nouvelle de lui.

Une fois la disparition ainsi caractérisée, six mois après, la mesure commandée par l'art 142 doit être prise, sans examiner si le motif connu du départ du père, si le lieu où il est allé, ne doivent pas faire juger, qu'absolument parlant, il n'a pas encore eu le temps de donner de ses nouvelles. Il suffit que ses enfants se trouvent sans protecteur, sans appui, pour que la loi entende qu'il leur en soit donné un.

Mais, le protecteur qui, dans ce cas, sera donné aux enfants, administrera, non-seulement la personne, mais encore les biens des mineurs, lesquels ne se composeront, presque toujours, que du patrimoine de leur père.

Or, si le législateur a cru que, six mois après la disparition du père, la loi devait venir au secours de ses enfans, le juge pourra sans doute, après le même délai, considérer tout homme qui aura disparu, comme absent présumé ; les mineurs ne sont pas, dans notre hypothèse, plus favorables que celui qui a disparu.

Nous pensons même que, si les biens de celui qui a disparu périclitent de telle sorte que, sans un prompt secours, ils soient exposés à périr en tout ou en partie, le juge pourra prendre des mesures pour leur conservation, quoique la disparition ne remonte pas à six mois. Il le pourra surtout, il le devra même, s'il s'agit de l'intérêt des tiers.

En dernière analyse, nous estimons : que *tout individu qui a disparu, et dont on n'a pas de nouvelles, peut être présumé absent.*

47. C'est ici le cas d'examiner la question de savoir si l'absence devra partir du jour où les nouvelles ont été recues, ou de la date des lettres ou papiers qui les contiennent.

Nous lisons dans la loi : lorsqu'une personne aura cessé de paraître au lieu de son domicile ou de sa résidence, et que depuis quatre ans *on n'en aura point eu de nouvelles* (1).

Ces mots : *on n'en aura point eu de nouvelles*,

---

(1) Art. 115, Code civil.

amènent à penser que l'absence devra partir de la réception des nouvelles, non de la date des écrits qui les renferment.

48. Cette interprétation était encore plus claire dans la première rédaction de la loi, puisqu'elle portait : *reçu des nouvelles*; mais les motifs de la suppression du mot *reçu* serviront aussi à donner l'esprit de ce changement.

Il fut reconnu que, pour faire cesser la présomption d'absence, il n'était pas nécessaire que l'absent donnât lui-même de ses nouvelles, qu'il suffisait qu'on en eût, n'importe par qui, ni comment. L'on mit en conséquence à la place du mot *reçu* le mot *eu*, qui, par sa généralité, rend mieux la pensée du législateur (1).

Donc, on doit compter les nouvelles du jour où on les a *eues*, non de leur date.

49. Ajoutons que, dans notre matière, tout doit être interprété en faveur de celui qui a disparu ; que l'on n'a à remarquer la date des nouvelles, que pour juger si le temps de la demande en déclaration d'absence est arrivé, et non lorsqu'il s'agit seulement de pourvoir à l'administration des biens de l'absent présumé, et que par conséquent, fixer le point de départ à la réception des nouvelles, ne servira qu'à retarder l'envoi en possession provisoire, et ne retar-

(1) Maleville, ibid., p. 132. Delvincourt, ib. p. 242, n° 1;

dera pas du tout l'emploi des mesures conservatrices des biens.

50. Concluons que l'absence devra partir du jour de la réception des nouvelles. Lorsque ce jour ne sera pas constant, on le fixera sans doute, en calculant le temps nécessaire pour que l'écrit qui les renferme ait pu parvenir du lieu où il a été écrit, à celui où il était adressé. S'il ne s'agissait pas d'un écrit donnant des nouvelles de celui qui a disparu, mais seulement d'un acte où il a figuré, ou dont les clauses annonceraient son existence ; cet acte n'étant pas destiné à donner de ses nouvelles, mais son contenu prouvant seulement qu'il existait lorsque l'acte a été rédigé, l'absence nous semble devoir dater du jour de la confection de l'acte. Si cependant l'absent y était partie, et que l'acte dût être exécuté aux lieux d'où l'absent s'est éloigné, alors il devrait être considéré comme donnant aussi des nouvelles de l'absent, et l'absence ne daterait que du jour où il a pu être reçu dans ces lieux.

51. Pourrait-on induire de tout ce que nous venons de dire, que dès qu'un individu fait défaut sur une citation à lui donnée, il doit être procédé à son égard comme s'il était absent présumé ?

52. En d'autres termes : je fais citer quelqu'un, la citation est signifiée à son domicile alors qu'il n'y était pas ; j'obtiens un jugement par défaut

que je fais exécuter; point d'opposition, et le jugement acquiert la force d'un jugement contradictoire, par son commencement d'exécution; ce jugement pourra-t-il être infirmé par le motif, qu'ayant été rendu contre un absent présumé, le ministère public n'a pas été entendu?

53. S'il en était ainsi, il ne serait plus possible de poursuivre un jugement par défaut, sans communication au ministère public.

Les auteurs des Pandectes qui examinent cette difficulté (1), pensent: que pour la faire évanouir, il faut décider que l'article 114 ne doit recevoir son application, qu'après la demande afin de déclaration d'absence; parce que, disent-ils, alors seulement l'absence est présumée.

Sans doute, le tiers qui a des droits à exercer n'est pas obligé de savoir si celui contre lequel il veut agir, est en présomption d'absence; mais, si l'huissier et ceux qui reçoivent les ajournemens exécutent et la lettre et l'esprit des formes tracées pour toute signification, la présomption d'absence de l'individu qui aura dû être cité, sera infailliblement dévoilée dès le premier acte de la procédure; ou du moins, avant qu'aucun jugement ait pu acquérir la force d'un jugement contradictoire.

54. D'après les mêmes auteurs, la bonne

(1) Pandectes Françaises, t. 3, p. 7.

foi dans le poursuivant est nécessaire, pour que l'on ne puisse pas attaquer le jugement qu'il aurait obtenu, par le motif qu'il a été rendu pendant la présomption d'absence du poursuivi. En cela, ces auteurs ne font que rappeler les dispositions de l'art 480 du Code de procédure civile.

Or, si celui qui actionne veut se conformer à ce principe, aussitôt que les actes de la procédure l'avertiront quel'individu qu'il poursuit a disparu, il instruira le ministère public de cette disparition d'après les formes voulues par les lois, et il sera pris des mesures pour veiller aux intérêts du poursuivi. Dès-lors le poursuivant sera libre de poursuivre, en toute conscience et sûreté, la manifestation de son droit.

S'il n'a pas procédé ainsi, le jugement pourra être attaqué sur le fondement du dol personnel, ou pour cause de non communication au ministère public.

La preuve du dol personnel résultera : de ce que le poursuivant ne pouvait ignorer la présomption d'absence ; et il sera établi qu'il ne pouvait l'ignorer, si la personne qui a reçu les significations, s'est empressée de dire ce qu'elle savait des causes de la non présence du cité, des circonstances de son éloignement et de sa durée, et si l'huissier a été exact à consigner tous ces dires dans ses actes.

55. Invitons donc tous ceux qui reçoivent des significations pour des tiers, s'ils ignorent ce que sont devenus ces tiers, à le déclarer; que les huissiers, de leur côté, ne négligent pas de rapporter, dans leurs actes, tout ce qu'ils apprendront sur la position des personnes qu'ils ne trouveront pas à leur domicile.

56. Par ce moyen, les droits de tous seront assurés et à l'abri de toute surprise; but qui ne serait pas atteint, si l'on suivait seulement l'avis des auteurs des Pandectes, qui est : de laisser toujours rendre des jugemens par défaut (1).

Cet avis serait sans doute le meilleur dans l'intérêt de l'absent, si, comme le professent ces auteurs, il pouvait à son retour, quelque différé qu'il eût été, attaquer tous ces jugemens.

57. Mais il est difficile de comprendre la proposition de ces auteurs, alors qu'on ne peut supposer qu'ils crussent à l'existence d'une loi prorogeant les délais d'opposition contre les jugemens par défaut, lorsqu'ils ont été rendus contre un individu qui a disparu, contre un absent soit présumé, soit même déclaré; les jugements par défaut rendus contre ces individus, deviendront contradictoires et définitifs, par l'observation des mêmes formalités et après les mêmes délais, que s'ils

(1) Ibid., p. 20 et suiv.

avaient été rendus contre un individu simplement *non présent.*

58. D'ailleurs, parce que celui contre qui j'ai un droit à exercer n'est pas à son domicile, peut-il m'être inhibé de poursuivre mon action ? Si j'ai le droit d'actionner cet individu, je dois pouvoir le faire régulièrement et de manière à obtenir des jugements inattaquables. S'il n'est que *non présent*, je me conforme aux règles ordinaires destinées à faire acquérir aux jugemens par défaut, l'autorité de la chose jugée; s'il est en présomption d'absence, en ajoutant à ces formes celles introduites dans l'intérêt des absents, les jugements que j'obtiendrai doivent devenir également irrévocables ; sans cela, la présomption d'absence nuirait aux droits des tiers. Dès que je me serai soumis de bonne foi aux règles établies, je suis sans reproche, mon droit est consacré pour toujours.

59. Tel a été le but de la loi sur les absents; elle a voulu, et que celui que la force des circonstances avait éloigné de son domicile, ne fût pas victime de cet éloignement, et que la disparition d'un individu ne changeât pas la position de ceux qui ont des droits à exercer contre lui, ne suspendît en rien l'exercice de ces droits. Ce but sera atteint dans toutes ses parties par les moyens que nous venons d'indiquer; ce qui ne serait pas, si les absents pouvaient attaquer,

sur le seul motif de leur absence, les jugements par défaut rendus contre eux.

60. Concluons de tout ce que nous venons de dire : que *tout individu qui a disparu de son domicile, sans que l'on sache où il est, et sans que l'on aie de ses nouvelles, peut, aussitôt que tout ou partie de ses biens périclitent, être considéré par le le juge comme absent présumé.*

DEUXIÈME SECTION.

Des mesures qui peuvent être ordonnées relativement aux biens des personnes présumées absentes.

61. Aucune disposition formelle ne désigne les mesures qui peuvent être ordonnées pendant la présomption d'absence.

62. Au Conseil-d'Etat, on examina simultanément : si les personnes qui avaient disparu, et qui n'étaient pas encore déclarées absentes, devaient être secourues; et quels secours pourraient leur être accordés.

63. Nous avons dit par quels motifs le Conseil-d'Etat fut amené à décider affirmativement la première de ces deux propositions (1).

64. Toutefois, une partie du conseil, quoique frappée du danger de laisser les biens de l'individu en présomption d'absence trop long-temps

---

(1) *V. suprà*, p. 13 et 14.

à l'abandon, pensait aussi qu'il y aurait un grand inconvénient à s'occuper des affaires de cet individu, avant que son absence eût été déclarée.

65. Pour concilier tous les intérêts, on proposait de rapprocher le moment de la déclaration d'absence.

66. Mais cette proposition fut bientôt écartée, parce qu'elle fut reconnue dangereuse et illusoire :

Dangereuse ; par toutes les raisons qui établissaient les inconvéniens d'une protection trop précipitée.

Illusoire ; car il eût fallu toujours laisser écouler un laps de temps quelconque, avant de prononcer la déclaration d'absence ; et, pendant ce délai, se représentait le danger que l'on voulait prévenir.

67. Ce moyen repoussé, l'insuffisance des anciennes règles fut facilement démontrée. On commença dès-lors à sentir qu'il fallait abandonner la jurisprudence ; et que, pour rendre la loi complette, il importait d'établir une distinction entre les premiers temps de la disparition et les temps plus reculés ; ce qui fut définitivement arrêté, dans la séance du 16 fructidor an 9, sur la proposition du célèbre *Tronchet* (1).

---

(1) *V.* Procès-verbaux, t. 1, p. 195 et suiv.

68. Ensuite on chercha quelles mesures il conviendrait de prendre pendant la présomption d'absence.

69. On examina aussi, s'il convenait de fixer le moment où la loi permettrait de s'immiscer dans les affaires de l'absent présumé? Devait-elle, cette loi, veiller pour lui dès l'instant de sa disparition?

Mais, cette disparition était-elle suffisante pour autoriser à pénétrer dans le secret des affaires de celui qui venait de s'éloigner? Sous prétexte de le protéger, on s'exposait à nuire à ses intérêts. Une semblable disposition aurait porté atteinte à la liberté qu'à chaque individu de se conduire comme il l'entend, et pour sa personne et pour ses biens, sauf l'intérêt public ou celui des tiers. Qui eût osé s'éloigner de chez lui, s'il eût pu craindre que, le lendemain de son départ, sous prétexte de veiller à ses intérêts, on pénétrerait dans le secret de ses affaires, on s'immiscerait dans l'administration de ses biens!

70. L'abandon même où paraissent se trouver les affaires, les biens de celui qui a disparu, n'est pas un motif suffisant pour que la loi autorise des tiers à s'en mêler.

S'il n'a pas laissé de procuration, et à plus forte raison, s'il n'en a laissé qu'une spéciale, c'est peut-être à dessein de ne confier à personne les détails de sa fortune ; c'est peut-être parce qu'il a préféré courir les risques du préjudice que pourrait lui causer l'abandon de ses affaires jusqu'à son retour : pourquoi s'exposer à contrarier ses calculs ?

Celui qui a disparu, sans pourvoir à l'administration de ses biens, doit être, aux yeux de la loi, dans les premiers temps du moins, dans la même position que l'individu présent qui les néglige.

71. On sentit d'ailleurs, que les circonstances de la disparition en modifiaient les conséquences, et que, si l'on voulait fixer le moment où il serait permis de se mêler des affaires de l'individu qui avait disparu, il faudrait en fixer un différent presque pour chaque disparition.

72. Mais, après s'être occupé de l'absent présumé, il fallait penser aussi aux tiers ; et, quoique la loi n'entendît disposer que dans l'intérêt du premier, il ne fallait pas sacrifier celui des seconds.

73. Ces considérations amenèrent à reconnaître qu'il était impossible de fixer le moment où la loi permettrait de s'immiscer dans les affaires de l'absent présumé, et à arrêter : que la loi autoriserait seulement à prendre des mesures, que le juge ordonnerait *lorsqu'il y aurait nécessité.*

74. Toute la loi sur les effets de l'absence,

pendant la première période, est dans ces mots: *s'il y a nécessité.*

C'est en effet sur la *preuve de la nécessité*, et seulement sur cette preuve, que les magistrats sont autorisés à s'occuper des intérêts de l'absent présumé, n'importe l'époque à laquelle remonte la disparition.

75. De plus, c'est d'après ce que commande *la nécessité*, que les magistrats doivent déterminer le mode qui sera suivi pour soigner ces intérêts.

La loi n'a pas plus réglé ce mode, à quelques exceptions près, que le moment où il était permis de s'immiscer.

76. En parcourant les procès-verbaux sur la loi des absents au Conseil d'Etat, on est bientôt convaincu, d'un côté, qu'on n'a entendu prescrire aucune marche pour pourvoir aux intérêts de l'absent présumé ; ni, de l'autre, déterminer les cas dans lesquels il serait permis de s'occuper de ces intérêts.

77. On n'a pas même voulu proscrire la nomination d'un curateur, prohibée par l'ordonnance de 1667, quoique les motifs de cette prohibition aient été retracés.

78. On n'a pas défendu davantage les recherches dans les papiers de l'absent présumé, quoique ces recherches aient été peintes sous les couleurs les plus rembrunies.

On a reconnu l'impossibilité de prévoir dans la loi tous les cas où l'intérêt de l'absent présumé réclamerait des secours.

79. Ne pouvant donner des règles particulières, le législateur s'est borné à en tracer une générale, capable de guider le magistrat dans toutes les occasions. Cette règle est : *que le juge ne doit pas se faire, dans cette matière, de système général, qu'il appliquerait indifféremment à tous les absents présumés ; mais que, consultant la situation particulière de chacun, il doit mesurer les secours sur cette situation et sur le genre de besoin, afin de proportionner ces secours aux circonstances, et sans les étendre au-delà, sous aucun prétexte.*

80. Voilà la paraphrase du mot *nécessité*, qui est toute la loi dans notre hypothèse. Aucune mesure n'est ordonnée, pas même permise, si elle n'est commandée par la *nécessité*. Toute mesure est autorisée si elle est dictée par la *nécessité*.

S'il y a *nécessité*, voilà, nous ne pouvons trop le répéter, tout ce que prescrit le législateur ; laissant ensuite une latitude indéfinie aux magistrats, et sur le moment où il est convenable de s'immiscer, et sur les mesures à permettre ou à ordonner (1). Voici les termes de l'article 112

---

(1) *V.*, à cet égard, Maleville, sur l'art. 112 ; Locré, t. 2, p. 306, ad 332 ; Thoulier, n° 391 du prem. vol.

du Code civil, qui est le premier du titre des absents :

> S'il y a nécessité de pourvoir à l'administration de tout ou partie des biens laissés par une personne présumée absente, et qui n'a point de procureur fondé, il y sera statué par le tribunal de première instance, sur la demande des parties intéressées.

81. Toutes les fois que des mesures seront provoquées, relativement aux biens d'un individu que l'on prétendra avoir disparu ; la disparition une fois reconnue, le juge devra commencer par examiner si la nécessité de ces mesures existe ; il exigera des preuves réelles, positives, des faits particuliers, qui ne permettent pas de douter qu'on ne peut pas abandonner les affaires de celui qui doit être rangé dans la classe des absents présumés, au cours des événements, sans lui causer un préjudice notable, ou sans nuire essentiellement aux droits des tiers.

Car il ne suffirait pas, nous voulons le répéter encore, que les affaires de l'absent présumé fussent abandonnées ; la loi n'admet pas, pendant la première periode, la présomption générale que les intérêts de l'absent sont en souffrance, par cela seul qu'ils ne sont pas administrés. Lorsqu'il n'a pas pourvu à leur administration avant de s'absenter, on doit croire, dans les premiers temps du moins, que c'est à dessein de ne pas confier le secret de ses affaires ; qu'il a pourvu, par d'autres arrangements, à ce que ses biens ne fussent pas en péril, ou qu'il a été persuadé qu'un abandon momentané ne leur causerait pas un préjudice qu'il dût chercher à prévenir.

Le juge sera donc fort sévère sur l'examen de la question de savoir *s'il y a nécessité*.

82. Nous avons vu que le législateur avait reconnu l'impossibilité de spécifier dans la loi tous les cas où il y aura *nécessité*, soit quant aux intérêts de l'absent présumé, soit quant à ceux des tiers.

83. Il résulte de la discussion qui eut lieu au Conseil d'Etat, ainsi que des discours prononcés tant au Corps Législatif qu'au Tribunat, que l'esprit de la loi et l'intention du législateur sont : s'il y a à fouiller dans les papiers de l'individu qui a disparu, que le commissaire nommé par le tribunal pour faire les recherches, soit un de ses membres ; ou le juge de paix, si le lieu où les recherches doivent être faites est éloigné.

Que ce commissaire puisse rechercher dans le domicile de l'absent ou dans la maison qu'il habitait, les deniers, ou les titres actifs, s'il y a à payer quelque chose et que le créancier agisse. Que par conséquent ce commissaire pourra faire l'ouverture des coffres, des armoires et autres meubles fermés, afin de rendre ses recherches fructueuses ; mais qu'aussitôt qu'il aura trouvé ce qu'il devait rechercher, il devra discontinuer son opération (1).

On sent combien cette opération exige de soins, de prudence et de réserve, combien le procès-verbal qui en sera dressé doit être exact et circonstancié.

84. Dans le cas où l'absent présumé est actionné par un créancier, si quelque parent, ami ou voisin offre de payer, de plus amples recherches seront inutiles; l'offre sera acceptée et mentionnée dans le procès-verbal qui servira de titre au prêteur, à l'effet de quoi il lui en sera délivré copie.

85. Lorsque l'appartement que possédait le présumé absent doit être démeublé, s'il se présente quelqu'un de solvable pour dépositaire, les meubles pourront lui être délivrés après inventaire; s'il ne se présente personne, le commissaire verra s'il y a lieu de les faire vendre ou de les garder : dans le premier cas, il en référera au tribunal; dans le second, le commissaire pourra louer un local pour les renfermer, toujours après inventaire, et le scellé sera apposé sur la porte de l'appartement.

86. Si l'on trouve de l'argent, des titres, des

(1) Procès-verbal du 24 fructidor an 9, t. 1, p. 216 et autres; Pandectes Françaises, t. 3, p. 4 et 5.

objets précieux dont il fût facile de disposer, le commissaire pourra en ordonner le dépôt.

87. Si les terres restent abandonnées et sans culture, la bonne police exige qu'il y soit pourvu, car la société a intérêt à assurer ses propres subsistances : dans ce cas l'intérêt public se trouve uni à celui de l'absent présumé.

L'article premier de la cinquième section de la loi du 28 septembre 1791 voulait : que la municipalité pourvût à faire serrer les récoltes du cultivateur absent.

Le mot *absent* qui se trouve dans cet article, n'a pas la signification restreinte qui lui est attribuée dans la loi des absents, il s'applique à tout non présent.

Cette loi n'est pas rendue dans l'intérêt privé, elle est dans l'intérêt public, elle est de haute police : elle conserve donc tout son effet, et sera applicable, toutes les fois que des récoltes seront en danger de périr par suite de la non présence ou de l'absence soit présumée soit déclarée du propriétaire.

88. Si la maison de l'absent menace ruine prochaine, et que, située dans une ville ou dans un village, il soit urgent de la démolir dans l'intérêt public, les lois de police seront applicables. Mais il faudra en faire retirer les meubles ; veiller à la conservation des matériaux ; le tribunal sera appelé à y pourvoir.

Lui seul pourra ordonner la démolition aussi bien que toutes les autres mesures, si la maison est bâtie dans des lieux où sa chute ne peut porter préjudice qu'à l'absent présumé.

Souvent il sera possible de prévenir la nécessité d'une démolition, du moins complette ; alors le tribunal sera seul juge des mesures à prendre.

89. S'il faut prévenir aussi l'insolvabilité de quelque débiteur, empêcher une prescription de s'accomplir ;

S'il est urgent de payer quelque lettre de change, afin que l'absent présumé ne soit pas considéré comme failli ; dans tous ces cas il y a *nécessité* d'agir.

90. Dans celui d'un dépôt dont il y a preuve par écrit, le déposant ayant droit de se faire rendre à chaque instant les objets déposés, il y a *nécessité* d'ouvrir la maison de l'absent présumé pour chercher ces objets, lorsque le déposant les réclame.

91. M. Thoulier, dans la note qui est au bas de la page 336 du premier volume de son ouvrage sur notre droit privé (1), observe que M. Locré, p. 324, t. 2, et M. Bigot-Préameneu, dans l'exposé des motifs de la loi sur les absents, mettent au nombre des affaires urgentes qui

(1) Droit civil français, deuxième édition, 1819, à Paris.

emportent nécessité d'agir pour l'absent, l'exécution des *congés de loyer*, leur *paiement*, celui des autres *dettes exigibles.* « Il est difficile, dit-il, de se rendre à cette opinion, autrement il faudrait dire qu'il y a nécessité dans tous les cas. Le créancier peut obtenir un jugement par défaut et le faire exécuter comme dans le cas d'un débiteur présent. »

Alors même que nous n'aurions pas d'autres raisons de préférence, il nous serait difficile de ne pas la donner à l'opinion de l'orateur du Gouvernement, qui, ayant concouru à la rédaction de la loi, doit avoir saisi le véritable esprit de toutes ses dispositions.

Mais nous observerons qu'il a été dans cet esprit, de prémunir le magistrat contre les systèmes généraux applicables dans tous les cas semblables et à tous les absents présumés. Le juge doit, toutes les fois qu'une mesure lui est demandée, quelle qu'elle soit, quel que soit le cas proposé, examiner *s'il y a nécessité.* Nous pensons donc que c'est au juge à décider, dans les hypothèses présentées par M. Bigot-Préameneu, et relevées par M. Thoulier, *s'il y a nécessité*, et qu'il peut permettre les mesures provoquées lorsque leur nécessité sera démontrée.

92. Lorsqu'un absent présumé a des intérêts communs avec un tiers, par exemple, dans le cas d'une société dont l'acte refuserait aux associés

le droit d'agir les uns sans les autres, il y a nécessité de recourir à la justice pour que les associés de l'absent présumé puissent agir, s'il est démontré que l'intérêt commande qu'on agisse.

En voilà sans doute assez pour établir que tout, dans la première période de l'absence, est laissé à l'arbitrage du juge et pour indiquer les cas où il devra ordonner des mesures conservatoires.

93. Le législateur s'est servi du mot *biens*, afin d'embrasser tout ce qui peut être possédé, meubles, immeubles, corporels, incorporels : en un mot tout ce qui forme le patrimoine de l'absent présumé.

94. De plus, la loi porte : s'il y a nécessité de pourvoir à l'administration de *tout* ou *partie* des biens; expressions très-remarquables et qui signifient que, pendant la première période, le juge ne doit pourvoir à l'administration des biens de l'absent présumé, que pour la portion de ces biens pour laquelle *il y a nécessité* de prendre des mesures. D'où suit encore la conséquence, que ces mesures peuvent, suivant la nécessité, n'être que temporaires, ou bien avoir une durée plus ou moins longue.

95. Après avoir, par son article premier, laissé le magistrat arbitre des cas où il y a nécessité de venir au secours de l'absent présumé, le législateur, dans l'article suivant, en précise quel-

ques-uns dans lesquels le juge devra prescrire des mesures; il va même jusqu'à dire quelles mesures seront ordonnées; voici les termes de cet article (1) :

> Le tribunal, à la requête de la partie la plus diligente, commettra un notaire pour représenter les présumés absents, dans les inventaires, comptes, partages et liquidations dans lesquels ils seront intéressés.

96. Les auteurs qui ont écrit sur la matière que nous traitons (2) insinuent très-clairement que les dispositions de cet article ne s'appliquent qu'aux successions.

Il nous semble que c'est une erreur et qu'il faut prendre cette disposition dans toute l'étendue de la signification des termes qui la composent. Or, ces termes embrassent tous *inventaires, comptes, partages* et *liquidations* dans lesquels un présumé absent est intéressé, n'importe le genre d'affaires, et le droit dont l'exercice donne lieu à ces opérations.

Cette généralité de sens a été si bien dans l'intention du législateur, que nous lisons dans l'exposé des motifs de l'orateur du Gouvernement (3) *les successions, les comptes, les partages,*

(1) Art. 113, Code civil.

(2) *V.* Thoulier, t. 1, n° 392 et suiv.; Locré, t. 2, p. 325 et suiv.

(3) *V.* Procès-verbaux, t. 2, p. 472.

les liquidations dans lesquels les absents se trouvent intéressés.

Si, lors de la discussion, le Conseil d'Etat n'avait entendu prévoir que les opérations relatives aux successions, son organe n'eût pas parlé *des successions*, avant d'énumérer les actes auxquels elles pouvaient donner lieu, sur-tout en les détachant par le sens grammatical de ces mêmes actes ; et l'article 113 a été ajouté par le Conseil d'Etat, ce qui annonce de plus en plus que tous ses termes ont été bien pesés.

Si l'on n'y avait eu en vue que les successions, cet article eût certainement été reconnu inutile, d'après les précautions qui devaient être prises pour les cas où tous les héritiers ne seraient pas présens lors de l'ouverture d'une succession ; précautions consignées dans les articles 818, 819, 840 du Code civil et 928, 941 et 952 du Code de procédure civile, entre autres.

97. Tout concourt donc à prouver que les dispositions de l'article 113 devront être observées, toutes les fois qu'un absent présumé sera intéressé dans un inventaire, un compte, un partage, une liquidation quelconques.

98. Remarquons encore que l'article porte : *des biens laissés.* Le législateur a-t-il voulu par ce mot, *laissés*, limiter les biens pour l'administration desquels des précautions pourraient être prises, à ceux qui se trouvaient dans le patrimoine

de l'absent présumé, lorsque la présomption d'absence a dû commencer. Il est évident que le législateur s'est arrêté au cas le plus ordinaire. Il est en effet difficile de concevoir, comment le patrimoine de l'absent présumé pourra s'augmenter postérieurement à sa disparition. Les successions seraient à peu près le seul mode qui luiresterait d'acquérir, mais il en sera le plus souvent exclus, d'après les dispositions de l'art. 136.

De ce que le législateur a eu en vue le cas le plus ordinaire, il n'en résulte nullement que, si le patrimoine de l'absent présumé acquiert une augmentation après la disparition ou les dernières nouvelles, il n'y ait pas lieu à prendre pour les nouveaux biens, les précautions autorisées pour la conservation de ceux possédés avant la disparition ; les mêmes motifs commandent d'étendre ces précautions aux biens nouvellement acquis, et les dispositions de l'article 112 et suivans devront leur être appliquées.

99. Il suit de ce qu'il faut *nécessité* pour que le juge puisse pourvoir à l'administration des biens de l'absent présumé, que, dans le cas où cet individu a laissé un fondé de procuration, le juge n'a plus rien à faire; aussi l'existence d'un fondé de pouvoir retardera-t-elle l'envoi en possession provisoire comme nous le verrons au chapitre II.

100. Il suffira d'une procuration spéciale, li-

mitée, d'une procuration qui a existé quoiqu'elle ait pris fin, pour que la déclaration d'absence soit retardée, et pendant le même délai.

En sera-t-il de même pour empêcher l'emploi des mesures permises pendant la présomption d'absence?

Les termes de l'article 112 répondraient seuls négativement, alors même que toutes les considérations ne commanderaient pas cette décision.

Les hypothèses dans lesquelles nous nous plaçons sont toutes prévues par ces mots : *s'il y a nécessité.* Il n'y a pas *nécessité* de veiller aux biens dont l'administration est confiée à un procureur fondé ; il y a *nécessité* de s'occuper de ceux sur lesquels le procureur fondé ne peut pas ou ne peut plus veiller.

Il est d'autant plus indispensable de le décider ainsi, que toute procuration retardant l'envoi provisoire, la portion des biens non confiés au procureur fondé, ou tous les biens, si la procuration prenait fin, seraient plus long-temps abandonnés par suite de l'adoption de l'opinion contraire.

MM. Pigeau (1) et Locré (2) professent la même doctrine.

101. En dernière analyse, toutes les fois que

(1) Procédure des tribunaux de France, troisième édition, t. 2, p. 234.

(2) Ibid., t. 2, p. 97 et suiv.

des mesures seront réclamées dans l'intérêt d'un individu *prétendu* absent présumé, après avoir reconnu la présomption d'absence, le juge examinera si les mesures demandées sont nécessaires, et si elles lui paraissent telles, il les ordonnera ou remplacera celles qui auraient été demandées par d'autres qui lui paraîtront suffire à la nécessité.

TROISIÈME SECTION.

Par qui peuvent être demandées les mesures conservatoires pour les biens d'un absent présumé ?

102. Nous lisons dans l'article 112 : Il y sera statué......... *sur la demande des parties intéressées.* La solution de la question de savoir quelles personnes peuvent provoquer des mesures, dans l'interêt d'un absent présumé, est donc dans le sens de ces mots : *des parties intéressées.*

103. L'intérêt est la mesure des actions, dit un brocard aussi vieux que la justice des hommes ; on n'admet donc à intenter une action que celui qui a un intérêt réel, légal et actuel à actionner.

104. Ce brocard est-il applicable, dans toute sa rigueur, à la question posée ? Oui, d'après MM. Locré et Thoulier.

« Observons, dit le premier de ces auteurs (1),

(1) T. 2, p. 322 et suiv.

que la loi veut que les parties intéressées agissent par voie de *demande*, c'est-à-dire de réquisition directe. Cette circonstance nous découvre de quelle nature est l'intérêt qu'elle exige dans des tiers, pour les autoriser à provoquer des mesures.

« Ce sera d'abord un intérêt légal, c'est-à-dire qui puisse être la base d'une action. L'interêt de pure affection, tel que celui que des parents peuvent prendre au sort de l'absent présumé, est suffisant sans doute pour donner l'éveil à la partie publique, en l'avertissant que les affaires de l'absent présumé sont en souffrance, et la laissant ensuite requérir ce qu'elle croit le plus convenable ; mais il ne suffit pas, pour former une demande en justice, et requérir des mesures déterminées......... Nulle demande n'est fondée en justice, si elle ne repose sur un intérêt légal. S'il était une matière où l'on dût tenir plus rigoureusement à cette règle, ce serait dans celle des absents : il serait moins dangereux de laisser leurs affaires à l'abandon, que de les livrer à quiconque voudrait s'en emparer.

« En second lieu, continue M. Locré, l'intérêt doit être né actuellement, un intérêt éventuel et hypothétique, comme par exemple celui des héritiers, n'autorise pas à agir par voie de réquisition directe pour l'absent présumé. On a vu que l'intention de la loi est de soustraire ses affaires aux regards des collatéraux avides. Elle fixe elle-même le moment où il est permis d'agir directement : c'est celui où il y a lieu à la déclaration d'absence. »

M. Thoulier s'exprime à peu près dans les mêmes termes ; il se résume en disant (1) : « Les parties intéressées, dans le sens de l'article 113, sont les créanciers, les associés, en un mot les *tiers*, qui ont un intérêt né et actuel à provoquer la mesure sur laquelle ils veulent faire prononcer. »

105. Les mots *parties intéressées*, interprétés ainsi, le but du législateur sera-t-il rempli ?

106. Les auteurs que nous venons de citer professent de la manière la plus formelle que le législateur, dans tout le titre des absents, a eu principalement, presque uniquement même, en vue l'intérêt de l'absent.

Mais alors, le législateur aurait perdu de vue le principe fondamental de toute la loi, lorsqu'il traçait la règle dont nous recherchons le sens ; car, interprétée comme le professent MM. Locré et Thoulier, elle ne veillerait tout au plus que pour les tiers.

107. Ces auteurs ont senti cette disparate, mais ils ont pensé que le législateur a fait tout ce qu'exigeait, pour cette hypothèse, l'intérêt de

(1) T. 1, n° 394.

l'individu qui a disparu, en chargeant le ministère public de veiller spécialement pour les présumés absents (1). Ce correctif est loin d'assurer que le but de la loi sera rempli.

108. D'ailleurs, s'il fallait, pour pouvoir demander l'application de l'article 112, un intérêt actuel, celui des tiers ne serait même pas assuré. Il résulterait en effet, de l'adoption de cette règle, que le créancier dont la dette n'est pas encore exigible, et qui verrait dépérir la chose à lui due, ou le gage de sa créance, ne pourrait solliciter des mesures pour leur conservation; que celui qui aurait la propriété éventuelle d'un immeuble dont l'absent présumé n'avait que le simple usufruit, ne serait pas admis à demander qu'il fût pourvu à l'administration de cet immeuble : l'intérêt de ces individus ne serait pas actuel.

109. Aussi MM. de Malville et Pigeau professent-ils une opinion contraire, et qui nous semble devoir obtenir la préférence.

110. Nous pourrions soutenir que l'intérêt de l'héritier est un intérêt né et actuel, puisque la condition à laquelle l'ouverture de ce droit est attachée, est censée remplie, par la disparition sans nouvelles, et que l'exercice du droit est

---

(1) Locré, ibid, p. 324; Thoulier, ibid, n° 395.

seulement suspendu jusques à l'accomplissement du temps au bout duquel l'envoi en possession peut être ordonné. Mais nous ne voulons pas engager une sorte de dispute de mots ; nous pensons, non-seulement que les héritiers présomptifs peuvent agir en vertu de l'article 112, mais encore que l'application de cet article peut être invoquée par tous ceux qui ont sur les biens de l'absent un droit quelconque, suspendu, soit par une condition conventionnelle, soit jusques au décès de l'absent présumé.

111. C'est sans doute beaucoup oser que de professer une opinion aussi opposée à celle de MM. Locré et Thoulier. Mais, la première loi pour tout homme qui se permet d'écrire, c'est d'obéir à sa conscience (1); toutefois cette opposition nous impose le devoir de dire les motifs sur lesquels nous fondons notre opinion.

112. Nous savons, qu'en général on n'est reçu à agir, qu'autant qu'on excipe d'un intérêt légal et actuel, mais la loi elle-même a fait des exceptions à ce principe.

113. Pour pouvoir agir pour un autre, il faut, en règle générale, une procuration ; cependant la loi suppose qu'on a pu gérer l'affaire d'autrui sans être son mandataire, et elle a

(1) Hennequin, dans la *Thémis*, t. 1, p. 56.

réglé, dans un titre spécial, les conséquences de cette gestion.

« *Lorsque volontairement on gère l'affaire d'autrui* (1), *soit que le propriétaire connaisse la gestion, soit qu'il l'ignore, celui qui gère contracte l'engagement tacite de continuer la gestion qu'il a commencée, et de l'achever, jusqu'à ce que le propriétaire soit en état d'y pourvoir lui-même. Il doit se charger également de toutes les dépendances de cette même affaire.*

« *Il se soumet à toutes les obligations qui résulteraient d'un mandat exprès que lui aurait donné le propriétaire.*

« *Il est obligé* (2) *de continuer la gestion encore que le maître vienne à mourir avant que l'affaire soit consommée, jusqu'à ce que l'héritier ait pu en prendre la direction.* »

114. Voilà sans doute une exception bien formelle à l'axiome, que l'intérêt est la mesure des actions, et elle suffirait pour autoriser toute personne à demander qu'il fût veillé à la conservation de tout ou partie des biens de l'absent présumé; car, ce n'est qu'une manière de gérer les affaires d'autrui, et les dispositions que nous venons de transcrire n'en excluent aucune.

115. Objecterait-on que ces dispositions ne

---

(1) Art. 1372, Code Civil.
(2) Art. 1373, Code Civil.

parlent que des gestions que peuvent entreprendre les particuliers, sans le secours des tribunaux? Nous répondrions que cette objection serait tout au plus fondée pour le commencement de la gestion; car, une fois qu'elle a commencé, elle donne au gérant les mêmes pouvoirs que s'il était porteur d'une procuration.

Il y a même plus; une procuration est souvent limitée, les pouvoirs qui résultent d'un commencement de gestion s'étendent au contraire à *toutes les dépendances* de l'affaire qu'on a commencé de gérer, et ils durent jusqu'à la conclusion de cette affaire, ou jusqu'au moment où celui pour qui on gérait, peut et veut se charger lui-même de la gestion.

116. Mais, à quoi bon chercher ailleurs que dans la loi sur les absents, les motifs sur lesquels est fondée notre opinion? cette loi est une exception continuelle aux règles, aux principes ordinaires de droit civil.

117. En général, en effet, la loi ne veille pas pour le majeur, parce qu'elle le considère comme capable de se défendre lui-même et de soigner ses intérêts. Cependant, s'il est absent, ou en présomption d'absence, elle a cru devoir venir à son secours; son intention est bien formelle.

Comment cette intention sera-t-elle remplie? La loi ne peut s'appliquer elle-même; ses ministres, non plus, ne peuvent connaître par eux-mêmes les cas où son application est nécessaire. Il faut que les particuliers, en éveillant par leurs demandes la sollicitude du magistrat, vivifient la loi.

Elle a chargé les parties intéressées, de réclamer son exécution ; et les parties intéressées sont certainement, en matière d'absence, tous ceux qui ont intérêt à la conservation des biens de l'absent ; et y ont intérêt, tous ceux qui ont des droits, soit ouverts, soit éventuels sur ces biens.

118. MM. Locré et Thoulier voudraient que les héritiers présomptifs ne pussent agir que par des avertissements ou des réquisitions adressés au ministère public.

119. Mais, pour qu'une semblable marche pût produire un résultat, il faudrait que la loi eût investi le ministère public du droit d'agir, dans cette circonstance, par voie d'action.

Que porte l'article 114?

> Le ministère public est spécialement chargé de veiller aux intérêts des personnes présumées absentes, et il sera entendu sur toutes les demandes qui les concernent.

120. Comment les auteurs cités entendent-ils cet article pour l'accommoder à leur manière de voir ?

M. Locré reconnaît lui-même (1) que, si quelquefois l'intérêt des tiers peut être le même que celui de l'absent présumé, le plus souvent il sera en opposition ; il avoue encore que l'intérêt de l'absent présumé peut être isolé, parce qu'il n'y aura pas toujours un tiers intéressé à provoquer les mesures nécessaires ; par exemple, lorsque l'absent n'a pas de créanciers, et que cependant ses terres et ses maisons ne sont pas louées, ses revenus pas recouvrés ; lorsque ses débiteurs sont près de faillir.

« Dans ces deux hypothèses, dit notre auteur, il n'y a pas de parties intéressées à agir ; par conséquent l'article 112 cesse de pourvoir aux intérêts de l'absent présumé. »

Mais il prétend que « l'article 114 complette, sous tous les rapports, le 112e, en constituant en général le ministère public, le défenseur des absents présumés ; et surtout, en ordonnant que les demandes qui les concernent lui soient communiquées. Le ministère public connaît donc les demandes des parties intéressées ; il conclut à l'admission ou au rejet, suivant qu'elles lui paraissent fondées ou sans motifs suffisans ; et quand il les admet, il a soin, par les tempéramens et par les sages précautions qu'il sug-

(1) Ibid., p. 329 et suiv.

gère au tribunal, d'empêcher que l'intérêt de l'absent ne soit compromis. »

Ce sont bien là les fonctions du ministère public; mais pour qu'il soit appelé à les remplir, il faut une demande qui saisisse le juge.

Que fera donc le ministère public lorsqu'il n'y aura pas de parties intéressées? Notre auteur a-t-il cru tracer la marche à suivre alors, en disant que le ministère public est constitué le défenseur des absents présumés? Il faut nécessairement que, dans son opinion, le ministère public, averti par les parens, les amis, les voisins de l'absent présumé, ait le droit d'agir par voie d'action, afin qu'il puisse lui-même saisir le juge.

M. Thoulier s'exprime plus clairement: « Mais, dit-il, les parens et même les amis peuvent, par voie de réquisition, stimuler le ministère public d'agir, en l'avertissant que les affaires de l'absent sont en souffrance, et en le laissant ensuite requérir ce qu'il croit le plus convenable; car l'article 114 charge spécialement le ministère public de veiller aux intérêts des personnes présumées absentes, et il doit être entendu sur toutes les demandes qui les concernent.

« Ainsi, continue le même auteur, il a deux fonctions: l'une, *de former lui-même* les demandes qu'il juge convenables pour les intérêts de l'absent ; l'autre, d'appuyer ou de contredire les demandes formées par les tiers intéressés (1). »

Les principes généraux sur les fonctions du ministère public, et la lettre et l'esprit de la loi, repoussent également, ce nous semble, cette manière d'entendre l'article 114.

121. *Les principes généraux sur les fonctions du ministère public.* Il est en effet constant, qu'en matière civile, le ministère public n'agit par voie d'action, que dans les cas où la loi lui donne très-expressément ce mandat. En règle générale, dans cette matière, il ne fait que prendre communication, lorsque l'action est déjà intentée, et donner ensuite telles conclusions, ou prendre telles réquisitions qu'il juge à propos ; n'agissant d'ailleurs par voie de réquisition, que lorsque l'intérêt public l'exige, et, à peu près jamais, dans le seul intérêt particulier (2).

Il faut une disposition expresse pour que, en matière civile, le ministère public puisse *introduire* une demande quelconque. « *En matière civile*, porte l'article 46 de la loi du 20 avril 1810, qui nous régit aujourd'hui, *le ministère public agit d'office dans les cas spécifiés par la loi* (3). »

---

(1) Ibid., n° 395.

(2) *V.* le Rép. de Jurisp. Verbo *ministère public*.

(3) Au civil, les commissaires du Roi exerçent leur mi-

Il ne pourra donc *agir d'office* dans les cas où il s'agira de l'intérêt des absents présumés, que tout autant qu'une disposition formelle lui donnera ce mandat.

Les auteurs cités pensent que l'article 114 attribue *deux sortes de fonctions* au ministère public : *l'une, de former lui-même les demandes qu'il juge convenables pour les intérêts de l'absent ; l'autre, d'appuyer ou de contredire les demandes formées par les tiers intéressés.* Ils croient donc que ces mots : *le ministère public est spécialement chargé de veiller aux intérêts des personnes présumées absentes*, donnent au ministère public le droit d'agir par voie d'action.

La lettre et l'esprit de la loi repoussent également cette interprétation.

122. 1°. *La lettre.* Remarquons en effet, que toutes les fois que le législateur a voulu autoriser le ministère public à agir *d'office*, il l'a dit en termes bien autrement exprès que ceux que nous venons de rapporter.

---

nistère, *non par voie d'action, mais seulement par celle de réquisition, dans les procès dont les juges auront été saisis.*

Les tribunaux tiennent tant à la stricte observation de cette règle, qu'ils refusent au ministère public le droit d'agir par voie d'action, pour faire maintenir les mariages, même dans les hypothèses où la loi lui accorde action pour en demander la nullité.

« Le mariage contracté en contravention « des......... *peut être attaqué*, soit par les époux « eux-mêmes, soit......... *soit par le ministère pu-* « *blic.* » Art. 184.

« *Le procureur du roi*, dans tous les cas aux- « quels s'applique......... *peut et doit demander* la « nullité du mariage......... » Art. 190.

« Dans le cas de fureur, *si l'interdiction n'est* « *provoquée* ni par l'époux, ni par les parens, « *elle doit l'être par le procureur du roi, qui*, dans « les cas d'imbécillité ou de démence, *peut aussi* « *la provoquer* contre un individu qui n'a......... » Art. 491.

Voilà comment le législateur s'est exprimé lorsqu'il a voulu donner au ministère public le droit d'agir d'office en justice.

Voici ses expressions lorsqu'il a voulu qu'il agît aussi d'office hors jugement.

« *A défaut*, par les maris......... *de faire faire* « les inscriptions......... elles seront *requises* par « le procureur du roi......... » Art. 2138.

« A cet effet, ils déposeront copie collation- « née......... et ils certifieront, par *acte signifié*, « tant......... *qu'au procureur du roi*......... pendant « lequel temps les......... et *le procureur du roi se-* « *ront reçus à requérir*, s'il y a lieu, et *à faire* « *faire* au bureau du conservateur des hypo- « thèques, des inscriptions sur l'immeuble alié- « né, qui......... » Art. 2194.

Veut-on voir encore comment s'exprime le législateur, lorsqu'il entend confier au juge le pouvoir de provoquer telles ou telles mesures ?

« *Ce conseil* (le conseil de famille) *sera convoqué* « *soit sur la réquisition......... soit même d'office*, et « à la poursuite *du juge-de-paix* du domicile du « mineur. *Toute personne pourra dénoncer* à ce « juge-de-paix le fait qui donnera lieu à la no- « mination d'un tuteur. » Art. 406.

Même disposition dans l'article 446.

Les expressions contenues dans l'article 114 sont loin d'être identiques avec celles que nous venons de rappeler. Le ministère public y est seulement *chargé spécialement de veiller aux intérêts* des *personnes présumées absentes*. Si l'on voulait trouver dans ces mots le mandat d'agir d'office en justice, on y trouverait à plus forte raison celui de faire faire tout ce que réclamerait l'intérêt des absents, sans l'intervention du juge.

123. Demandera-t-on quelle est la signification à donner à ces mots, afin de leur faire produire un effet ? Car tout ce qui est écrit dans la loi, doit avoir un résultat, parce que le législateur n'a rien écrit d'inutile, de superflu même.

Ces mots, dira-t-on, ne peuvent s'entendre de la nécessité de communiquer au ministère public toutes les causes qui intéressent un absent présumé, puisqu'il y a disposition formelle à cet égard immédiatement après celle dont il s'agit de trouver l'application : *Il sera entendu sur toutes les demandes qui les concernent.*

Si l'on ne donnait, ajoutera-t-on, au premier membre de l'article, d'autre sens que celui que présente la signification grammaticale des mots dont il est composé, il formerait avec le second un pléonasme parfait.

124. Afin d'expliquer l'article de manière à rendre nécessaires toutes les expressions qu'il renferme, il suffit de rapprocher les deux dispositions précitées; ce rapprochement prouvera lui seul, que la seconde a été ajoutée pour montrer le veritable sens de la première, qui, sans cette interprétation, aurait été au-delà de ce qu'elle était destinée à dire.

125. Si le législateur avait entendu donner, par l'article 114, au ministère public, le droit d'agir d'office, aurait-il dit dans le 116e, que, « pour constater l'absence, le tribunal......... ordonnera qu'une enquête soit faite *contradictoirement* avec le procureur du roi........? » Lirions-nous, dans l'article 123, que « lorsque les héritiers présomptifs auront obtenu l'envoi en possession provisoire, le testament......... sera ouvert à la réquisition des......., *ou du procureur du roi*........? » Et il est impossible de ne pas frapper ces dispositions d'une inutilité absolue, si l'on veut trouver, dans l'article 114, le droit donné au ministère public d'agir d'office, puis-

que ce droit s'étendrait à toute demande qui atteindrait un absent.

126. Ainsi donc, la lettre de la loi ne justifie pas l'opinion de MM. Locré et Thoulier.

127. 2°. Son *esprit* ne peut pas lui servir davantage de base.

128. Les motifs qui font donner un tuteur aux mineurs, ont fait décider que l'absent présumé (1) serait secouru.

On ne soutiendra peut-être pas que l'absent présumé mérite une protection plus spéciale que le mineur.. Eh bien ! le ministère public ne peut requérir la convocation du conseil de famille, pour la nomination d'un tuteur ; c'est ce qu'a décidé la cour de cassation, par arrêt du 27 frimaire an 13, dont voici les considérants :

« Vu l'article 2 du titre 8 et l'article 11 du « titre 3 de la loi du 24 août 1790 ; attendu qu'en « confirmant le jugement de première instance « dans la disposition qui annulle la délibération « de parents, du 19 nivôse an 9, provoquée par « Gaillard, en sa qualité de tuteur légitime « d'Anne Georgette sa fille, et en se fondant, « à cet égard, sur le prétexte qu'il existait une « instance sur le fait même d'une autre délibé- « ration provoquée par le commissaire du gou-

(1) Locré, ibid., p. 286.

« vernement près le tribunal civil de Lyon, les « juges d'appel ont décidé que le commissaire « du gouvernement *avait eu la qualité de provo-« quer et poursuivre d'office* une délibération de « parents, relative à un enfant mineur qui se « trouvait sous la puissance de son père, *ce qui « est une violation de l'article 2 précité, d'après « lequel les commissaires du gouvernement ne peu-« vent exercer leur ministère par voie d'action*, la « cour casse......... (1) »

Le ministère public ne peut pas davantage provoquer la destitution du tuteur qui prévarique ou qui néglige.

129. La conservation des reprises dotales et matrimoniales est bien autant dans l'esprit de la loi, que celle des intérêts des absents; cependant, le ministère public ne peut agir, pour cette conservation, qu'en requérant des inscriptions hypothécaires. Nous avons vu dans quels termes le législateur a donné ce droit au ministère public; disons comment il s'explique pour le cas où les maris veulent faire réduire l'hypothèque de leur femme :

« *Les jugements sur les demandes des maris et des tuteurs, ne seront rendus qu'après avoir entendu le procureur du roi*, et *contradictoirement* avec lui. »

---

(1) Rép. de Jurisp. Verbo, *minist. pub.*, §. 7.

130. Voici, n'en doutons pas, la véritable explication de l'article 114. Si cet article s'était contenté de dire que le ministère public serait entendu dans toutes les demandes qui concernent les présumés absents, le procureur du roi n'aurait pas pu, même sur l'audience, requérir de son chef les mesures que l'intérêt de ces personnes aurait paru réclamer; car, lorsque des intérêts privés se débattent en justice, les parties seules ont le droit de régler leurs demandes dans des conclusions, et le ministère public ne peut demander que l'adjudication des conclusions prises par l'une ou par l'autre des parties; à moins que l'intérêt public, ou un intérêt dont la conservation est confié *spécialement* à son ministère, ne soient compromis.

131. La loi voulait, dans cette occasion, confier au ministère public, et *spécialement*, les intérêts des absents présumés; cette faculté lui est accordée par le premier membre de l'article. Il résulte de cette disposition que le ministère public pourra, dans toutes les demandes où un absent présumé sera intéressé, non-seulement approuver ou désapprouver les conclusions prises par les parties, mais encore requérir de son chef ce qu'il croira utile à l'absent.

132. Il ne nous suffit pas de dire qu'il serait extraordinaire que le législateur eût entendu prendre plus de soin des intérêts de l'absent

que de ceux du mineur, de la femme; prouvons que l'esprit même de l'article 114 est d'accord avec l'esprit général de la législation.

133. Cet article n'était pas dans le projet de la commission. Comment fut-il ajouté ?

A la séance du Conseil d'Etat du 16 fructidor an 9 (1), après avoir fini la discussion sur le titre du domicile, on commença celle du titre des absents par la lecture du chapitre premier qui était intitulé : *de l'absence en général et de la manière dont elle doit être constatée.*

On lit dans cette discussion : « le C. *Régnier* dit que, dans l'ancien ordre de choses, le procureur du roi était le défenseur des absents, et veillait à leurs intérêts; que la loi existait encore, qu'il serait utile d'en répéter ici la disposition. »

De quel ordre de choses entendait parler M. Régnier, en disant *l'ancien*? on devrait croire que c'était de ce qui existait avant les lois de l'Assemblée Constituante, puisque M. Tronchet lui répond que « le ministère public n'intervenait dans les affaires de l'absent, que dans le cas où il lui était échu une succession », et cela, pour suppléer les curateurs qui, avant l'ordonnance de 1667, étaient donnés dans ce cas aux absents.

(1) Discussion du projet de Code Civil, p. 191 et suiv.

M. Régnier voulait-il rappeler aussi la disposition de la loi du 24 août 1790 qui portait article 3 du titre 8 : « *ils* (les officiers du ministère public) *sont chargés en outre de veiller pour les absents indéfendus*.

Mais le mandat donné par cette disposition aux officiers du ministère public, relativement aux absents, était-il autre que celui qui leur était donné relativement aux mineurs, aux interdits, etc ? Voici les termes de cet article 3.

« Ils (les officiers du ministère public) seront entendus dans toutes les causes des pupilles, des mineurs, des interdits, des femmes mariées, et dans celles où les propriétés et les droits, soit de la nation, soit d'une commune, seront interessés. Ils sont chargés en outre de veiller pour les absents indéfendus. »

Nous ne pensons pas que la différence des termes par lesquels le législateur met les absents et les mineurs sous la protection du ministère public, doive signifier que le ministère public aurait le droit d'agir par voie d'action en matière d'absence.

Si la loi eut voulu donner au ministère public le droit d'introduire de son chef des demandes dans l'intérêt des absents présumés, elle n'aurait pas dit seulement, ils sont chargés en outre de veiller pour les absents *indéfendus* ; car, par *indéfendus*, on ne peut entendre que ceux qui sont attaqués ; le mot *indéfendus*, ne peut avoir d'autre signification, dans une loi où il s'agit de *l'organisation de l'ordre judiciaire*, dans un article où il ne s'agit que de *causes*.

Or, en copiant dans la nouvelle loi les propres expressions de l'ancienne, on n'a pas entendu leur donner une plus grande extension ; car, on ne demandait que de *répéter* l'ancienne disposition.

134. Objectera-t-on, que la jurisprudence a consacré l'opinion de MM. Locré et Thoulier?

Le ministère public n'a été reçu à agir d'office, que dans des cas où il s'agissait d'une succession dans laquelle un absent était intéressé.

Mais, dans ces cas, le procureur du roi n'agit plus seulement en vertu de l'article 114, il exécute d'autres dispositions.

« *Si tous les héritiers ne sont pas présents, s'il y a parmi eux des mineurs, des interdits*, porte l'article 819 deuxième alinéa au Code civil, *le scellé doit être apposé dans le plus bref délai, soit à la requête des héritiers, soit à la diligence du procureur du roi au tribunal de première instance, soit.....* »

La même attribution est donnée au procureur du roi par l'article 911 du Code de Procédure Civile.

L'article 930 du même Code ajoute : « *Tous ceux qui ont droit de faire apposer les scellés, pourront en requérir la levée, excepté ceux qui ne les ont fait apposer qu'en exécution de l'article* 909 n° 3 *ci-*

dessus » ; et cette exception ne regarde pas le ministère public. »

L'article 818 du Code Civil porte de plus que : « *si tous les cohéritiers ne sont pas présents,.... le partage doit être fait en justice......* »

Ainsi donc, lorsqu'une succession s'ouvre, si parmi les héritiers il y a quelque non présent, et par conséquent quelqu'individu qui puisse être regardé comme présumé absent, le procureur du roi a le droit de requérir l'apposition des scellés, leur levée et la confection d'un inventaire; et comme dans ce cas, le partage pour être définitif, doit être fait en justice (art. 840 Code Civil), les cohéritiers auront certainement le soin de suivre cette marche. Mais toujours le procureur du roi trouve dans ces dispositions le droit d'agir d'office.

Et il est impossible que le ministère public soit inhibé d'agir dès qu'il saura qu'un absent présumé est intéressé dans une succession; car, à quelle époque qu'elle se soit ouverte, le procureur du roi pourra requérir l'apposition des scellés, l'inventaire. Dès-lors, voilà l'action engagée; car, si les cohéritiers s'opposent aux mesures réclamées par le procureur du roi, le juge sera appelé pour prononcer sur cette opposition.

135. Il est si vrai que dans la matière des absents, le ministère public n'est pas partie, que

nous le voyons conclure contre l'absent indéfendu (1).

136. Il résulte de tout ce que nous venons de dire, que l'article 114 ne donne pas au ministère public le droit d'agir par voie d'action, c'est-à-dire, d'introduire une demande en justice, dans l'intérêt d'un absent présumé ou déclaré.

S'il en était autrement il serait continuellement détourné de ses importantes et nombreuses fonctions.

137. Les parents, les amis, les voisins de l'absent présumé auraient le droit, selon M. Locré et Thoulier, de requérir le ministère public d'agir.

Mais, ou il ne pourrait se refuser d'obtempérer à ces réquisitions, ou il aurait le droit de les juger. Dans le premier cas, il ne serait qu'un instrument passif; dans le second, il serait juge et partie.

Il ne doit d'ailleurs veiller qu'aux intérêts *des personnes présumées absentes.* Mais, lorsqu'une réquisition lui arrivera pour qu'il agisse, qu'est-ce qui lui garantira que la personne pour laquelle on éveille sa sollicitude, doit être considérée comme présumée absente? S'il ne la croit pas telle, il

(1) *V.* un arrêt rapporté au tome 1 de la Jurisprudence du Code Civil, p. 247.

arrêtera seul, dans leur principe, les effets de la sollicitude du requérant.

138. En admettant tout individu qui a des droits ou actuels ou éventuels sur les biens de l'absent présumé, à provoquer les mesures permises par l'article 112, l'intention du législateur est remplie, sans intervertir le rôle ordinaire du ministère public, sans le dépouiller de sa belle fonction de protecteur des absents; et le juge décide entre la partie qui demande, et le procureur du roi qui proclame ce qui lui paraît le plus équitable.

139. Nous avons donc trouvé dans la bonne interprétation de l'article 114, un motif de plus de persister dans le sens que nous avons donné aux mots les *parties intéressées.*

140. Finissons par dire : que si l'on ne voulait appliquer ces mots qu'aux tiers, ces individus ayant presque toujours un intérêt opposé à celui de l'absent présumé, ils n'auront garde de faire connaître sa position, puisque, en la mettant au jour, ils fourniraient des armes contre eux-mêmes.

Ils intenteront leurs actions, poursuivront des jugements par défaut, les feront exécuter, et ce moyen leur suffira pour arriver au but qu'ils ont dû se proposer, celui de faire consacrer leurs prétentions, souvent douteuses, quelquefois mal fondées : car, le ministère public n'est pas appelé à conclure sur tous les défauts; et, de cela qu'un individu sera défaillant, on ne peut en induire qu'il est absent présumé.

141. Il résulte bien évidemment de tout ce dessus, que les mots *parties intéressées* désignent toutes les personnes qui ont un intérêt légal, soit actuel, soit éventuel, soit seulement suspendu ou conditionnel, sur tout ou partie de biens de l'absent.

142. Enfin, s'il restait encore quelque doute, il serait levé par les dispositions de l'article 859 du Code de Procédure dont voici les termes :

> Dans les cas prévus par l'article 112 du Code Civil, et pour y faire statuer, il sera présenté requête au président du tribunal. Sur cette requête, à laquelle seront joints les pièces et documents, le président commettra un juge pour faire le rapport au jour indiqué, et ce jugement sera prononcé après avoir entendu le procureur du Roi.

Cette disposition achève de démontrer, que le ministère public ne doit pas agir dans les cas prévus par l'article 112.

Elle donne même la signification du mot *demande*, qui se trouve dans cet article. M. Locré avait cru que ce mot signifiait *réquisition directe*, d'où il concluait qu'il fallait un intérêt qui pût être la base d'une action, et cette conclusion est le seul motif de son opinion. Mais il suit de l'article 859, que les parties intéressées n'agiront pas ici, à proprement parler, par voie d'action, puisqu'elles ne sont admises qu'à présenter requête.

Et voici ce qu'enseigne Pigeau sur cet article (1) : « pour exposer cette procédure, dit-il, (il parle ici de la procédure à suivre depuis la disparition ou les dernières nouvelles, jusqu'à la déclaration d'absence) il faut distinguer deux cas.

« Le premier est, lorsque l'absent a laissé quelqu'un chargé par la loi ou par lui de veiller à ses intérêts.

« Le second est, lorsqu'il n'y a personne chargé de veiller pour lui.

« 1° Le tuteur de l'absent, lorsqu'il faut intenter une action immobiliaire, ou y acquiescer, ou demander partage, agit, d'après cet auteur, comme si son pupille n'était pas absent.

« 2°. Le mari, lorsqu'il faut intenter une action immobiliaire, ou en partage, ou défendre à ces actions et faire quelque acte qui ait trait aux propriétés immobiliaires de sa femme absente.

« 3°. La femme en communauté avec un mari qui a disparu. L'article 124 du Code Civil lui

(1) Procédure des tribunaux de France, troisième édition, p. 333, t. 2.

donne à la vérité l'administration des biens de l'absent, mais non la disposition ; elle ne peut qu'administrer sans aliéner, est-il dit dans les motifs. La femme peut donc se faire donner une autorisation générale à l'effet d'administrer, mais elle ne peut, en vertu de cette autorisation, exercer les actions immobiliaires et celles en partage, sans autorisation.

« Le mari dont la femme a disparu, n'a pas besoin d'autorisation pour les biens de la communauté. Si la femme était présente, il pourrait aliéner : la disparition de celle-ci ne change pas son droit.

« Le mandataire, lorsque le mandat est conçu en termes généraux, parce qu'il n'embrasse que les actes d'administration, et que, lorsqu'il s'agit d'aliéner ou d'hypothéquer, ou de quelque autre acte de propriété, le mandat doit être exprès ; ainsi il lui faut autorisation pour intenter une action immobiliaire, ou en partage, appartenant à l'absent. *Dans les trois derniers cas ci-dessus, le mari, la femme et le mandataire se font autoriser.* »

Pigeau ne pense donc pas qu'il faille, pour pouvoir réclamer l'application des règles posées par l'article 112, un intérêt légal et actuel.

143. Cet auteur ouvre de plus ici un avis qui nous paraît devoir être recueilli.

« Si le tribunal, dit-il (1), ne se trouve pas suffisamment instruit, ou s'il croit devoir, pour plus de sûreté, consulter la famille de l'absent, il ordonne que la requête et les pièces lui seront communiquées, et qu'elle donnera son avis devant le juge-de-paix, pour être ensuite ordonné ce que de raison. Argument tiré de l'article 856 du Code de Procédure, qui permet aux juges d'ordonner la convocation de ce conseil, quand on demande la rectification d'un acte de l'état civil, parce qu'il faut donner des lumières sur l'objet demandé : disposition applicable à tous les cas où ce conseil peut éclairer la justice. Il ne suffirait pas, continue Pigeau, d'appeler ceux qui auront droit de demander l'envoi en possession après la déclaration d'absence, parce qu'eux-mêmes ne pouvant ni aliéner ni hypothéquer les immeubles, leur consentement serait insuffisant. »

Cette marche pouvant servir à fixer de plus en plus le juge sur la position de l'individu qui a disparu, et sur les mesures à prendre dans son intérêt, nous joignons notre vœu à l'autorité de Pigeau, pour qu'elle soit adoptée.

144. Nous avons insisté long-temps sur l'interprétation des mots *parties intéressées*, parce

(1) Ibid., p. 335.

que cette interprétation nous a paru très-importante ; et parce que, ces mots étant entendus différemment par des auteurs également recommandables, nous avons cru devoir motiver le choix que nous faisions entre deux opinions opposées. Nous pensons avoir établi que tout individu ayant un intérêt, quelque éventuel, quelque éloigné, quelque hypothétique qu'il soit, à la conservation des biens de l'absent présumé, peut provoquer les mesures nécessaires pour la conservation de ces biens.

145. Nous ne concevons même pas pourquoi le législateur n'a voulu donner qu'aux *parties intéressées*, la faculté de réclamer l'emploi de ces mesures. Si toutes les dispositions du titre des absents sont principalement dans leur intérêt, ce sont surtout celles sur la première période. Pendant sa durée, le législateur considère l'absent présumé seul, n'a en vue que lui seul. Pourquoi donc n'avoir pas donné à toute personne le droit de présenter requête dans l'intérêt des individus qui ont disparu ?

146. Nous estimons en conséquence que, par qui que soit présentée une requête qui aura pour but de faire pourvoir à la conservation des biens d'un individu qui aura disparu, le tribunal pourra la prendre en considération, parce que le juge devra supposer, dans celui qui présentera cette requête, intérêt à la voir accueillie, sans

discuter le fondement de cet intérêt ; sauf à consulter, comme nous l'avons dit, la famille, si le juge a quelque raison de suspecter les intentions du requérant, ou lorsqu'il sera évident que le requérant n'a aucun intérêt. Le tribunal, en référant la requête à la famille, mettra tous les intérêts à couvert : au lieu de dessécher le cœur des hommes, de les prévenir que leur intérêt seul doit les faire agir, vivifions les sentimens de l'amitié, en provoquant ses sollicitudes, en écoutant ses avertissements.

147. Nous venons de voir quelles sont les personnes qui peuvent demander les mesures nécessaires à la conservation de tout ou partie des biens de l'absent ; disons maintenant à quels juges elles devront s'adresser pour faire ordonner ces mesures.

QUATRIÈME SECTION.

Quel est le tribunal compétent pour reconnaître la présomption d'absence, et pour ordonner les mesures nécessaires à la conservation des biens.

148. L'article 112 dispose, qu'*il y sera statué par le tribunal de première instance.*

149. Alors même que nous n'aurions pas d'autres notions sur la manière dont ces expressions doivent être entendues, nous n'en serions pas moins fondés à soutenir que le tribunal,

chargé de statuer sur les demandes autorisées par cet article 112, est celui du dernier domicile, ou à défaut de domicile, celui de la dernière résidence de l'individu qui a disparu.

150. En effet, en général toutes les demandes qui intéressent la personne, doivent être jugées par le tribunal du domicile ou de la résidence de cette personne (1). Or, toutes celles qui seront formées sur le fondement de l'article 112, seront bien personnelles ; car la question préjudicielle sera toujours de savoir si l'individu, dans l'intérêt duquel on prétend agir, doit être présumé absent.

151. De plus, quoique la vie et la mort d'un individu qui a disparu soient également incertaines, cependant la loi dispose de ses biens comme il en aurait été disposé s'il était décédé ; on peut donc les considérer comme une hérédité. Cette manière de les envisager est tellement dans l'esprit du législateur, que les droits de mutation doivent en être payés, tout comme s'il s'agissait d'un décès et dans le même délai (loi des finances de 1816).

Il est vrai que la loi ne dispose, à proprement parler ainsi, qu'après la déclaration d'absence ; mais, les mesures qu'elle autorise jusques à

(1) Art. 59 du Code de Procédure.

cette déclaration, pour la conservation des biens, sont comme les actes conservatoires permis aux héritiers avant le partage; ces mesures serviront, d'un côté, à établir plus tard la disparition et sa durée; de l'autre, à garantir l'hérédité à ceux qui devront l'appréhender.

152. On voit d'ailleurs, par la manière dont est conçu l'article 115, où il s'agit de la demande en déclaration d'absence, que le législateur a entendu que cette demande fût portée au même tribunal que celles formées sur le fondement de la présomption d'absence. Or, toutes les actions qui intéressent une hérédité, doivent être portées, jusques à son partage, devant le tribunal dans le ressort duquel la succession s'est ouverte, et ce tribunal est celui du domicile du défunt (1).

153. Nous avons voulu prouver, avec les seuls principes, que le tribunal du domicile, ou de la résidence, doit prononcer sur la question de la présomption d'absence et sur toutes celles qui en découlent; ajoutons maintenant les notions que nous trouvons dans Locré, sur l'esprit qui a dicté l'article 112.

154. Cet auteur nous apprend que la question de savoir devant quel tribunal devrait être intro-

(1) Art. 110 et 822, Cod. Civ., 49, n° 3, Cod. de Proc.

duite toute demande fondée sur cet article, fut agiée et résolue au Conseil d'Etat, dans les séances des 4 et 12 frimaire an 10. Comme la discussion sur cette question est extrêmement précieuse, nous allons la transcrire ici telle que nous la lisons dans M. Locré (1).

« La loi n'a pas exprimé tout ce qu'elle se proposait de dire ; elle ne décide pas en effet textuellement si c'est le tribunal de première instance du domicile, ou celui de la situation des biens qu'elle entend saisir.

« Mais la disposition qui devait résoudre la question, a été arrêtée au Conseil d'Etat, et ce n'est que par oubli qu'elle n'a pas été insérée dans la loi.

« Voici ce qui s'est passé. Je copierai littéralement la discussion :

« Le chapitre premier, *des prévenus d'absence*, est soumis à la discussion.

« L'article premier est ainsi conçu :

«...« *S'il y a nécessité de pourvoir à l'administration de tout ou partie des biens laissés par une personne prévenue d'absence, et qui n'a pas laissé de procuration, ou à la conservatisn des droits qui lui sont échus depuis son départ, il y sera statué par le tribunal de première instance, sur la demande des parties intéressées.* »

---

(1) *V*. t. 2, p. 304 et suiv.

«...« *Le ministre de la justice*, pour éviter toute équivoque, et prévenir les conflits entre le tribunal du domicile et celui de la situation des biens, propose de déclarer que le tribunal de première instance, dont parle l'article, est celui du domicile.

«...« *M. Bérenger* observe qu'en effet, si plusieurs tribunaux étaient admis à pourvoir à l'administration des biens, il y aurait lieu de craindre que leurs décisions ne fussent contradictoires: l'un pourrait déclarer qu'il y a prévention d'absence, l'autre que cette prévention n'existe pas. Le tribunal du lieu où l'individu habitait, est sans doute celui qui peut le mieux juger s'il doit être réputé absent.

«...« *M. Régnier* dit que, ne s'agissant pas encore de prononcer sur l'absence, mais de pourvoir provisoirement à la conservation des biens, il est naturel que chaque tribunal prenne les précautions nécessaires à l'égard des biens situés dans l'étendue de son ressort.

«...« *Le ministre de la justice* répond qu'il est convenable de simplifier la procédure, et de ne pas obliger les parties intéressées, à la requête desquelles il est pourvu à l'administration des biens, de s'adresser à plusieurs tribunaux, et d'engager plusieurs instances.

«...« *M. Régnier* objecte que le tribunal du

domicile n'a pas de juridiction sur les biens situés dans le ressort d'un autre tribunal.

«...« *Le ministre de la Justice* conteste ce principe; il pense que, dans le cas de l'absence, la juridiction doit être réglée comme dans le cas de l'ouverture des successions.

«...« *M. Tronchet* dit, qu'avant de pourvoir à l'administration des biens, il faut juger le fait de la prévention d'absence; or, il ne peut l'être bien que là où l'individu est connu, c'est-à-dire au lieu de son domicile. Ce n'est pas au lieu de la situation des biens, dans lequel souvent il n'a jamais paru, qu'on peut décider s'il doit être réputé absent. Il serait scandaleux d'exposer un citoyen, qui n'aurait pas quitté sa demeure, à voir ses biens séquestrés dans un autre département.

«...« *M. Régnier* dit que la prévention d'absence doit être déclarée par le tribunal du domicile, et que, d'après ce jugement, chaque tribunal doit pourvoir à l'administration des biens situés dans son ressort.

«...« *Le premier Consul et M. Tronchet* adoptent cette opinion.

«...« L'article est adopté avec l'amendement de M. Régnier. »

« Pourquoi, continue M. Locré, l'article ne donne-t-il pas cette explication? est-ce que le

Conseil d'Etat a changé d'avis ? Non, c'est l'effet des circonstances que je vais exposer.

« Dans la séance du 12 frimaire an 10 (la discussion précédente avait eu lieu dans celle du 4), le Conseil se conforma à sa première décision, et adopta l'art. dans les termes suivants : « *S'il y a nécessité de pourvoir à l'administration de tout ou partie des biens laissés par une personne présumée absente, en vertu d'un jugement du tribunal de première instance de son domicile, et qui n'a point de procureur-fondé, il y sera statué sur la demande des parties intéressées, par le tribunal de première instance de la situation des biens.*

« Cependant, les changements que cette rédaction présentait n'avaient pas été insérés dans le projet imprimé sur lequel le Conseil d'Etat discutait ; ils y avaient été ajoutés à la main par le rapporteur, et c'est là ce qui les a fait omettre.

« En effet, la discussion du Code Civil fut suspendue en l'an 10, avant que le titre *des absents* eût été présenté. Elle ne fut reprise qu'en l'an 11. Alors on soumit tous les titres à un nouvel examen ; celui des absents fut discuté sur la dernière rédaction imprimée, dans laquelle, comme je l'ai dit, les amendements de l'art. 113 (premier du projet) (il y a erreur typographique, c'est l'article 112) n'étaient point insérés. Un laps de dix mois les ayant fait oublier, ils furent omis dans la loi.

« Je ne suis entré dans tous ces détails, dit en terminant notre auteur, que pour fixer l'opinion des tribunaux, que pour mettre la jurisprudence en état de remplir cette lacune de la loi, d'une manière conforme à l'esprit de la loi. »

155. Lorsque telle disposition n'est pas dans une loi, il ne suffirait sans doute pas, pour la regarder comme écrite, que tous les rédacteurs de cette loi vinssent attester que la disposition n'a pas été textuellement insérée par suite d'oubli; mais, si cette disposition est en harmonie parfaite avec les principes généraux, et avec les autres dispositions de la loi, la jurisprudence peut et doit l'adopter.

Or, nous avons établi que, de droit commun, le tribunal du domicile de l'individu qui a disparu, devrait être celui devant lequel seraient portées les demandes formées sur le fondement de l'article 112.

156. Mais ce n'est pas la seule conséquence qui résulterait de la discussion rapportée par M. Locré; il faudrait décider encore que, lorsqu'il s'agira de faire ordonner des mesures conservatoires pour un immeuble situé hors du ressort dans lequel l'individu, que l'on prétend devoir être rangé dans la classe des absents pré-

sumés, avait son domicile ou sa résidence, il faudra se pourvoir, d'abord devant le tribunal de ce ressort, pour qu'il déclare la présomption d'absence, et aller ensuite devant le tribunal de la situation des biens, qui, sur le vu du jugement de présomption d'absence, examinera s'il y a lieu de prendre des mesures, et ordonnera celles qu'il croira nécessaires.

Cette manière de procéder serait fondée sur de mauvais, ou, au moins, sur de bien faibles motifs.

Mauvais ; car il n'est plus vrai de dire que *le tribunal du domicile n'a pas juridiction sur les biens situés dans un autre ressort ;* les jugements d'un tribunal quelconque sont exécutoires dans tout le royaume, de telle sorte, que celui qui est compétent pour juger une demande personnelle, fait supporter les conséquences de sa décision à tous les biens des parties, dans quelle portion de la France qu'ils soient situés.

Faibles ; car, on a eu tort de craindre qu'un citoyen, *qui n'aurait pas quitté sa demeure, vît ses biens séquestrés dans un autre département.*

Quoiqu'un individu n'aille pas visiter les immeubles qu'il possède loin des lieux qu'il habite, il n'en dirige pas moins l'exploitation ; en ce sens du moins, qu'il en exige un revenu quelconque ; et, dès-lors, il est en rapport ou avec son fermier, ou avec un gérant. Le bien ne sera donc pas abandonné; tout au moins le propriétaire ne pourra pas être rangé dans la classe des absents présumés, car il sera impossible que son domicile soit totalement ignoré là où sa propriété est située; que, là, quelqu'un ne reçoive pas, de loin en loin au moins, des nouvelles de ce propriétaire.

157. De plus, cette manière de procéder tend à augmenter les frais des demandes formées sur le fondement de l'article 112, et par conséquent à décourager ceux qui seraient portés à secourir l'absent, parce qu'ils seront au moins exposés à avancer ces frais.

158. Nous pensons donc que le tribunal du domicile devra, en règle générale, prononcer sur ces demandes. Nous estimons de plus, qu'il n'aura pas à rendre deux jugements, l'un pour admettre la présomption d'absence, l'autre pour ordonner les mesures conservatoires; la présomption d'absence sera seulement mise en motif, dans le jugement qui ordonnera les mesures.

159. Si cependant il était urgent de pourvoir à la conservation de quelqu'immeuble situé dans un ressort éloigné du domicile de celui que l'on croirait en présomption d'absence; d'interrompre une prescription relative à tout ou partie des biens de ce même individu; de défendre à une action portée devant un tribunal éloigné de

ce domicile ; comme, dans ces cas et autres semblables, l'obligation de recourir au tribunal du domicile, ou de la résidence, pourrait mettre les droits de l'individu présumé absent en péril, exposerait même à les laisser perdre ; nous pensons : que les parties intéressées seront autorisées à solliciter les mesures nécessaires pour garantir les intérêts de l'absent, soit devant le tribunal de la situation des biens, soit devant celui qui sera nanti de la demande à laquelle il est urgent de défendre. Toutefois, ces tribunaux, après après avoir pris les mesures conservatoires absolument indispensables pour le moment, devront sans doute surseoir au jugement définitif, pour donner le temps à la partie intéressée de se pourvoir devant le tribunal du domicile, afin de faire déclarer s'il y a réellement présomption d'absence.

160. Pigeau ne suppose même pas qu'il puisse y avoir du doute sur le tribunal auquel devra être présentée la requête dont parle l'article 859 du Code de Procédure ; et il fait décider par le même tribunal, et la question de la disparition, et celle des mesures à prendre (1).

M. Thoulier adopte toutes les conséquences de la discussion rapportée par Locré (2) ; nous

(1) Ibid., p. 132 et suiv.
(2) Ibid., n° 390.

persistons à penser qu'elles doivent être modifiées, comme nous venons de l'exposer.

161. Il est sans doute superflu d'observer, que les décisions des tribunaux seront sujettes à l'appel ; car, en règle générale, toute affaire est soumise à deux degrés de juridiction ; et lorsque le législateur a voulu déroger à cette règle, il l'a dit formellement. Ici, au contraire, M. Locré atteste (1) que l'intention des auteurs de la loi a été de laisser le tribunal de première instance juge simplement en premier ressort ; Pigeau professe la même opinion (2).

162. L'article 859 du Code de Procédure dispose qu'à la requête qui devra être présentée, *seront jointes les pièces et documents.*

Par ces expressions le législateur a voulu désigner tous écrits, soit publics, soit privés, qui peuvent servir à établir la réalité de la présomption d'absence.

163. A ce propos Pigeau enseigne (3) que : « si depuis la disparition il a été fait quelque acte qui la constate, comme une déclaration par les parents ou voisins, un procès-verbal d'apposition ou levée de scellés, etc., on le joint à la requête, pour prouver qu'il y a présomption

(1) Ibid., p. 305 et suiv.
(2) Ibid., p. 335.
(3) Ibid., p. 134.

d'absence.... sinon, on fait constater l'absence par un acte de notoriété contenant la déclaration de la disparition, par quatre témoins appelés d'office par le juge de paix du lieu où l'absent a eu son dernier domicile connu : argument, dit cet auteur, de l'article 155 du Code Civil, qui exige que cette présomption soit ainsi constatée pour suppléer au défaut d'actes respectueux à un ascendant absent. »

Autrefois l'absence se prouvait par un simple acte de notoriété; le danger de cette manière de procéder a été reconnu, elle a été proscrite. Pigeau propose de la ressusciter pour constater la présomption d'absence, par argument, dit-il, de l'article 155 du Code Civil.

Le désir d'encourager les mariages, a engagé le législateur à aplanir toutes les voies qui y conduisent : c'est ainsi que, par une exception bien formelle à l'article 46 du Code Civil, il a permis, par le 70ᵉ du même Code, de suppléer l'acte de naissance par un acte de notoriété, alors même qu'il aurait existé des registres et qu'ils ne seraient pas perdus. On ne conclurait certainement pas de cette dérogation, que, dans toute autre hypothèse, l'acte de notoriété peut être admis pour suppléer l'acte de naissance.

On ne doit pas non plus conclure de ce que le législateur admet un acte de notoriété pour prouver l'absence de l'ascendant dont le consentement est requis pour un mariage, que cet acte doit suffire dans tous les autres cas où il y a lieu de savoir si tel individu doit être présumé absent.

Quoique les effets des actes de notoriété pour prouver la présomption d'absence, soient moins graves que lorsque ces actes avaient pour conséquence forcée la déclaration d'absence, nous pensons qu'on ne peut astreindre les tribunaux à y avoir égard, pas plus dans un cas que dans l'autre. Libre aux parties intéressées d'en rapporter, mais le juge sera le maître d'y avoir ou de n'y pas avoir égard.

164. Nous avons vu que le législateur avait prescrit lui-même les mesures à prendre, lorsqu'il y aurait lieu à procéder *à des inventaires, comptes, partages et liquidations dans lesquels un absent présumé* serait intéressé.

Il n'a pas voulu ressusciter les curateurs, parce que cette manière de procéder entraînait beaucoup d'abus, par suite de la négligence ou de la mauvaise foi de ceux qui étaient revêtus de cette qualité.

Les dispositions du Code Civil à cet égard sont la copie d'un article d'une loi rendue le 11 février 1791 par l'Assemblée Constituante.

165. Une autre loi du 6 octobre suivant avait ordonné par son article 7 : « que *les notaires qui représentaient les absents dans les inventaires*, etc.

ne pourraient en même temps instrumenter dans les opérations qui les concernaient. »

Quoique la loi nouvelle n'ait pas rappelé textuellement cette dernière disposition, elle l'a maintenu virtuellement, puisqu'elle dit : que le notaire *représente* l'absent.

166. Il résulte aussi des nouvelles dispositions, qu'il faudra un notaire pour chaque absent présumé. La même personne peut bien être, dans la même affaire, chargée de procuration pour plusieurs ; mais, chaque mandant a pu juger que cette manière d'agir ne pourrait lui nuire ; lors, au contraire, que le tribunal donne la procuration, il doit faire tout ce qui tend à assurer les intérêts du représenté.

167. M. Thoulier dit à cet égard (1) : qu'il faut nommer un notaire pour chacun des absents qui peuvent avoir des intérêts opposés. Mais, comment le tribunal pourra-t-il juger si les intérêts sont opposés ?

168. Il ne faut pas même confondre le notaire dont il s'agit ici, avec celui dont les articles 928, 931 n° 3 du Code de Procédure Civile, prescrivent la nomination.

169. Les termes de l'article 942 au même Code, sembleraient contraires à tout ce que nous

(1) Ibid., n° 392.

venons de dire; mais il est aisé de voir que le mot *absents* qui se trouve dans cet article, ne s'applique qu'aux individus qualifiés de *non présents* par l'article 840 du Code Civil.

Pour les actes dont parlent simultanément l'article 113 du Code Civil et les articles 928, 931 et 942 au Code de Procédure Civile; s'il y a des *non présents*, c'est-à-dire des défaillants ou des intéressés domiciliés hors de la distance de cinq myriamètres, le président nommera d'office un seul notaire pour assister à l'inventaire au nom et dans l'intérêt de tous ces *non présents*. Mais, si parmi les *non présents*, il y a des individus qui doivent être rangés dans la classe des *absents*, même des *absents présumés*, il doit être commis un notaire pour chacun d'eux, et ce notaire doit être nommé par le tribunal.

170. L'article 112 n'autorise que les *parties intéressées* à demander des mesures pour la conservation des biens des personnes présumées absentes. Lorsqu'il s'agit d'apposition de scellés, l'article 109, n° 3, du Code de Procédure autorise à la requérir, toutes personnes qui demeuraient avec le défunt, ainsi que ses serviteurs et domestiques. *En cas d'absence, soit du conjoint, soit des héritiers ou de l'un d'eux*, le 911e dispose encore : que *le scellé sera apposé soit à la diligence du ministère public, soit sur la déclaration du maire*

ou adjoint de la commune, et même d'office par le juge de paix.

171. Il faut bien se garder de restreindre les mots *absence, absent*, qui se trouvent dans ces articles, à la signification qu'ils prennent au titre des absents. Ces mots embrassent ici tous les non présents ; d'où suit, qu'il s'appliquent aussi aux absents présumés.

172. M. Thoulier insinue qu' « il faut mettre sur la même ligne et les absents et les non présents ; non-seulement pour les scellés, mais encore pour les inventaires ; parce que, dit-il (1), ces actes ne sont que des actes préparatoires pour déterminer les habiles à succéder, à accepter ou à répudier la succession, à former ou à abandonner la demande en partage.

Nous observerons d'abord que, si l'inventaire n'est qu'un acte préparatoire, du moins est-il destiné à produire les résultats les plus graves, puisqu'il doit être le principal élément de l'appréciation de la consistance de la succession, appréciation qui doit déterminer à accepter ou à répudier cette succession. On sent dès-lors combien il importe qu'il soit fait avec exactitude ; et la présence d'un représentant pour l'absent présumé, peut contribuer à assurer cette exactitude.

---

(1) Ibid., n° 392.

173. Mais, d'ailleurs, en supposant qu'il ne soit besoin que d'un seul notaire pour assister à un inventaire au nom des non présents en quelque nombre qu'ils soient, question qu'il n'entre pas dans notre plan d'examiner, l'article 113 met les inventaires au nombre des actes dans lesquels les absents présumés devront être *représentés* par un notaire; dès-lors, pour se conformer à cette disposition, il faudra un notaire pour chaque absent présumé ou déclaré.

174. M. Thoulier dit encore (1), que pour faire représenter un absent dans un partage, il faut qu'il y ait une demande en partage, et par conséquent une assignation donnée à personne ou domicile. « Elle est nécessaire, dit cet auteur, pour s'assurer qu'ils n'ont pas laissé de procuration : c'est lorsqu'ils laissent défaut, qu'on demande qu'il soit nommé un notaire pour les représenter. »

Pour que ce raisonnement fût juste, il faudrait que tout défaut prouvât que le défaillant est ou absent ou en présomption d'absence. Il n'en est point ainsi; dès-lors l'assignation n'est nullement nécessaire. L'article 113 ne dit d'ailleurs pas, qu'il ne sera nommé de notaire que lorsqu'il y aura une demande introduite ; il dit : qu'*un no-*

---

(1) Ibid., n° 392.

taire sera commis à la requête de la partie la plus diligente, pour représenter les présumés absents dans les inventaires, etc. dans lesquels ils seront intéressés. Il est évident que la demande de la partie la plus diligente peut être formée, avant qu'il y ait eu d'assignation donnée pour parvenir à l'acte pour lequel on provoque la désignation d'un notaire.

S'il en était autrement, les intérêts des présumés absents seraient souvent compromis, parce que les parties avec lesquelles l'inventaire, le compte, etc. devraient avoir lieu, auraient dans bien des cas, le plus grand intérêt à ne pas y faire procéder, afin de se perpétuer dans la jouissance du tout, afin d'éloigner des liquidations par lesquelles ils pourraient être reconnus reliquataires.

Et comment feraient les créanciers de l'absent, pour veiller à ce que leurs intérêts ne fussent pas compromis? Ne sont-ils pas autorisés par d'autres dispositions à faire apposer les scellés, à faire faire inventaire, à faire procéder au partage et à y assister!

La nomination du notaire pourra donc être provoquée, quoiqu'il n'y ait pas d'action introduite en justice.

175. Nous distinguerons en trois classes, les personnes qui, intéressées dans un inventaire, n'y assistent pas, quoique la loi paraisse n'en reconnaître que deux. Et remarquons que les

règles pour les inventaires et les partages en matière de succession s'appliquent à toute sorte d'inventaires, de partages, à moins qu'il y soit expressément dérogé. Ce sont : 1°. celles qui, demeurant hors de la distance de 5 myriamètres du lieu où la succession s'est ouverte, ne doivent même pas être interpellées; 2°. celles qui, demeurant dans la distance de 5 myriamètres, ne comparaissent pas quoique appelées; 3°. celles qui sont absentes ou présumées telles, quelle que soit la distance qui sépare leur domicile, du lieu où la succession s'est ouverte.

176. Il est évident que, pour les premières, quel que soit leur nombre, il ne devra être désigné qu'un seul notaire pour assister en leur nom aux inventaires (1).

177. Quant aux secondes, la loi veut qu'elles soient sommées d'assister à la levée des scellés et à l'inventaire qui le suit *immédiatement* (2).

Suffira-t-il de nommer un notaire pour toutes celles qui n'obéiront pas à la citation ?

« *Si les parties qui ont droit d'assister à la levée ne sont pas présentes,* porte l'article 928 in fine, *il*

(1) Art. 942, combiné avec le 911e, n° 3, Code de Procédure Civile.

(2) Arg. des art. 228, 930 et 992, ibid.

sera appelé pour elles, tant à la levée qu'à l'inventaire, un notaire nommé d'office par le président. »

La question n'est pas décidée par cette disposition, l'est-elle par les expressions que nous trouvons à la fin de l'article 942 ? « *Il sera appelé pour tous les absents un seul notaire nommé par le président du tribunal de première instance.* » Ces mots décideraient formellement la question proposée, si leur sens grammatical n'était pas modifié par ces autres mots qui les précèdent : *s'ils demeurent au-delà ;* et par ceux qui les suivent, *pour représenter les parties appelées et défaillantes* : deux membres de phrase qui n'appartiennent pas à la même série d'idées ; car, le premier s'applique aux intéressés qui demeurent au-delà de cinq myriamètres, et le second ne les concerne plus, puisqu'il y est question de parties appelées et défaillantes.

178. Si nous n'avions fait que deux classes de toutes les personnes non présentes quoiqu'intéressées, la mauvaise rédaction de l'article 942 serait embarrassante ; parce qu'il nous paraîtrait fâcheux de reconnaître, qu'il ne doit être désigné qu'un seul notaire pour assister à la levée des scellés et à l'inventaire pour tous *les non présents*, quelle que soit d'ailleurs leur position. Mais dès que nous rangeons, dans une troisième classe, les absents déclarés ou présumés, attendu que nous pensons, que ce qui les

concerne est réglé par l'article 113, d'après lequel il doit être nommé, pour représenter chacun d'eux, un notaire différent ; tous les intérêts étant suffisamment conservés, nous ne nous efforcerons pas davantage à expliquer la mauvaise rédaction que nous venons de signaler. Et tous les intérêts sont conservés ; puisque, si les parties assignées ne se présentent pas, la présomption légale est, qu'elles n'avaient aucun intérêt particulier à surveiller : présomption qui ne peut exister, lorsque la non-comparution a pour cause la disparition.

179. Qui pourra requérir la nomination du notaire ? quel tribunal fera cette nomination ? Ces deux questions sont implicitement résolues, par la discussion dans laquelle nous sommes entrés pour donner le vrai sens des mots *parties intéressées*, et pour désigner le tribunal qui devrait être saisi des demandes fondées sur l'article 112.

180. La loi n'admettant que *la partie la plus diligente* à demander la nomination des notaires, il semblerait que celui-là seul, qui doit être partie dans les inventaires, comptes, partages et liquidations, pourra provoquer la nomination du notaire. Mais ces mots : *la partie la plus diligente*, doivent être rapprochés des expressions de l'article 112 ; et il doit être décidé ; que les héritiers présomptifs et autres ayant cause de

l'absent présumé, ont le droit de présenter requête même pour l'exécution de l'article 113. Sans cela, les intérêts de ces personnes seraient souvent compromis. Supposons en effet la disparition d'un associé. A la dissolution de la société, qui fera rendre compte à l'associé présent, sans doute en possession de tout l'actif de la société, et n'ayant, par conséquent, aucun intérêt à rendre le compte ? Il est indispensable d'autoriser les personnes désignées par l'article 112, à provoquer, dans ce cas, les actes nécessaires à la liquidation de la société.

181. La nomination du notaire devra être faite par le tribunal du domicile de l'absent présumé, lorsqu'il n'y aura pas de demande introduite en justice ; s'il y a instance, cette nomination pourra être faite aussi par le tribunal saisi.

Mais ce dernier peut ignorer complétement la position de celui que l'on veut faire représenter ; il fera prendre toutes les informations qui lui paraîtront nécessaires pour le fixer ; il pourra, par exemple, recourir à la famille, comme nous l'avons déjà dit, d'après Pigeau.

182. Nous avons, dans tout ce que nous venons de dire sur l'article 113, confondu les absents déclarés avec les absents présumés, quoique notre article ne nomme que les derniers; parce qu'il nous semble que toute sorte de motifs

commandent cette interprétation. Si les absents présumés sont indéfendus, les absents déclarés pourraient l'être mal; le notaire veillera à ce que les envoyés en possession ne laissent pas blesser les intérêts de l'absent, ou par fraude, ou par négligence.

183. Nous sommes maintenant fixés, sur ce qu'on doit entendre par absents présumés; sur les personnes qui peuvent requérir les mesures à prendre pour la conservation de leurs biens; sur la nature de ces mesures; et sur le tribunal compétent pour les ordonner. Voyons quels sont les autres effets généraux de la présomption d'absence.

CINQUIÈME SECTION.

Effets généraux de la présomption d'absence.

184. L'absence présumée produit des effets non-seulement sur les biens, mais encore sur les personnes.

185. L'absent présumé peut être époux, père, tuteur.

186. Si une femme disparaît pendant le mariage, la disparition ne laisse, sous les rapports que nous venons d'énumérer, aucun vide, tant qu'il n'en résulte qu'une présomption d'absence.

Etant dépositaire de la puissance paternelle, dans toutes ses conséquences, le mari l'exerce comme avant la disparition de sa femme ; il n'y a rien à changer dans les rapports entre lui, et la personne de ses enfants mineurs.

Mais, quant aux biens de la femme, alors même que, d'après le contrat de mariage, le mari en aurait l'administration, et quoique la disparition d'un époux ne rompe pas le mariage, cette disparition étant cependant une sorte de présomption de mort, il est bon de garantir la conservation de ces biens ; qui, dans ce cas, ne l'est pas assez par les mesures permises par l'article 112.

187. Si c'est au contraire le mari qui a disparu, la puissance paternelle ne passant sur la tête de la femme qu'à la dissolution du mariage, et le mariage n'étant pas dissous par la disparition du mari, la loi a dû déterminer si cette disparition produirait, pour la puissance paternelle, le même effet que la dissolution du mariage.

Elle a dû déterminer aussi, comment seraient administrés les biens du mari, sur lesquels la femme n'a aucune autorité ; et le déterminer, autrement que pour les biens des absents présumés en général ; parce que, dans le cas où le mari a laissé des enfants mineurs, ses biens passant, pour ainsi dire, sur la tête de ces enfants, ils deviennent un patrimoine de mineurs.

188. Si la personne qui a disparu laisse des enfants mineurs, ou c'est le père, ou c'est la mère. Dans le premier cas, la mère étant de droit tutrice de ses enfants mineurs (art. 390), et la disparition du père ne devant modifier en rien ce droit, elle aura la surveillance de la personne et des biens de ces enfants. Tous les droits du père sont transportés sur la tête de la mère (art. 141). Il en est ainsi, à plus forte raison, pour le père, lorsque la mère a disparu.

Mais, comme nous le dirons ailleurs, cette gestion des biens de l'épouse qui a disparu, étant aussi la gestion de biens de mineurs, l'époux présent les gérera en qualité de tuteur, et aux mêmes clauses et conditions que s'il s'agissait d'une tutelle proprement dite.

Si le mariage duquel sont issus les mineurs avait été dissous avant la disparition, et si l'absent avait contracté un second mariage, lorsque le second conjoint décédera, ou six mois après la disparition de l'autre, la surveillance des enfants du premier lit sera déférée par le conseil de famille, aux ascendants les plus proches, et, à leur défaut, à un tuteur provisoire (art. 142): C'est ainsi que doit être entendu cet article.

189. Nous lisons dans M. Locré (1) que « la loi ne devait pas s'attacher aux cas où la mère aurait disparu : Le père, dit cet auteur, ayant autorité sur toute la famille, et puissance paternelle sur ses enfants, la disparition de la mère ne change rien à l'état des choses. »

Si le père vit lors de la disparition de la mère, la loi n'a sans doute pas à s'occuper des enfants : la surveillance de leur personne est en bonnes mains.

Mais, la loi ne devait-elle pas prévoir le cas où le père décéderait après la disparition de son épouse ?

Ne devait-elle pas aussi, prendre des mesures pour que le père ne pût pas dilapider la fortune de sa femme, qui est celle de ses enfants mineurs? elle n'a rien fait pour ces deux cas.

190. Ce n'est pas le seul vice de rédaction que présente l'article 142! Voici ses propres expressions :

> Six mois après la disparition du père, si la mère était décédée lors de cette disparition, ou si elle vient à décéder avant que l'absence du père ait été déclarée, la surveillance des enfans sera déférée par le conseil de famille aux ascendants les plus proches, et, à leur défaut, à un tuteur provisoire.

191. Ne semblerait-il pas résulter de ces dis-

(1) T. 2, p. 515 et suiv.

positions, dans leur sens grammatical, 1° que, dans le cas où la mère vivait lorsque le père est disparu, ou bien, si elle décède quelques jours après cette disparition, il y a lieu d'assembler de suite le conseil de famille? 2° qu'à quelle époque que la mère décède, ce conseil ne sera assemblé que six mois après son décès?

Ces deux manières d'entendre l'article sont également dangereuses par leurs conséquences. Dans la première, le conseil sera convoqué plus tôt qu'il n'a été dans l'intention du législateur de le faire convoquer; dans la seconde, cette convocation serait au contraire retardée, et ce retard pourrait nuire aux intérêts des mineurs.

Le délai de six mois, avant la convocation du conseil, avait été proposé par la commission. Plusieurs cours d'appel se récrièrent (1); il leur paraissait dangereux de laisser si longtemps les enfants dans une sorte d'abandon; mais, lors de la discussion sur ce délai, il fut rappelé qu'on avait reconnu du danger à se mêler trop tôt des affaires de celui qui aurait disparu, et alors que son éloignement n'avait pas encore un caractère assez probable, pour que l'on pût présumer une absence proprement dite. Sur ces motifs, la proposition de la Com-

(1) Cours d'appel d'Agen, de Lyon, de Metz, d'Orléans.

mission fut conservée ; un délai de six mois fut jugé nécessaire pour que la disparition pût acquérir la probabilité d'une absence.

192. Il paraîtrait résulter, en second lieu, du sens grammatical de l'article en question, que le tuteur provisoire n'aura *que la surveillance* des enfans.

Remarquons en effet la différence des expressions contenues dans l'article précédent : *La mère en aura la surveillance, et elle exercera tous les droits du mari, quant à leur éducation et à l'administration de leurs biens.*

Ainsi donc, le législateur n'a pas pensé, qu'en disant que la mère aurait la *surveillance* de ses enfants, il lui donnait le droit d'administrer leur personne et leurs biens. Or, dans l'art. 142, la loi n'autorise le conseil de famille qu'à déférer la *surveillance.*

Mais, observons d'abord, que la surveillance doit être déférée aux ascendants des mineurs, et que ce ne sera qu'à leur défaut qu'il sera nommé un tuteur provisoire. Or, peut-on concevoir que le législateur ait voulu limiter ici la confiance qu'il accorde ailleurs, et à si juste titre, aux ascendants, lorsqu'il les désigne comme tuteurs de droit ?

De plus; que signifierait le mot *surveillance*, si l'on devait reconnaître qu'il n'embrasse aucune des conséquences exprimées dans la dernière période de l'article 141 ? Car, remarquons que ces conséquences s'étendent à la personne tout autant qu'aux biens, c'est-à-dire qu'elles embrassent toutes les fonctions d'un tuteur.

Concluons de là : que, par ce mot *surveillance*, le législateur a entendu toutes ces fonctions, et que l'addition faite à l'article 141 a été destinée à transmettre à la mère toute la plénitude de la puissance paternelle ; droit, qu'on aurait pu lui contester, si la loi ne lui avait donné que la surveillance des enfants.

193. Supposons maintenant que le père meurt alors que la mère était disparue ; devra-t-on faire pourvoir les enfants mineurs d'un tuteur?

On ne le pourra que dans deux hypothèses; la première, si l'on considère la mère comme décédée ; la seconde, si l'on voulait créer une peine contre la femme qui s'est absentée.

194. La première hypothèse ne peut se rencontrer, puisque la loi considère la vie et la mort de l'absent comme également incertaines.

Quant à la seconde, les auteurs des Pandectes Françaises, après avoir dit (1) qu'à l'égard du cas où l'époux demande la continuation de la communauté, il faut distinguer entre le mari et la femme ; ajoutent : « Si celle-ci a quitté son mari

(1) T. 2, p. 28.

malgré lui, et qu'il l'ait réclamée, elle est privée, dans le cas où elle reparaîtrait, de la faculté d'y demander part : tel était l'ancien principe. Cette règle nous paraît devoir être conservée, parce qu'elle est conforme à l'équité, et qu'elle est une juste punition de l'oubli que la femme a fait de ses devoirs. »

Alors même que l'on voudrait adopter cette opinion, et que l'on se déciderait, par voie de conséquence, à infliger à la mère absente la privation de la tutelle de ses enfants, nous trouverions encore une lacune dans la loi, puisqu'on n'a jamais puni la femme qui, par suite de circonstances malheureuses ou involontaires, s'est trouvée éloignée du domicile conjugal.

Mais comme nous ne voyons rien dans cette loi, qui nous amène à penser que la femme doit être punie de son éloignement, quelle qu'en soit la cause; nous avons posé en principe, qu'il faudra procéder dans le cas où la femme sera présumée absente, comme dans celui de la présomption d'absence du père.

A propos de tout ce que nous venons de dire, M. Delvincourt pense : que si le père est vivant, lorsque la mère disparaît, les enfants restant sous sa protection, toute disposition ultérieure est inutile (1).

---

(1) Ibid., p. 44.

Mais, comment un auteur si conséquent, a-t-il pu émettre une opinion semblable? lui! qui professe si hautement que, dans l'absence, *la présomption du décès existe dans la loi et par la loi* (1). Or, lorsque le père survit à la mère, ne devient-il pas le tuteur des enfants? Nous persistons donc à regarder le silence de la loi sur le cas de la disparition de la mère, comme une lacune que nous avons dû chercher à faire disparaître.

Le même auteur dit ailleurs (2) que la mère, administratrice de la personne et des biens de ses enfants mineurs pendant la disparition du père, a la plénitude de la puissance paternelle; mais, seulement, comme si elle était devenue tutrice par la mort du père.

Que la mère pourra, en vertu du mandat légal qui lui est donné, exercer, et sans autorisation, toutes les fonctions de tutrice, sans qu'il soit nécessaire qu'elle se fasse autoriser pour chaque acte, ni même qu'elle se fasse donner par le juge une autorisation générale (3). C'est aussi notre avis. Mais, le pouvoir de la mère, ne s'étendra que sur les biens propres des mineurs, et non sur ceux qui dépendent du patrimoine de l'absent.

---

(1) Ibid., p. 355, n° 5.
(2) Ibid., p. 340, n° 1.
(3) Ibid.

195. A qui appartiendra la surveillance des enfants mineurs, après la déclaration d'absence? nous traiterons cette question, lorsque nous nous occuperons des effets de la déclaration d'absence.

196. Comment procédera-t-on pour remplacer le tuteur nommé par le conseil de famille, lorsqu'il aura disparu?

Les dispositions que nous venons de rapporter ne concernent que la mère ou le père.

Nous trouvons bien au titre de la tutelle un article (1) qui dispose pour le cas où la tutelle sera *abandonnée par absence*. Mais, nous ne pouvons penser que cet article doive recevoir son application aussitôt après la disparition du tuteur. Pour admettre cette interprétation, il faudrait reconnaître que les mots *par absence* sont employés par cet article dans l'acception commune, et non dans le sens restrictif que leur attribue le titre des absents. Il est impossible de donner au mot *absence* cette signification large, sans mettre l'article 424 en opposition avec ceux du titre des absents dont nous venons d'expliquer les dispositions; cet article n'est évidemment applicable qu'après la déclaration d'absence, comme nous nous en convaincrons, en traitant

(1) Art. 424.

des effets de l'absence après qu'elle a été déclarée.

Nous sommes donc forcés, pour ne pas porter l'obscurité dans d'autres dispositions, de soutenir que le législateur n'a pas prévu le cas proposé.

Il n'avait non plus rien disposé pour celui de la disparition de la mère; nous avons pensé que les mêmes règles étaient applicables et à ce cas, et à celui de la disparition du père.

Cela posé, supposons que la mère disparaisse, alors qu'elle était déjà, par suite du décès du père, tutrice de leurs enfants mineurs.

Comment sera-t-elle remplacée? *La surveillance des enfants mineurs*, porte l'artcile 142, *sera déférée, par le conseil de famille, aux ascendants plus proches, et, à leur défaut, à un tuteur provisoire.*

Il y a, ce nous semble, identité parfaite entre ce cas et celui de la disparition de tout tuteur. Nous pensons en conséquence, qu'il faut étendre cette disposition à toutes les hypothèses où la tutelle se trouve déserte. Cette interprétation de la loi suffit pour garantir les intérêts du mineur, et elle ne contrarie pas la progression établie par le législateur dans les règles qu'il a tracées sur les effets de l'absence.

197. Si un tuteur était remplacé par un au-

tre, aussitôt après sa disparition, le compte de tutelle devrait être rendu pour le tuteur absent présumé. Il faudrait donc porter l'investigation dans ses affaires, aussitôt après la disparition du tuteur, ce que la loi n'a permis dans aucun cas de présomption d'absence. Un tuteur provisoire au contraire, se contentera d'établir l'état des affaires du mineur au moment où il commence à les gérer, afin de ne pas assumer sur sa tête la responsabilité de l'administration du tuteur qui s'est éloigné.

198. D'un autre côté; le retour de l'absent doit détruire tous les effets de son absence; peut-être faudra-t-il cependant reconnaître, que le tuteur datif, remplacé par un autre tuteur, ne redeviendra pas tuteur?

Or, cette décision entraînera de graves résultats pour le tuteur qui s'était absenté; il importe donc de retarder la nomination d'un nouveau tuteur.

Le premier, peut avoir entrepris un voyage dans l'intérêt de ses pupilles; et quand ce serait pour son propre intérêt, doit-il abandonner ses affaires pour ne songer qu'à celles de ses mineurs? Ne le faisons remplacer! que lorsque, d'un côté, l'absence est déclarée, et par conséquent lorsque le retour de l'absent commence à être très-douteux; de l'autre, que lorsque les intérêts du pupille doivent souffrir d'une tutelle provisoire, plus négligente peut-être.

199. Quelles seront les règles sur la surveillance de la personne et des biens du mineur, ou sur la tutelle provisoire? Le législateur garde le silence le plus profond à cet égard.

Ce silence dit, à nos yeux, aussi formellement qu'une disposition expresse, que cette administration et cette tutelle provisoire, seront régies par les règles tracées pour l'administration du tuteur; sauf celles, qui ne pourraient coincider avec les règles sur l'absence.

M. Delvincourt demande, à ce sujet (1), si la mère aura la jouissance des biens de ses enfants......, et quand l'aura-t-elle?

Il répond : « L'absent étant présumé mort du jour de sa disparition, la jouissance a dû avoir lieu au profit de la mère à compter de cette époque.

« *Nec obstat*, ajoute-t-il, l'article 126..... car, d'abord, il s'agit, dans cet article, des fruits, des biens même de l'absent. En second lieu, il faut prendre garde, que l'abandon d'une partie des fruits a lieu au profit des envoyés en possession, pour les indemniser de la charge qu'ils ont, d'administrer les biens de l'absent; charge, qui ne

(1) Ibid., p. 341.

commence qu'à compter de l'envoi provisoire. La jouissance légale, au contraire, est un accessoire, une dépendance de la puissance paternelle, que la femme exerce, du moment de la disparition, puisque c'est de ce moment qu'elle réunit les droits de son mari aux siens propres. Elle doit donc avoir la jouissance légale à compter de la même époque. »

Cette opinion est juste, mais elle ne doit être appliquée qu'aux fruits et revenus des biens propres des mineurs.

200. Y aura-t-il ici, comme dans toute tutelle, un subrogé tuteur?

Si l'on est forcé de reconnaître que l'administration ou la tutelle provisoire de la personne et des biens du mineur dont le père ou la mère ont disparu, sont régies par le chapitre de la tutelle, il faudra décider, par une conséquence forcée, qu'il y aura lieu à la nomination d'un subrogé tuteur.

Le subrogé tuteur est le surveillant né du tuteur; et, si tout tuteur a besoin d'être surveillé, pourquoi supposerait-on que ce besoin ne se rencontrera pas dans une tutelle provisoire?

La surveillance est au contraire plus nécessaire ici. Remarquons en effet que le pupille dont la surveillance sera déférée à celui de ses père et mère présent, aura, ou sera à même d'avoir dans ses biens, le patrimoine de son père ou de sa mère absent présumé. L'administration de la personne et des biens du mineur intéresse donc, non-seulement le mineur, mais encore l'absent présumé. Cette administration intéresse d'autant plus ce dernier, que la consistance de son patrimoine n'est pas encore constatée par un inventaire, et que la restitution intégrale n'en est pas assurée par le bail de caution. Et comme les biens de l'absent présumé peuvent être confondus avec ceux de son conjoint présent, les intérêts du pupille peuvent être continuellement en opposition avec ceux de son surveillant.

Ils le seront au moins, lorsque le temps de faire déclarer l'absence sera venu; lorsqu'il faudra demander l'envoi provisoire. Qui formera ces demandes, s'il n'y a pas de tuteur provisoire?

M. Delvincourt, *ibid.* p. 340 et 341, pense toutefois, qu'il n'y a lieu de donner un subrogé-tuteur qu'à la femme; et, seulement, après la déclaration d'absence. Il n'appuie son opinion que sur la raison, que la mère exerce les droits du père et les siens. Mais cette raison tombe, si, comme nous persistons à le dire, le père aussi doit être pourvu, dans notre hypothèse, d'un subrogé-tuteur. Et, comment ne donner au conjoint un subrogé-tuteur, qu'après la déclaration d'absence, c'est-à-dire alors qu'il peut moins dilapider! Nous sommes d'autant plus étonnés de l'opinion émise ici par M. Delvincourt, qu'il professe en même temps : que la mère « pourra, en vertu du mandat légal qui lui est donné par l'article 141, exercer, sans autorisation, toutes les fonctions de tutrice. »

Il est donc évident qu'il faut un subrogé-tuteur, lors de la surveillance déférée au conjoint présent. Dès-lors on est forcé de reconnaître qu'il doit en être donné un au tuteur provisoire. Quoique provisoire, celui-là porte le titre de tuteur; et, comme nous l'avons déjà dit, la tutelle provisoire qui peut compromettre, non-seulement les intérêts du pupille, mais encore ceux d'un absent présumé, doit être aussi bien surveillée, que la tutelle proprement dite.

201. Nous ne saurions trop recommander aux familles de provoquer, dans les cas qui nous occupent, la nomination d'un subrogé-tuteur. Que d'enfans ruinés par les dilapidations ou la mauvaise foi de l'auteur de leurs jours, qui a géré, comme il a voulu, les biens délaissés par son conjoint absent!

202. Les juges de paix ne négligeront pas non plus le devoir que la loi leur impose (1) de

(1) Art. 421, Code Civil.

faire nommer les subrogés-tuteurs, toutes les fois qu'il y a lieu à en nommer; et nous pensons que ces magistrats devront faire procéder à cette nomination, aussitôt qu'ils croiront à la présomption d'absence : *melius est intacta jura servare, quàm post vulneratam causam remedium quœrere.*

CHAPITRE DEUXIÈME.

SECONDE PÉRIODE,

OU

De la déclaration d'absence et de ses effets.

---

203. Lorsqu'un individu s'est éloigné de son domicile, le moment de son départ a été prévu ou imprévu, connu ou inconnu; les motifs de ce départ ont été ou non manifestés; dans tous ces cas, l'éloignement a pu n'être, dans la première intention de celui qui s'est éloigné, que pour un temps.

Le législateur a voulu supposer qu'il en avait été toujours ainsi, parce qu'il connaît l'attachement de l'homme pour les lieux qui l'ont vu naître, pour le pays où sont les objets de ses affections, pour ses propriétés.

204. Si cependant l'éloignement se prolonge, et que celui qui a disparu ne donne pas de ses nouvelles; si l'on n'en a non plus par personne, on pourra bien, dans le principe,

attribuer ces circonstances à une volonté libre et raisonnée, et la loi se contentera des mesures nécessaires pour que l'éloignement ne préjudicie pas trop à celui qui s'est éloigné.

205. Si l'éloignement continue, ainsi que le défaut de toute nouvelle, les motifs pour en attribuer la cause à une volonté libre, diminuent aussi de probabilité. D'ailleurs, les intérêts de l'absent sont de plus en plus en souffrance, et il faut prendre des mesures plus générales pour les garantir.

Tels sont les motifs qui amènent l'augmentation des précautions prises dans l'intérêt des absents.

206. Mais il fallait, avant de permettre l'emploi de ces nouvelles précautions, que l'époque de la disparition ou des dernières nouvelles fût formellement reconnue.

S'il a pu suffire pour l'adoption de quelques mesures partielles, que celui pour lequel on doit agir, fût en présomption d'absence, il est nécessaire, alors qu'il s'agit de mettre en usage des mesures générales, que l'absence soit constante. Aussi le législateur a-t-il voulu que la déclaration d'absence fût d'abord proclamée.

207. Ce que nous avons à dire ici se divise donc naturellement en deux parties dont l'une doit être consacrée au développement de la marche à suivre pour la déclaration d'absence,

et l'autre à l'examen des effets de cette déclaration.

PREMIÈRE PARTIE.

De la déclaration d'absence.

208. Nous verrons dans une première section quelles sont les conditions nécessaires pour que la déclaration d'absence puisse être demandée.

Dans une seconde, par qui, où et comment cette demande peut être formée, instruite et jugée.

PREMIÈRE SECTION.

Des conditions nécessaires pour que la déclaration d'absence puisse être demandée.

209. La déclaration d'absence est une formalité toute nouvelle, absolument inconnue dans le droit romain et dans l'ancienne jurisprudence française.

210. Elle consiste : dans un jugement par lequel, avant de statuer sur le sort des biens d'une personne qui a disparu de son domicile et de sa résidence et dont on n'a aucune nouvelle depuis un temps déterminé, le juge déclare que cette personne est absente.

211. Autrefois, lorsqu'un individu avait disparu et qu'on n'en avait plus de nouvelles, s'il s'était écoulé un nombre d'années fixé diversement par les coutumes et par les parlements, ses héritiers présomptifs obtenaient l'envoi en possession de ses biens, sur le simple vu d'un acte de notoriété constatant l'absence depuis le temps voulu.

212. Nous avons dit dans le chapitre premier, quels étaient les caractères de l'absence; le législateur les a plus spécialement indiqués encore, lorsqu'il s'est occupé de la déclaration d'absence, parce que les effets de cette déclaration, quoique tous dans l'intérêt de l'absent, blessent cependant en quelque sorte cet intérêt, attendu qu'on a cru nécessaire d'appeler aussi l'intérêt des tiers au secours de l'absent.

213. Sans doute la vie et la mort de celui qui a disparu et dont on n'a aucune nouvelle, sont toujours incertaines : c'est un des principes fondamentaux de la loi sur les absents; quoique M. Delvincourt professe formellement le contraire. Il est évident, selon nous, que cet auteur a, dans cette circonstance, mal saisi l'esprit général de cette loi : ce qui sera démontré par la suite de notre discussion.

Mais, plus le moment de la disparition ou des dernières nouvelles s'éloigne, plus la présomption de la vie diminue.

214. Pendant les premiers temps, la loi n'a porté qu'un regard timide sur les affaires de l'absent; si l'absence continue, la conservation des biens de celui qui a disparu demande d'autres mesures, et l'intérêt public même commande que l'administration de ces biens soit embrassée dans tous ses détails.

215. Aussi, dès que l'absence sera déclarée, les biens de l'absent seront partagés de la même manière que s'il était décédé. Seulement, le partage qui en sera fait, ne donnera aux copartageans que le droit d'administrer la part qui en aura été attribuée à chacun à peu de chose près, d'après les mêmes règles que celles qui régissent l'administration des biens des mineurs par leurs tuteurs.

216. Pour que la déclaration d'absence puisse être demandée, il faut le concours de trois circonstances.

1°. Eloignement du domicile et de la résidence.

2°. Défaut absolu de nouvelles positives, soit directes soit indirectes.

3°. Laps de quatre ans, écoulé depuis le moment de la disparition ou des dernières nouvelles (1).

217. M. Locré dit (2) : « un laps de cinq années écoulé depuis l'éloignement et le défaut de

---

(1) Locré, t. 2, ibid., p. 336; Thoulier; t. 1, p. 397.

(2) Ibid.

nouvelles. » Il est évident qu'il entend parler de la période de temps nécessaire pour que le jugement de déclaration d'absence puisse être rendu : on ne peut pas supposer à un auteur si profond et si méthodique une opinion qui serait en opposition avec le texte formel de la loi qui porte, article 115.

Lorsqu'une personne aura cessé de paraître au lieu de son domicile et de sa résidence, et que depuis quatre ans on n'en aura point eu de nouvelles, les parties intéressées pourront se pourvoir devant le tribunal de première instance, afin que l'absence soit déclarée.

218. Les trois circonstances qui doivent se rencontrer pour autoriser à se pourvoir en déclaration d'absence, sont indivisibles, le défaut de l'une d'elles suffira, pour que la demande soit rejetée; car, on n'est absent aux yeux de la loi, que lorsqu'on a entièrement disparu, et depuis un temps assez long pour faire craindre que le retour n'ait plus lieu.

Aussi, l'article 115 a-t-il été rédigé de manière à ne laisser à cet égard aucune incertitude.

On poussa la précaution, jusqu'à changer la conjonction alternative *ou*, qui se trouvait dans la rédaction présentée par la commission avant la fixation du nombre d'années qui devaient s'être écoulées depuis la disparition; pour y substituer la cumulative *et*.

219. Mais l'on reporta la conjonction alterna-

tive entre les mots *domicile* et *résidence.* A cet égard la rédaction de la section qui disait : *soit* de son domicile, *soit* de sa résidence, était plus claire, et faisait ressortir mieux toute la pensée du législateur, qui a entendu que la disparition s'étendît aussi bien au lieu de la résidence, qu'à celui du domicile.

M. Locré nous dit, que cette nouvelle rédaction a été adoptée, dans le dessein de n'employer le mot *résidence*, que comme synonyme de *domicile*; afin de faire sentir que l'on comprenait dans la disposition, les individus qui n'avaient qu'une résidence, et ceux qui avaient un domicile.

220. Il ajoute : « Personne, il faut le croire, ne conclura de cette rédaction, qu'il suffit, pour motiver une déclaration d'absence, qu'un invidu soit absent de son domicile, quoiqu'il soit dans une de ses résidences. Si la subtilité, prenant avantage de ce que l'article 116 distingue entre le domicile et la résidence, se permettait d'élever cette difficulté ridicule, on la repousserait par l'article même, qui n'attache quelque effet à l'éloignement, que lorsqu'il est accompagné du défaut de nouvelles : un homme qui habite une de ses terres, à quelque distance qu'on la suppose, n'est pas de ceux dont on n'a pas de nouvelles (1). »

(1) Ibid., p. 337.

Ce profond auteur a donc senti, que cette partie de l'article 115 ne présentait pas un sens évident. L'esprit de chicane, d'autant plus disposé à user de toutes les cavillations, que la mauvaise foi est plus générale et l'instruction plus commune, conseille d'user de toutes sortes de difficultés, quelque mauvaises qu'elles soient, parce que, malheureusement, quelqu'une réussit de temps à autre. Aussi, les rédacteurs des projets de loi ne sauraient être assez difficiles sur les mots qu'ils employent.

221. En disant que la demande en déclaration d'absence ne sera admise que lorsque les trois circonstances seront réunies, nous n'avons pas voulu professer, que la preuve de l'existence de ces trois circonstances devait être rapportée; si cette preuve devait être acquise lorsque la demande serait formée, l'emploi des formalités dont nous allons parler, et qui sont toutes destinées à faire cette preuve, serait bien inutile. Il faudra, seulement, que les trois circonstances soient alléguées, et paraissent probables.

222. Le législateur n'a permis de passer à la déclaration d'absence, que parce que la disparition de l'absent sans nouvelles remontant déjà assez haut, les biens doivent avoir besoin d'une surveillance plus étendue, et que leur administration serait en souffrance s'il fallait recourir aux tribunaux toutes les fois qu'il y aurait quel-

que chose à faire. Aussitôt que cette déclaration existera, la loi prescrira une mesure qui embrassera tous les biens; en leur donnant un administrateur qui, une fois reconnu, aura les pouvoirs nécessaires pour faire tout ce que commandera la conservation des biens.

223. Mais, si ces biens étaient administrés; ou, si l'absent, en pourvoyant à l'administration de certains, avant de s'éloigner, avait annoncé qu'il supposait que son absence ne nuirait pas assez aux autres pour qu'il dût prendre des précautions à leur égard, le législateur a dû se conformer à cette idée.

224. De là une quatrième condition mise à la déclaration d'absence, et consacrée par l'article 121, en ces termes:

> Si l'absent a laissé une procuration, ses héritiers présomptifs ne pourront poursuivre la déclaration d'absence et l'envoi en possession provisoire, qu'après dix ans révolus, depuis sa disparition ou ses dernières nouvelles.

225. Si l'individu avait constitué un procureur fondé avant de s'absenter, non seulement cet acte rend moins pressante la déclaration d'absence, mais il prouve, que celui qui s'est éloigné l'a fait à dessein. Dès-lors, il est évident que l'éloignement a été réfléchi; et comme tout est en faveur de l'absent, le législateur a voulu donner le même effet à toute procuration, soit générale, soit spéciale, et quelles qu'en soient

les clauses. Toute procuration, en effet, annonce assez, dans celui qui l'a donnée et qui s'est éloigné ensuite, l'intention de s'absenter.

Si la procuration n'est que spéciale, on présume que c'est, parce que l'individu qui s'est éloigné, a jugé que les biens pour lesquels il établissait un procureur fondé seraient les seuls en souffrance pendant son absence; il a pu même préférer que quelques-uns périclitassent, plutôt que de livrer le secret de toutes ses affaires.

Le législateur n'a même pas voulu que, si la procuration n'était que pour un certain temps, on pût, de suite après son expiration, provoquer la déclaration d'absence. S'il avait pourvu au cas de l'expiration de la procuration, il eût dû pourvoir aussi à celui de la cessation des effets de cette procuration, pour quelque cause que ce fût. Il n'aurait pu, en effet, s'occuper du premier de ces deux cas, qu'en décidant que, dès que l'individu n'avait pas fait sa procuration pour un plus long temps, c'est qu'il croyait être de retour à cette époque; mais alors, cet individu aurait dû prévoir aussi, que la procuration qu'il allait donner pour un long temps, pourrait bien ne pas sortir à effet.

Le législateur n'a voulu entrer dans aucune de ces considérations; et, comme les biens de l'absent ne sont pas entièrement en souffrance, puisqu'on peut toujours recourir aux mesures de la première période, il n'a pas voulu tenir compte de la cessation de la procuration, ni de son plus ou moins d'étendue. Il s'est contenté de déterminer le délai pour lequel toute procuration suspendrait la déclaration d'absence, et il a disposé que, dans tous les cas, cette déclaration ne pourrait être poursuivie, qu'après dix ans écoulés depuis la disparition et les dernières nouvelles.

Si la procuration vient à cesser avant l'expiration des dix ans, il sera pourvu à l'administration des biens de l'absent, comme il est dit au chapitre premier du premier titre.

Tels sont les termes de l'article 122; disposition, qui embrasse toutes les causes de cessation de la procuration.

226. Nous lisons dans M. Locré, que la disposition relative aux effets des procurations introduit un droit tout nouveau; qu'autrefois, l'usage général était, de ne pas considérer les procurations données par les individus qui avaient disparu, comme un obstacle à l'envoi en possession de leurs biens après le délai ordinaire (1).

M. de Maleville dit au contraire, que le procureur-fondé de l'absent était partout maintenu

(1) Ibid., p. 394.

d'abord, et préféré à l'héritier présomptif, pour l'administration des biens. Il ajoute cependant, que l'on distinguait le cas où la procuration avait été laissée à l'un des héritiers présomptifs, ou même au conjoint, de celui où elle avait été laissée à un étranger. Dans le premier cas, on décidait que la procuration devait tenir jusques au retour de l'absent, ou jusqu'à ce que sa mort fût certaine ; dans le second, les héritiers présomptifs pouvaient se faire envoyer en possession, comme s'il n'existait pas de procuration (1).

227. Mais laissons là ce qui se pratiquait autrefois, et disons que le législateur du Code n'a admis aucune des distinctions que pouvait avoir consacrées l'ancienne jurisprudence. Ainsi, à quelque personne que la procuration ait été laissée, elle produit le même effet, et elle retarde, pendant le même espace de temps, la déclaration d'absence. La cessation trop prompte des pouvoirs délégués par l'absent, fut regardée par tous les magistrats et par tous les jurisconsultes qui s'occupèrent de la rédaction du Code, comme une mesure qui ne pouvait se concilier avec la raison, ni avec l'équité.

228. Cependant, le système qui a été con-

(1) Ibid., p. 135; Pandectes Françaises, t. 3, p. 18.

sacré par le législateur, fut attaqué par la cour de cassation qui, pour simplifier, disait-elle, la législation, proposait d'admettre en principe : que le jour où expireraient les cinq années de disparition sans nouvelles, serait celui où, sauf quelques exceptions, l'absent serait réputé mort.

Partant de ce principe, cette cour observait : qu'une procuration ne devait pas faire un des cas d'exception, parce qu'elle n'altérait en rien les présomptions de mort. Pourquoi, sé'criait-elle, prolonger une administration non cautionnée ? pourquoi préférer un mandataire aux héritiers présomptifs ? Une procuration peut-elle subsister, alors que la loi doit présumer la mort qui fait cesser le mandat ?

229. Tous ces raisonnements auraient eu quelque poids, si le législateur avait admis le principe proposé par la cour de cassation ; mais il a décidé, au contraire, que, quelque longue qu'eût été l'absence, la vie et la mort de l'absent serait toujours incertaine aux yeux de la loi ; quoique les présomptions de la vie allassent en s'affaiblissant, et celles de la mort en se fortifiant, à mesure que le moment de la disparition ou des dernières nouvelles s'éloignerait davantage.

230. De l'adoption de ce principe, est ré-

sultée celle de la règle sur les effets des procurations.

Cette règle est fondée sur trois motifs ; le premier, que l'administrateur choisi par l'absent lui-même, doit être préféré à celui que la loi ou le magistrat, son organe, pourraient lui donner ; le deuxième, que l'absent qui prend des précautions pour l'administration et la conservation de ses biens, manifeste évidemment le projet de s'absenter et de revenir, que l'on doit par conséquent croire plus long-temps à son retour ; le troisième, que l'absent qui a pourvu à ses affaires, peut se regarder comme dispensé de donner de ses nouvelles ; sa sécurité étant raisonnable, il ne faut pas la lui rendre funeste : on ne peut pas le traiter comme celui qui a laissé ses affaires entièrement à l'abandon (1).

231. L'existence d'une procuration ne change rien aux conditions de la déclaration d'absence, ni aux formes à suivre pour la faire prononcer. Aussi, M. Locré s'est-il trompé lorsqu'il a dit que, dans ce cas, l'absence ne pouvait plus être *prononcée* après cinq ans, mais seulement après dix (2).

(1) Locré, ibid., p. 395 et suiv.

(2) Ibid., p. 198.

Cette opinion est en opposition formelle avec le texte de l'article 121 ; d'après lequel, la procuration retarde à dix ans, non-seulement la déclaration d'absence, mais même la demande de cette déclaration. Or, entre la demande et la prononciation, il doit s'écouler plus d'un an, puisque, d'après l'article 119, le jugement de déclaration d'absence ne peut être rendu qu'*un an* après celui qui aura ordonné l'enquête. Ainsi, lorsqu'il y aura une procuration connue, la demande en déclaration d'absence ne pourra être utilement formée qu'après dix ans depuis la disparition, et prononcée, qu'après onze. Si la procuration n'était découverte qu'après la déclaration d'absence, l'envoi en possession aurait lieu après dix ans à dater du commencement de l'absence, parce qu'il n'est plus besoin du délai pour faire déclarer l'absence.

232. Mais, pourquoi lisons-nous dans l'article 115 : *depuis quatre ans*, tandis que le 121me dit : *après dix années révolues ?* Pourquoi le mot *révolues* ne se trouve-t-il pas aussi dans le premier de ces articles ? et pourra-t-on, d'après l'axiôme de droit : *annus incœptus pro completo habetur*, soutenir que, dans l'application de l'article 113, on devra se contenter de quatre années commencées ?

Il n'est pas impossible que la chicane élève cette prétention, pas plus que celle combattue par M. Locré dans le passage que nous avons rapporté de lui sous le N° 220; mais elle sera repoussée par toute la discussion du Conseil-d'Etat qui établit de la manière la plus évidente: que l'intention du législateur a été, de ne permettre la déclaration d'absence qu'après cinq ans, et de doubler ce délai lorsqu'il y a une procuration (1). Or, si l'on admettait l'interprétation de l'article 115 que nous combattons, il en résulterait que le délai ne serait pas la moitié de celui fixé par le 121me, puisque, d'après le premier de ces articles, la déclaration d'absence pourrait être poursuivie après trois ans et un jour, et prononcée après quatre années et un jour.

Qu'on n'objecte pas que le législateur a fait plus, dans l'article 121, que doubler le temps marqué par le 115me; cela sera vrai pour une hypothèse, celle où la procuration retardera même la demande en déclaration d'absence, mais non, lorsqu'il n'y aura que l'envoi en possession de retardé; ce qui arrivera, toutes les fois que la procuration ne sera découverte, ou opposée, qu'après la déclaration d'absence.

Et d'ailleurs, si le législateur est allé au-delà de son intention, ce n'est pas une raison pour

(1) Locré, p. 398.

abréger le temps après lequel la déclaration d'absence peut être poursuivie ; le législateur a toujours une propension contraire.

233. Il résulte de tout ce que nous venons de dire que : lorsqu'un individu aura disparu de son domicile et de sa résidence depuis quatre ans ; ou bien, lorsque, depuis le même espace de temps, on n'aura plus des nouvelles positives, soit directes, soit indirectes, d'un individu dont on ignorera la résidence ; les parties intéressées pourront demander qu'il soit déclaré absent, à moins que cet individu n'eût laissé une procuration. S'il en avait laissé une, quelle qu'elle soit, la demande en déclaration d'absence ne pourra être formée que dix ans après la disparition, ou après la réception des dernières nouvelles.

234. Il a paru au législateur qu'il y aurait une proportion juste entre les présomptions qui déterminent la déclaration d'absence et ses effets, si on exigeait, pour donner aux héritiers présomptifs le droit de poursuivre la déclaration d'absence dans le cas de l'existence d'une procuration, un temps double de celui après lequel ils auraient pu la provoquer sans cette procuration.

235. On pourrait prétendre, qu'il résulte des motifs sur lesquels est fondé l'effet donné à la procuration, qu'il faut pour qu'elle produise

cet effet, qu'elle ait été donnée en vue de l'absence. Mais la loi ne s'est pas arrêtée seulement à l'intention qu'elle a pu supposer au mandant. Pour parler plus juste, elle a voulu trouver dans toute procuration, la preuve que l'individu qui a disparu prévoyait son éloignement. Cependant, si l'on ne représentait qu'une procuration donnée antérieurement au jour de la disparition, et pour une affaire qui aurait dû être traitée avant cette disparition, une telle procuration ne devrait pas, ce nous semble, retarder l'admission de la demande en déclaration d'absence ; car, on ne pourrait guère supposer qu'elle a été dictée par la prévision de l'éloignement.

236. La déclaration d'absence ne peut être poursuivie après quatre ans, que lorsqu'il y a, entre autres, de fortes présomptions de croire que personne n'a eu depuis la disparition, des nouvelles de l'individu dont on ne connaît plus la résidence ; ou bien, et dans le cas où cet individu aurait laissé une procuration, que lorsqu'il s'est écoulé dix ans depuis la disparition et les dernières nouvelles reçues.

237. Il peut arriver que celui qui a reçu les nouvelles, celui qui était chargé de procuration, cachent les lettres, la procuration ; ce qui se rencontrera trop souvent lorsque l'intérêt conseillera cette latitation.

238. Le juge, ne pouvant prononcer que sur ce qui lui est démontré, admettra la demande en déclaration d'absence; et, après les délais et les formes voulus, il la déclarera.

239. Mais l'existence des nouvelles, de la procuration, peut être découverte par des enquêtes, ou par d'autres moyens, avant la déclaration; elle peut n'être connue qu'après, après même l'envoi en possession.

240. Dans le premier cas, cette découverte fait tomber la demande, et le procureur du roi, spécialement chargé de veiller aux intérêts de l'absent, doit requérir d'office que cette demande soit comme non avenue.

241. Dans le second, le jugement de déclaration d'absence tombera de plein droit, si l'on a acquis la preuve de l'existence de l'absent; et, lorsque les héritiers viendront demander l'envoi en possession des biens, le procureur du roi devra requérir, et le juge prononcera même d'office, que cette demande est non recevable. S'il avait été seulement découvert une procuration, dans ce cas le jugement de déclaration d'absence restera, mais les héritiers seront déclarés non recevables, quant à présent, dans leur demande d'envoi en possession provisoire, soit d'après les conclusions du ministère public, soit même d'office par le juge.

242. Mais, le plus souvent, le même juge-

ment qui déclare l'absence, prononce l'envoi en possession. Si ce jugement n'est attaqué par personne, le juge saisi de quelque contestation sur le partage des biens, et instruit qu'il existe une procuration, ou, que les dernières nouvelles ne remontent pas au temps voulu pour que l'envoi provisoire pût être ordonné, sera-t-il forcé de permettre qu'il soit passé outre à l'exécution du jugement qui prononçait cet envoi? ou bien, pourra-t-il dire que, vu la découverte de la procuration, de nouvelles assez récentes, il n'y a lieu à procéder plus avant, quant à présent du moins?

243. Ce qui tient à l'absence n'étant pas d'ordre public, le juge a-t-il le droit de prendre d'office en considération, l'invention des lettres, de la procuration?

Il est au moins incontestable que le ministere public, spécialement chargé de veiller aux intérêts de l'absent, pourra requérir que, vu la découverte des nouvelles, d'une procuration, il ne soit pas passé outre au partage. Dès-lors le juge sera à même de prononcer.

Car, nous ne pensons pas que l'on puisse opposer au ministère public, que le jugement qui a prononcé l'absence et envoyé en possession, a acquis la force de la chose jugée. Il n'en est pas des jugements sur l'absence, comme de tous autres. Ceux-ci sont simplement déclaratifs de droits, ils doivent donc, dans des cas donnés, être irrévocables. En matière d'absence au contraire, les jugements ne sont, à proprement parler, que recognitifs de faits et de leurs conséquences, expressément définis d'avance par la loi; mais si les faits étaient démontrés faux, les conséquences doivent tomber.

De plus; dans les matières ordinaires, les parties qui obtiennent un jugement, ont, en elles-mêmes, les qualités en vertu desquelles elles ont procédé et un intérêt personnel à agir. Dans les questions d'envoi en possession des biens d'une personne absente au contraire, les parties qui agissent n'ont qu'une qualité éventuelle, qu'un intérêt tout au plus secondaire. La qualité en laquelle elles agissent dépend de la réalité du fait de l'absence, et l'intérêt de l'absent est la base principale du jugement.

Aussi, quoiqu'il ait été rendu des jugements, la seule preuve acquise de l'existence de l'absent suffit pour que ces jugements soient annihilés de plein droit; de telle sorte que, si le possesseur provisoire continuait à posséder, alors même qu'il n'aurait été troublé par personne, sa possession ne sera pas moins censée avoir pris fin du jour où il n'aura pas pu ignorer l'existence de l'absent, et il ne sera plus, depuis cette époque, qu'un simple *negotiorum gestor*.

244. Nous estimons donc, que s'il vient à être

découvert ou des nouvelles, ou une procuration, alors que le juge est saisi de quelque incident sur l'envoi en possession des biens qu'il avait déjà ordonné, malgré l'existence des jugements déclaratifs de l'absence et envoyant en possession, le ministère public pourra requérir qu'il soit prononcé, et le juge pourra ordonner : dans le premier cas, que les jugements sont comme non avenus ; dans le second, qu'il n'y a pas lieu, quant à présent, de statuer sur la contestation.

245. Nous croyons de plus, que le juge pourra prononcer ainsi, même d'office, dans le cas de la découverte des nouvelles, puisque cette découverte démontre qu'il n'y a pas d'absence, et rend, *de plein droit*, tous jugements obtenus sur le fondement de l'absence, comme non avenus.

C'est ce qui résulte de l'article 131, conçu en ces termes :

Si l'absent reparaît, ou *si son existence est prouvée, pendant l'envoi provisoire*, les effets du jugement qui aura déclaré l'absence cesseront, sans préjudice, s'il y a lieu, des mesures conservatoires prescrites au chapitre premier du présent titre, pour l'administration de ses biens.

246. Dans le cas où les nouvelles et la procuration ne seront découvertes qu'après la prise de possession des biens, le ministère public ne

pouvant agir d'office, les envoyés en possession conserveront cette possession.

Mais nous pensons : que toute partie intéressée pourra se pourvoir devant les tribunaux pour faire cesser cet envoi, si l'existence de l'absent vient à être certaine ; car la loi veut que cette seule certitude fasse cesser les effets du jugement de déclaration d'absence.

S'il n'a été découvert qu'une procuration, les héritiers ou ayant cause pourront se pourvoir pour faire cesser l'envoi provisoire, ou par tierce opposition, s'ils n'ont pas été parties au jugement qui l'a ordonné; ou, dans le cas contraire, par requête civile, et sur le fondement du dol personnel ou de la découverte de pièces.

Leur intérêt pour former cette action est évident. L'envoi en possession donne à l'envoyé une portion des fruits, ce qui diminue d'autant les biens de celui qui a été considéré comme absent ; et ses héritiers sont intéressés à ce que les biens ne souffrent aucune diminution.

Le conjoint même, qui n'aura pas été en position de s'opposer à l'envoi en possession, ou qui n'aura pas voulu s'y opposer, pourra prendre les mêmes voies, suivant les cas proposés, pour faire cesser cette possession ; on conçoit facilement l'intérêt majeur qu'il aura à former son action.

247. Mais, si personne n'excipe de la dé-

couverte des nouvelles, de la procuration; si même cette découverte n'a pas eu lieu, celui que l'on avait considéré comme absent, pourra, à son retour, en prouvant que son absence a été déclarée par l'effet du dol de ceux qui ont obtenu l'envoi en possession, même définitif, faire tomber tous les effets de cet envoi, relativement aux auteurs du dol; il transmettra ce droit à ses représentants ou ayant cause.

248. Nous avons donné un effet différent à l'invention des nouvelles, et à celle d'une procuration. La première nous a paru devoir faire déclarer, même le jugement qui prononçait l'absence comme non avenu, tandis que nous n'avons fait produire à la seconde d'autre effet, que de suspendre l'exécution des jugements.

249. Cette différence est et dans l'esprit, et dans la lettre de la loi.

Dans l'esprit; car, pour qu'il y ait lieu à la déclaration d'absence, trois conditions sont requises; et l'une d'elles est: que l'on n'aie pas des nouvelles de celui dont s'agit. S'il est prouvé que cette condition manquait, le jugement qui n'a été rendu que sur la supposition de son existence, doit tomber; *cessante causâ, cessat effectus.*

Dans la lettre; car l'article 131 que nous avons copié plus haut, dispose que : si l'existence de l'absent est prouvée pendant l'envoi provisoire, les effets du jugement, qui aura déclaré l'absence, cesseront. Or, la découverte des nouvelles reçues depuis un temps moins long que celui voulu pour que la déclaration d'absence puisse être prononcée suffit, pour faire décider que l'absent existait lors de la réception de ces nouvelles, et par conséquent, qu'il n'y avait pas d'incertitude sur sa vie, pendant tout le temps que cette incertitude a dû être supposée pour servir de base à la déclaration d'absence.

250. Lors, au contraire, qu'on ne découvre qu'une procuration, cet acte n'a, dans l'esprit de la loi, d'autre effet que de retarder l'envoi en possession, si la découverte est postérieure à la déclaration d'absence; donc, le jugement qui la déclare reste, l'envoi en possession est seulement différé. Or, si cet envoi avait été déjà prononcé, rien dans la loi ne dit qu'il cessera de plein droit; il faut donc faire prononcer cet attermoiement par le juge; et par conséquent, il faut qu'il soit demandé ou par une partie intéressée, ou par le procureur du roi.

251. Nous ne pouvons nous dispenser de relever la différence de rédaction qui existe entre les articles 115 et 121.

Par le premier de ces articles, le législateur trace les conditions auxquelles la déclaration d'absence pourra être demandée; par le second, il détermine les effets de la procuration.

Il résulte du premier, que la déclaration d'absence peut être poursuivie par les parties intéressées, si la personne dont s'agit a cessé de paraître au lieu de son domicile ou de sa résidence, et si la dernière époque à laquelle on a eu de ses nouvelles, remonte à quatre ans révolus.

L'article 121 ne défend de poursuivre la déclaration d'absence, et l'envoi en possession provisoire, dans le cas où l'absent présumé a laissé une procuration, qu'aux héritiers présomptifs.

252. Regrettons d'abord que, dans le titre destiné spécialement à fixer les caractères de l'absence, le législateur ne se soit pas scrupuleusement attaché à n'employer les mots *absent*, *absence*, dans le seul sens *relatif* qu'il voulait leur attribuer.

Les premiers mots de l'article 121 sont: Si l'*absent;* mais, n'est *absent*, dans l'acception que le titre des absents attache à chaque instant à ce mot, que celui qui a été déclaré tel par un jugement. Pourquoi, dans notre article, ce mot paraît-il être appliqué à celui que le législateur avait toujours, jusqu'ici, qualifié d'*absen présumé ?*

Heureusement, cette locution ne répand aucune obscurité sur l'article ; mais il n'était pas moins important d'employer toujours les mots dans le sens que l'on voulait leur attribuer ; alors surtout que l'on voulait aller contre l'acception commune de ces mots.

253. Quoi qu'il en soit ; nous demanderons pourquoi l'article 121 n'applique la défense de poursuivre la déclaration d'absence et l'envoi en possession, qu'aux seuls héritiers présomptifs ?

254. Il a été dans l'intention du législateur que la procuration retardât tous les effets de la déclaration d'absence, sauf à avoir recours, si la nécessité le commande, aux mesures permises par l'article 112 ; mais, si la déclaration d'absence ne peut produire aucun effet, pourquoi la laisserait-on poursuivre ? L'intérêt est la mesure des actions, et la loi n'entend pas que l'on puisse jamais provoquer en justice des actes inutiles et frustratoires.

255. Les principaux motifs sur lesquels est basé le retard de la déclaration d'absence, lors de l'existence d'une procuration, ont été : d'un côté, que l'absent avait pourvu à ses affaires ; de l'autre, que, dès qu'il a pourvu à ses affaires, il a pu se croire dispensé de donner de ses nouvelles, et que, sa sécurité étant juste, il ne faut pas qu'elle tourne contre lui :

« On ne peut pas, a dit M. Bigot Preameneu

dans l'exposé des motifs de la loi (1), traiter celui qui a laissé une procuration comme celui qui a laissé ses affaires à l'abandon. Il est censé avoir prévu une longue absence, puisqu'il a pourvu au principal besoin qu'elle entraîne, il s'est dispensé de la nécessité d'une correspondance, lors même qu'il serait long-temps éloigné. »

Pourquoi déclarer absent, un individu dont on espère le retour ? et cet espoir naît de toute procuration, et subsiste indépendamment de la durée de cette procuration.

256. Les mots : *les héritiers présomptifs*, qui se trouvent dans l'article 121, devraient donc être remplacés par ceux-ci : *les parties intéressées.* D'où nous devons conclure que : lorsqu'il y aura une procuration, personne ne pourra poursuivre la déclaration d'absence avant l'expiration du délai fixé par cet article.

257. La discussion à laquelle nous venons de nous livrer, est d'autant plus importante, qu'elle nous servira plus loin à prouver : que la même substitution devrait avoir lieu à l'article 123 ; attendu, que nous reconnaîtrons l'impossibilité de supposer que le législateur ait voulu donner à toute partie intéressée le droit

(1) Procès-Verbaux, t. 2, p. 476 et 77.

de poursuivre la déclaration d'absence, sans lui attribuer en même temps celui d'utiliser cette déclaration suivant le genre d'intérêt qu'il a eu à la poursuivre (1).

258. Lorsqu'on discutait au Conseil d'Etat sur les effets qu'on attribuerait aux procurations, on demanda : si, un absent présumé ayant organisé l'administration de ses biens pour un long temps, trente années par exemple, cette organisation devrait être respectée?

« Un homme, dit-on, que les spéculations commerciales doivent conduire loin de sa résidence, prévoit qu'il ne pourra de très-long-temps, donner de ses nouvelles. Pour empêcher que ses héritiers ne s'immiscent dans ses affaires après l'époque où ils peuvent demander l'envoi en possession définitif, il organise pour trente ans l'administration de son patrimoine. L'acte qu'il fera aura-t-il son effet (2) ? »

Les opinions furent partagées sur cette question; mais l'on insistait pour que, quelle que fût l'opinion adoptée, l'hypothèse fût formellement prévue par la loi.

« L'article 121, dit M. Locré (3), a résolu la

---

(1) *V. Infra*, n° 345 et suiv.

(2) Locré, ibid., p. 399 et suiv.

(3) Ibid., p. 401.

question, en fixant à dix ans la durée de toute procuration quelconque. Dans ce système, l'acte ne peut être exécuté au-delà du terme assigné aux procurations. »

M. de Maleville nous apprend que l'on perdit de vue cette question dans le vague de la discussion. « Seulement, ajoute-t-il (1), on peut conclure des termes de notre article (art. 121), et de cela seul qu'il ne distingue pas la procuration indéfinie ou pour un long temps fixe, de celle qui a un terme plus court, ni celle donnée à l'un des héritiers présomptifs, de celle que l'absent laisse à un étranger, que toute procuration perd son effet après les dix ans. »

259. Les Cours d'appel d'Aix et de Paris avaient demandé, que la loi autorisât les héritiers envoyés en possession provisoire à faire rendre compte aux procureurs fondés. On ne trouve pas de disposition spéciale à cet égard dans le titre des absents; c'est sans doute parce qu'on a reconnu qu'elle était inutile. Il est en effet évident que les envoyés en possession représentent l'absent déclaré pour toutes les actions qu'il aurait à exercer, et par conséquent, pour celle qui aurait pour but de faire rendre compte

(1) Ibid., p. 136 et 137.

au procureur fondé. Ce compte sera rendu suivant les règls établies au titre du mandat (1).

260. Concluons : que lorsqu'une personne aura cessé de paraître au lieu de son domicile et à *celui de ses résidences*, et que, depuis quatre années *révolues*, on n'en aura eu aucune nouvelle, *soit directe soit indirecte* ; ou bien, et pour le cas où cette personne aurait laissé à son départ une procuration *quelconque*, lorsqu'il se sera écoulé dix années révolues depuis la disparition et les dernières nouvelles ; toute *partie intéressée* pourra demander que cette personne soit déclarée absente.

DEUXIÈME SECTION.

Par qui, où et comment la demande en déclaration d'absence peut-elle être introduite, instruite et jugée?

261. Nous venons d'énumérer les conditions auxquelles la demande en déclaration d'absence peut être formée ; nous allons dire 1°, quelles sont les personnes qui ont qualité pour la former ; 2°, quel est le tribunal compétent pour la juger ; 3°, quelles sont les formalités établies par la loi pour son introduction, son instruction et son jugement : ces trois questions seront le sujet d'autant de paragraphes.

---

(1) *V.* Art. 1984, Cod. Civ., et suiv.

§. Ier.

Quelles personnes ont qualité pour provoquer la déclaration d'absence ?

622. Lorsqu'il y a lieu de poursuivre la déclaration d'absence d'un individu, la demande peut en être formée par *toute partie intéressée*, c'est ce que décide formellement l'article 115 du Code Civil.

263. Mais que devons-nous entendre par ces mots : *toute partie intéressée.*

Ils se trouvent aussi dans l'article 112, et nous avons vu que tous les auteurs ne leur donnent pas la même signification.

Une égale divergence d'opinions se rencontrer sur l'interprétation de l'article 115.

MM. Locré, Delvincourt et Thoulier professent : que les mêmes expressions n'ont pas la même signification et dans l'article 112 et dans l'article 115. Nous avons vu, sur l'article 112, que ces auteurs voulaient entendre par *parties intéressées*, les tiers, mais non les héritiers présomptifs (1).

Au contraire, sur l'article 115, M. Locré d'abord, n'entend par *parties intéressées*, que les héritiers présomptifs et l'autre époux.

---

(1) *V.* p 47 et suiv.

« Cette différence, dit cet auteur, est produite par le même principe; elle ne vient que de ce que les circonstances en changent l'application.

« En effet, continue-t-il, les créanciers, les associés et tous les autres tiers que concerne l'article 112, n'ont aucun intérêt légal à poursuivre la déclaration d'absence; une autre voie leur est ouverte, c'est de s'adresser à la justice et de provoquer les mesures que la situation de leurs affaires exige.

« Il n'y a donc d'intéressés à la déclaration d'absence que les héritiers, à raison de l'envoi en possession qu'elle leur donne.

« Les articles 120 et 140 viennent à l'appui de cette explication, et fixent le sens de l'expression *parties intéressées;* ils n'accordent l'envoi en possession, qu'à ceux que la loi appelle à succéder à l'absent: ce sont les parens d'abord, à leur défaut l'époux, après lui ce seroit le fisc (1). »

264. Dès que M. Locré, pour prouver que le droit de poursuivre la déclaration d'absence ne peut appartenir qu'aux héritiers présomptifs, allègue que, seuls ils ont intérêt à poursuivre cette déclaration, puisque seuls ils doivent profiter de ses conséquences; pourquoi

(1) Ibid., p. 340 et suiv.

n'étend-il pas au moins la même faveur à tous ceux auxquels le droit de demander l'envoi en possession provisoire est accordé par l'article 123?

265. M. Thoulier, tout en partant des mêmes principes, comprend dans le nombre de ceux qui pourront provoquer la déclaration d'absence, « tous ceux qui ont sur les biens de l'absent, des droits subordonnés à la condition de son décès (1). »

M. Delvincourt explique la pensée de M. Thoulier en disant : « Les parties sont donc ici seulement celles qui ont notoirement un droit subordonné à la condition du décès de l'absent, tels que son époux ou ses *héritiers*. « Je pense, continue cet auteur, qu'on pourrait mettre de ce nombre le donataire de biens à venir, celui des biens présents à charge d'usufruit. »

Les créanciers, les tiers pour parler généralement, seraient donc les seuls auxquels M. Delvincourt refuserait le droit de demander la déclaration d'absence.

266. Nos auteurs enseignent, que l'intérêt qui doit fonder la demande en déclaration d'absence, est d'avoir droit à l'envoi en possession provisoire.

(1) Ibid., n° 399.

Nous verrons, en examinant la question de savoir quelles personnes peuvent demander l'envoi en possession provisoire ? les raisons sur le fondement desquelles M. Locré refuse ce droit à tous autres qu'aux héritiers présomptifs, et M. Thoulier, aux héritiers de la volonté de l'homme; nous dirons aussi alors, les motifs qui nous ont amené à penser que l'esprit et la lettre de la loi concourent pour faire adopter l'opinion contraire.

267. Nous professons ici : que tous les individus dénommés dans l'article 123, peuvent provoquer la déclaration d'absence, parce que nous regardons comme prouvé, qu'ils ont, tous, le droit de demander l'envoi en possession provisoire.

268. Nous pensons de plus; que les créanciers, les associés, les tiers enfin, peuvent également poursuivre cette déclaration.

269. Nous sommes donc encore ici en opposition avec les trois auteurs recommandables que nous venons de nommer; justifions cette opposition, en développant les raisons qui nous ont paru commander l'adoption de l'opinion que nous émettons.

270. M. Locré refuse aux tiers le droit de poursuivre la déclaration d'absence, parce que, dit-il, ils n'ont aucun intérêt légal à cette déclaration.

271. Quelle espèce d'intérêt exige-t-il donc pour

que l'on soit reçu à exercer les actions introduites par le titre des absents? Il veut un intérêt fondé sur le profit que l'on doit obtenir de l'action intentée ; et ne voyant pas, à propos de l'article 115, que les tiers puissent retirer aucun bénéfice de la déclaration d'absence, dès qu'ils n'ont pas droit à l'envoi en possession, il leur refuse celui de la poursuivre ; car il ne pense pas que l'on puisse retirer d'autre profit de cette déclaration, que celui de l'envoi en possession provisoire (1).

Lorsque cet auteur a interprété l'article 112, il n'a voulu comprendre dans les mots *parties intéressées*, que les tiers. Quel profit cependant les tiers retireront-ils des mesures qu'ils pourraient provoquer? aucun; de l'espèce du moins caractérisée par M. Locré à propos de la déclaration d'absence, toutes les fois que leur intérêt sera en opposition avec celui du présumé absent, hypothèse qui sera la plus commune. Ils auraient même souvent dans ce cas, profit à laisser le présumé absent sans défense, parce qu'ils feraient consacrer plus facilement leurs prétentions; n'ayant à redouter ensuite que la découverte de leur mauvaise foi, dont la preuve sera toujours très difficile.

---

(1) Ibid., p. 241.

272. Mais, est-il possible de faire naître d'une cause différente, le droit d'invoquer l'application ou de l'article 115, ou du 121me ? et si les tiers sont censés avoir intérêt à provoquer, pendant la première période, les mesures nécessaires pour la conservation des biens de l'absent, comment n'auraient-ils pas aussi intérêt à provoquer celles qui ont été jugées nécessaires pour cette même conservation, lorsque la seconde période est arrivée ?

M. Locré dit que les tiers ne doivent avoir que le droit de réclamer les mesures dont parle l'article 112, parce que celles-là suffisent pour la conservation de leurs intérêts.

La question se réduit donc à savoir : si la déclaration d'absence n'est pas plus propre à assurer l'intérêt des tiers, que les mesures conservatoires permises pendant la première période de l'absence ? Or il est évident, que les tiers auront bien plus de facilité pour poursuivre leurs droits après la déclaration d'absence ; que ces droits sont presque toujours plus assurés par cette déclaration.

L'associé, par exemple, n'aura plus à recourir au tribunal à chaque opération ; il retrouvera même son associé dans l'envoyé en possession provisoire. Celui à qui appartient la nue propriété de l'immeuble dont l'absent n'avait que l'usufruit, ne sera plus obligé de s'occuper continuellement de la conservation de cet immeuble, l'envoyé en possession y veillera assez

273. Sans doute, les tiers ne peuvent pas demander l'envoi en possession provisoire! mais, où trouve-t-on que ceux-là seuls qui peuvent demander cet envoi, ont le droit de provoquer la déclaration d'absence? le contraire résulte des termes de l'article 120 rapprochés de ceux de l'article 115. Ici, où il ne s'agit que de la déclaration d'absence, le législateur se sert des termes génériques *les parties intéressées*; là, où il est question de l'envoi en possession provisoire, le législateur ne nomme que les *héritiers présomptifs;* et il est facile de sentir le motif de la différence de ces deux dispositions. Les héritiers présomptifs peuvent avoir dans leurs mains les biens de l'absent présumé; les gérant sans caution, sans gêne, ils se garderont bien de faire déclarer l'absence. Tous ceux qui ont quelques droits à exercer sur ces biens, auront, au contraire, un grand intérêt à cette déclaration; afin d'assurer, par exemple, la conservation du gage de leurs créances non encore échues, de l'immeuble dont ils ont la nue propriété. Donc, il a fallu donner à toutes parties intéressées, le droit de provoquer la déclaration d'absence; et il a suffi de réserver pour les héritiers présomptifs, celui de demander l'envoi en possession provisoire, parce que, s'ils ne possèdent pas déjà

les biens, ils se hâteront d'en demander la possession.

274. Dirait-on que l'envoi en possession provisoire, seul, force à administrer sous caution, et que si les tiers ne peuvent contraindre à passer à cet envoi, la déclaration d'absence leur importe peu.

Nous répondrons: que la déclaration d'absence produit le même effet pour le patrimoine de l'absent déclaré, que l'acte mortuaire pour les biens composant la succession d'un défunt; d'où suit que, si les héritiers ne se présentent pas pour demander la possession provisoire, cette possession sera dévolue à l'état; ou bien, si personne ne demande l'envoi provisoire, le patrimoine de l'absent pourra être considéré et traité comme une succession vacante.

Ainsi, si les tiers n'ont pas action directe pour contraindre les héritiers présomptifs à demander la possession provisoire, ils ont au moins, en faisant déclarer l'absence, le moyen de les forcer à former cette demande. Donc ils ont intérêt à faire déclarer l'absence, d'où suit que la faculté doit leur en être accordée.

Quelquefois aussi les héritiers, effrayés par les avances à faire pour en venir à l'envoi en possession, ou craignant de ne pouvoir pas faire déclarer l'absence, ne la *provoqueront pas*. Mais, lorsque l'absence sera déclarée, ils demanderont l'envoi provisoire; alors sur-tout qu'ils verront que s'ils ne forment pas leur demande, elle pourra l'être par d'autres héritiers plus éloignés.

M. Locré lui-même a dit tant de fois que toute la faveur est pour l'absent; que le législateur n'a pensé aux héritiers, que parce qu'il a cru assurer de plus en plus par là les intérêts de l'absent (1).

Il ne faut donc pas examiner si celui qui poursuit la déclaration d'absence y a intérêt; quel intérêt ont le plus souvent les créanciers à provoquer les mesures introduites par l'article 112? comme nous l'avons déjà observé, il faut voir seulement si cette déclaration importe à l'absent (nous parlons ici d'un intérêt actuel).

Or, il est évident que l'absent a le plus grand intérêt, qu'à l'époque voulue, la délaration de son absence soit prononcée, et qu'elle soit suivie de l'envoi en possession provisoire; car, si ses biens sont abandonnés, ils sont en danger de périr; s'ils sont administrés, ils seront sans doute dilapidés.

Et qu'on ne dise pas que l'absent n'a aucun intérêt à l'envoi en possession, puisque cet envoi fait courir le délai après lequel l'envoi définitif sera prononcé; mais, au moins, il ne perdra une partie de ses biens qu'au bout de trente-

(1) Ibid., p. 404 et suiv.

cinq ans; tandis que sans l'envoi en possession, ses biens pouvant être possédés, leur propriété pourra être prescrite par trente ans de possession sans trouble, et perdue par conséquent à jamais pour l'individu qui a été peut-être forcé de rester éloigné : car, l'absence ne suspend pas le cours de la prescription trentenaire.

275. Nous pensons donc, que le droit de provoquer la déclaration d'absence, appartient 1° aux héritiers présomptifs.

276. Ajoutons : aux héritiers d'un degré postérieur, lorsque ceux du degré plus proche négligent d'agir (1).

Lorsque le moment de la déclaration d'absence est arrivé, le patrimoine de l'absent, ainsi que nous l'avons déjà dit, est considéré comme une hérédité.

Il est résulté de là, que les héritiers présomptifs ont dû être mis au premier rang de ceux qui auraient le droit de provoquer cette déclaration.

Mais, de même que lorsque les héritiers du degré le plus proche s'abstiennent, le droit d'appréhender l'hérédité passe aux héritiers du degré subséquent, ainsi, lorsque les héritiers les premiers appelés ne provoqueront pas la déclaration d'absence, la demande pourra en être formée

---

(1) Locré, ibid., p. 342.

par ceux du second degré. Aussi, l'article 140 suffirait-il, pour donner à l'époux présent le droit de provoquer la déclaration d'absence.

277. Cette règle doit même recevoir ici une application plus facile, que dans le cas où il s'agit d'une hérédité après un décès.

Dans l'hypothèse d'une succession ouverte par décès, la distribution de l'hérédité ayant des conséquences irrévocables, on peut soutenir que l'héritier du second degré ne peut être admis à l'appréhender, que lorsque celui du premier a renoncé expressément; car, la renonciation ne se présume pas (1); et si la loi ne soupçonne une succession vacante, que dans le cas où les héritiers connus y ont renoncé (2), cette règle doit s'entendre de manière à ne faire considérer le degré vacant, que lorsque les héritiers qui le forment ont fait une renonciation expresse (3).

Lors au contraire qu'il s'agit d'une succession par suite d'absence, les conséquences de sa distribution n'étant que provisoires, et l'intérêt de

---

(1) Art. 484, Code Civil.

(2) Art. 811, ibid.

(3) Arg. des art. 767 et 768, qui n'appellent pas le conjoint et l'état, de cela seul que les parens au degré successible, *s'abstiennent;* mais seulement, dans le cas où le défunt *ne laisse pas* de parens au degré successible.

l'absent présumé étant que cette distribution ait lieu plus tôt que plus tàrd, nous pensons que le silence des héritiers du degré supérieur suffira, pour que ceux du degré inférieur soient admis à provoquer la déclaration d'absence.

Aussi, lorsque la loi appelle le conjoint à l'envoi provisoire, elle ne dit pas, comme pour l'hypothèse où elle l'appelle à recueillir la succession, *lorsque le défunt ne laisse ni parens au degré successible ;* elle dit simplement, *si l'époux n'a pas laissé des parens habiles à lui succéder.* Or, pour être habile à succéder, il faut vouloir exciper de ses droits.

278. Mais, quels sont les héritiers appelés? sont-ce ceux qui auraient eu cette qualité au moment de la disparition ou des dernières nouvelles, c'est-à-dire lorsque l'absence a commencé? ou bien, ceux qui seraient les plus proches au moment où la demande en déclaration d'absence est formée?

Ce sont, porte formellement l'article 120, *les héritiers présomptifs au jour de la disparition ou des dernières nouvelles ;* parce que, si l'on n'acquiert pas la preuve du jour de la mort de l'absent, ou de son existence postérieure à sa disparition ou à ses dernières nouvelles, la loi présume qu'il a cessé d'exister au moment de la disparition ou des dernières nouvelles, et place à ce moment même l'ouverture de la succession.

279. La déclaration d'absence peut être poursuivie 2°. *par les personnes qui ont à tout ou à portion des biens de l'absent, un droit subordonné à la condition de son décès* (1).

Ainsi : peuvent demander la déclaration d'absence, ceux qui doivent avoir tout ou partie des biens, s'ils survivaient à l'absent;

Ceux qui ne pouvaient exiger le remboursement d'une certaine somme, qu'à sa mort;

Ceux qui, après cette mort, rentreraient dans la jouissance des biens, dont ils n'avaient jusque-là que la nue proprité.

280. Les donataires et les héritiers testamentaires peuvent-ils aussi poursuivre la déclaration d'absence?

Oui, s'ils sont intéressés à cette déclaration; et ils y ont intérêt, s'ils sont appelés à profiter du bénéfice de l'envoi provisoire; or, ils y sont appelés, d'après les dispositions de l'article 123.

Cependant MM. Locré et Thoulier, comme nous l'avons déjà dit, refusent à ces individus le droit de provoquer la déclaration d'absence. Nous verrons plus bas que ces auteurs leur refusent aussi le droit de demander l'envoi en possession provisoire; c'est par voie de conséquence

---

(1) Thoulier, ibid.

qu'ils ne leur accordent pas celui de poursuivre la déclaration d'absence.

Alors même qu'il serait vrai de dire que les donataires, etc., ne peuvent pas demander l'envoi en possession, on aurait tort d'en conclure qu'ils ne peuvent pas poursuivre la déclaration d'absence. Ils ont le plus grand intérêt à veiller à la conservation des biens de l'absent, et la déclaration d'absence est non-seulement utile, mais même indispensable à cette conservation. N'est-ce pas d'ailleurs, comme nous l'avons déjà prouvé, le moyen d'amener l'envoi en possession provisoire, qui donnera le droit de demander l'exécution des donations, des legs (1)?

281. Une dernière observation à cet égard : Si tous ceux qui ont des droits subordonnés à la condition du décès de l'absent, ne pouvaient pas poursuivre la déclaration de son absence et amener ainsi l'envoi en possession provisoire, ils seraient privés pendant bien long-temps, de l'exercice de leurs droits, puisque l'envoi en possession définitif ne peut être demandé que trente ans après l'envoi provisoire, sauf le cas où l'absent a atteint sa centième année.

282. Remarquons maintenant que MM. Delvincourt et Thoulier ne sont pas aussi exclusifs

(1) *V. Suprà*, n° 274.

sur les personnes qui ont le droit de provoquer la déclaration d'absence, que M. Locré : « Les parties intéressées, dans le sens de l'article 115, dit M. Thoulier, (1) sont donc les héritiers présomptifs et même ceux d'un degré postérieur, lorsque ceux du degré le plus proche négligent d'agir; *l'autre époux, les personnes qui auraient la propriété des biens dont l'absent n'avait que l'usufruit ; en un mot, tous ceux qui ont sur les biens de l'absent des droits subordonnés à la condition de son décès.* » Conçoit-on pourquoi, après avoir accordé la faculté de poursuivre la déclaration d'absence à tous ceux qui ont, sur les biens de l'absent, des droits subordonnés à la condition de son décès, M. Thoulier refuse cette faculté aux légataires et donataires ? Les droits de ces individus ne sont-ils donc pas aussi de la classe de ceux subordonnés à la condition du décès ?

283. Si nous avons dû combattre l'opinion des auteurs cités, nous pouvons appuyer la nôtre de celle de Pigeau ; voici les propres expressions de cet auteur.

« Les personnes qui peuvent poursuivre cette déclaration (la déclaration d'absence) sont :

« 1°. Le conjoint présent, quand il est en communauté avec l'absent, et qu'il veut en de-

(1) Ibid., p. 346.

mander la dissolution provisoire ; ou bien, lorsqu'il s'est écoulé trente ans, depuis qu'il a pris l'administration, ou cent ans, depuis la naissance de l'absent, et qu'il est donataire universel ; ou, enfin, lorsqu'à défaut d'héritiers du sang de l'absent, il est héritier ;

« 2°. Ceux qui étaient présomptifs héritiers de l'absent, au moment de la disparition, ou des dernières nouvelles, puisque, suivant l'art. 120, c'est à eux seuls qu'appartient le droit de demander l'envoi provisoire ;

« 3°. Les donataires et légataires de l'absent, et tous ceux qui ont des droits à exercer lors de son décès, tel que celui qui aurait la nue propriété d'un bien dont l'absent avait l'usufruit. Ils peuvent poursuivre la déclaration d'absence, pour demander ensuite l'envoi de ce qui leur revient. »

Ainsi donc, M. Pigeau accorde le droit de provoquer la déclaration d'absence à tous ceux que nous avons jugé avoir ce droit, si nous en exceptons les tiers.

Nous persistons à penser que ce droit appartient aussi aux tiers ; et nous conclurons de tout ce que nous venons de dire : que *tous ceux qui, en faisant le bien de l'absent, assurent plus ou moins le leur, seront admis à poursuivre la déclaration d'absence.*

Quel est le tribunal compétent pour la prononcer ? c'est le sujet du paragraphe suivant.

§. II.

Quel est le tribunal compétent pour prononcer la déclaration d'absence ?

284. Le législateur n'a pas plus désigné le tribunal devant lequel la déclaration d'absence devrait être provoquée, qu'il n'a indiqué celui qui serait compétent pour en reconnaître la présomption, et pour pourvoir à la conservation des biens de l'absent présumé.

Ici se présente donc de nouveau la difficulté que nous avons dû résoudre, à l'occasion de l'application de l'article 112.

285. Outre que tout ce que nous avons dit alors trouve ici l'application la plus directe, nous remarquerons: que les fonctions que le juge est appelé à remplir pour parvenir à la déclaration d'absence, ne peuvent l'être aussi bien par tout autre que par celui du domicile, ou celui de la résidence de l'individu qui a disparu.

En effet, le juge qui reçoit une demande en déclaration d'absence doit d'abord examiner, s'il y a lieu de présumer que celui que l'on veut faire déclarer absent, a disparu depuis quatre ans révolus, sans que depuis, on en ait eu des nouvelles. Or, quel autre juge sera à portée de se fixer à cet égard, comme celui des lieux où demeurait, avant son départ, celui qui s'est éloigné ? Si cet individu a dû conserver des relations avec quelqu'un, il est plus que probable que ce sera avec quelque voisin de son habitation, des lieux où il avait toutes ses affections, selon toutes les apparences.

286. De plus, si les juges reconnaissent qu'il y a de fortes présomptions de croire, que les circonstances caractéristiques de l'absence existent, ils doivent en ordonner la preuve. Il serait curieux, qu'aucune des enquêtes ordonnées pour procurer cette preuve, ne dût être faite devant le tribunal saisi de la demande ! N'est-il pas essentiel que le juge qui devra apprécier l'enquête, y fasse procéder lui-même ? surtout, lorsqu'il n'est pas forcé de prononcer la déclaration d'absence, alors même que l'enquête prouverait l'existence des circonstances qui la caractérisent ? Or, les enquêtes ne doivent être faites qu'au lieu du domicile et à celui de la résidence.

287. Enfin, lorsqu'il s'agissait de prendre des mesures pour la conservation des biens d'un absent présumé, on pouvait soutenir que le tribunal de la situation de ces biens était plus à portée de connaître et les besoins de leur administration, et les mesures les plus propres. Le juge du domicile, ou celui de la résidence, peu-

vent seuls avoir les données nécessaires pour prononcer, en pleine connaissance de cause, sur la question de la disparition.

288. Il ne devrait donc y avoir de doute, que pour savoir si l'on pourra s'adresser indifféremment, au juge du domicile, ou à celui de la résidence. Mais nous observerons que, dans notre hypothèse surtout, le patrimoine de l'absent est une hérédité; or, nous savons que toute demande relative à une hérédité, doit être portée, jusques à son partage, devant le tribunal du dernier domicile du défunt.

289. S'il manquait quelque chose à ces argumens, nous rappellerions ce qui a été dit à cet égard au Conseil d'Etat; et l'on verrait (1) qu'il y a été entendu : que l'on procéderait devant le tribunal du domicile; que l'enquête qui doit être faite au lieu de la résidence, serait faite par le tribunal de cette résidence en vertu de commission rogatoire, et que celui du domicile serait le seul juge de l'absence, et prononcerait le jugement qui la déclarerait.

290. Il est toutefois un passage de la discussion qui eut lieu à cet égard, qu'il nous paraît important de relever.

« Le *C. Tronchet* dit, qu'il doit être fait une

(1) Procès-Verbaux, ibid., t. 1, p. 212 et suiv.

enquête dans tous les lieux où le prévenu d'absence avait coutume de résider ; autrement la fraude aurait trop d'avantage : on ferait une enquête au lieu où l'existence de l'individu serait douteuse, et l'on négligerait le témoignage de ceux qui ne l'ont pas perdu de vue.

« L'article, est-il dit plus bas, est adopté avec l'amandement du C. Tronchet (1). »

On ne trouve dans la loi aucune mention expresse de cet amendement ; remarquons toutefois ces expressions : pour constater l'absence, le tribunal ordonnera qu'une enquête soit faite *dans l'arrondissement du domicile, et dans celui de la résidence, s'ils sont distincts l'un de l'autre.*

Mais, un individu peut avoir deux résidences et même plus d'un domicile ; or, dès que la loi veut que l'enquête soit faite au domicile ; il me semble que, dans le cas de l'existence de plusieurs domiciles, l'enquête doit être faite à chacun d'eux ; qu'il doit en être de même pour toutes les résidences. Dans quelle hypothèse faut-il une enquête et au domicile et à la résidence ? c'est lorsque le domicile est distinct de la résidence ; mais, s'il y a plusieurs domiciles, plusieurs résidences distincts, le même

(1) Procès-Verbaux, ibid.

motif commande de faire autant d'enquêtes qu'il y a de domiciles, de résidences.

Pourquoi, en effet, cette double enquête? pour découvrir plus sûrement la vérité sur le compte de l'individu qu'on dit être dans le cas de l'absence; mais, pour atteindre ce but, il importe de faire une enquête dans tous les lieux où habitait, avant sa disparition, celui qui a disparu.

Aussi M. Locré enseigne-t-il que : « ce n'est pas seulement dans le lieu du domicile qu'on prend des informations, on va les chercher dans le lieu de la résidence, et partout où l'absent a pu laisser quelques traces; car, ajoute cet auteur, il est dans l'esprit de la loi qu'il soit fait une enquête, non seulement dans une seule résidence, mais encore dans tous les lieux où l'absent avait coutume de résider. »

C'est ce que professe aussi M. Delvincourt, quant à toutes les résidences (1). Il cite même une décision du Conseil d'Etat, à l'appui de son opinion.

291. Il suffira toutefois, le plus souvent, de faire entendre les personnes qui seront présumées pouvoir donner des renseignements, parce que celui qui a disparu allait quelquefois dans

---

(1) Ibid., p. 343.

le voisinage de leur habitation, y possédait quelque propriété, y avait quelque relation d'affaires ou de sentiment; et cela, comme on le pratique pour toutes les enquêtes. Faire une enquête dans chaque lieu où l'individu qui a disparu pouvait avoir résidé quelquefois, serait trop dispendieux.

292. Nous estimons également, et dans le but de diminuer encore les frais, que les témoins éloignés pourront être entendus par le président du tribunal du domicile de ces témoins, en la forme tracée par l'article 266 du Code de Procédure.

Ainsi donc, ce sera devant le tribunal du dernier domicile de l'individu qui a disparu, ou de l'un des derniers domiciles, que devra être formée la demande en déclaration de son absence.

§. III.

Des formalités à suivre pour parvenir à la déclaration d'absence.

293. Nous avons vu que, lorsqu'il est nécessaire de faire pourvoir à l'administration de tout ou partie des biens de l'absent présumé, les parties intéressées doivent présenter requête au président du tribunal, aux fins des mesures à prendre pour cette administration.

294. Devra-ton procéder de même sur la demande en déclaration d'absence?

Ni le Code Civil, ni le Code de Procédure n'ont de disposition à cet égard. Il résulte au contraire, de ce que le Code de Procédure, après avoir tracé la marche à suivre dans le premier cas, par un premier article (1), dispose par un second, qu'il sera procédé de même dans le cas où il s'agirait de l'envoi en possession provisoire (2) ; qu'on ne doit pas suivre la même procédure pour la demande en déclaration d'absence.

295. Cette marche est une dérogation aux règles ordinaires sur l'introduction des demandes devant les tribunaux ; elle ne doit par conséquent pas être étendue, des cas pour lesquels elle a été permise expressément, à un autre qui n'a pas été prévu nommément.

296. On voit pourquoi le législateur a permis d'introduire, par simple requête, les demandes des mesures pour la conservation des biens de l'absent, et pour l'envoi en possession provisoire. Ces demandes n'étant susceptibles de presque aucune contestation, il a suffi de les faire connaître au juge qui les met sous les

---

(1) Art. 859.

(2) Art. 860.

yeux du ministère public; ce qui garantit assez tous les intérêts.

297. Lors, au contraire, qu'il s'agit de prononcer la déclaration d'absence d'un individu, la question est grave, puisqu'elle aura pour conséquence de le dépouiller de ses biens, et d'en attribuer la jouissance, la propriété même, seulement sous condition. Cette demande devrait donc être traitée avec toutes les formalités propres à en faire apprécier tout le mérite.

298. Mais, comment cette demande sera-t-elle donc introduite? Elle ne peut l'être par citation, car il ne peut y avoir de citation, que lorsqu'il s'agit d'assigner quelqu'un contre qui on veut exercer un droit; elle ne pourra être formée que par requête. Seulement, à la différence des cas de présomption d'absence, où la requête est adressée au président du tribunal, celles pour la déclaration d'absence, seront adressées au tribunal (1) : c'est la marche ordinaire, toutes les fois qu'il n'y a pas d'adversaire à proprement parler.

299. On joindra à la requête les pièces et documents qui établissent la disparition, l'époque où elle a eu lieu, et la date des dernières nouvelles; on produira surtout les jugements sur la

---

(1) Pigeau, ibid., t. 2, p. 339.

présomption d'absence et sur les mesures ordonnées en conséquence : ces jugements seront du plus grand secours pour éclaircir la question de la disparition, et pour fixer sa date et celle des dernières nouvelles.

On y joindra aussi les pièces qui justifient l'intérêt du demandeur à former cette demande.

300. La requête et les pièces à l'appui seront communiquées au procureur du roi; et, s'il est reconnu qu'il y a lieu à admettre la demande, parce qu'il est à présumer que toutes les circonstances voulues pour qu'une personne puisse être déclarée absente seront établies, le tribunal rendra un jugement par lequel il ordonnera qu'une enquête soit faite contradictoirement avec le procureur du roi, *aux* domiciles et *aux* résidences de l'individu qui a disparu.

301. Comme tout se fait dans l'intérêt de l'absent, si le tribunal juge d'après les renseignements qu'il a recueillis : que l'absent a eu, pour s'absenter, des motifs graves et qui subsistent encore ; que ces motifs doivent faire attribuer le silence gardé par l'absent à sa volonté, ou que les circonstances se sont opposées à ce qu'il pût faire parvenir encore de ses nouvelles, alors même qu'il aurait voulu en donner; le tribunal peut retarder le jugement destiné à ordonner l'enquête. C'est ce qui résulte de l'article 117, conçu en ces termes :

Le tribunal, en statuant sur la demande, aura d'ailleurs égard aux motifs de l'absence, et aux causes qui ont pu empêcher d'avoir des nouvelles de l'individu présumé absent.

Le juge peut, d'après cette disposition, retarder non seulement la déclaration d'absence, mais encore les enquêtes et le jugement qui autoriserait à y procéder.

302. Toute la procédure pour parvenir à la déclaration d'absence, consiste dans une enquête destinée à éclairer sur la position de l'individu, position de laquelle dépend absolument l'admission ou le rejet de la demande.

303. En matière d'enquête, on distingue trois choses : 1°, les faits dont la preuve doit ou peut être admise ; 2°, la nature de la preuve qui doit être administrée ; 3°, la forme dans laquelle cette preuve sera faite.

304. Quant *aux faits*, la loi règle quelquefois ceux qu'il faudra établir. Dans ce cas, le juge doit ordonner la preuve de tous ceux que la loi désigne comme devant être constatés.

305. En matière d'absence, la loi veut que, pour qu'il y ait lieu à déclarer une personne absente, il soit prouvé : 1°, que cet individu a disparu ; 2°, que l'on n'en a aucune nouvelle, ni directement, ni indirectement ; 3°, qu'il s'est écoulé quatre années révolues depuis sa disparition, et depuis les dernières nouvelles. Le juge

été offerte, afin de diminuer les possibilités de subornation. Ici, il s'agit de prendre tous les moyens possibles de découvrir un individu. Les faits qui peuvent amener à cette découverte ne sont pas connus, pour la plupart du moins, lorsque l'enquête est ordonnée; ils peuvent ne se manifester que successivement, et il faut qu'ils puissent être vérifiés.

310. Dans les enquêtes ordinaires, on peut obtenir une prorogation de délai; mais, non seulement cette faculté ne serait pas suffisante dans les enquêtes sur l'absence, elle entraînerait de plus des frais qu'il faut économiser, puisqu'ils seraient exposés sans nécessité.

311. L'article 118 veut, que le jugement de déclaration d'absence ne soit rendu qu'un an après celui qui aura ordonné l'enquête; il est évident que c'est afin de donner le temps de recueillir tous les bruits relatifs à la personne présumée absente, et de les vérifier. Le jugement qui ordonne l'enquête étant rendu public, il sera connu au loin, et, si l'absent existe, on peut en avoir des nouvelles. Nous estimons en conséquence, que l'enquête pourra être continuée pendant tout le délai qui doit séparer le jugement qui l'a ordonnée, de celui qui déclarera l'absence.

312. Cette enquête pourra-t-elle être déclarée

nulle dans les mêmes cas où toute enquête peut être annullée ?

Nous ne le pensons pas non plus. L'annuller, ce serait punir de l'inobservation de quelques formalités, celui qui n'a pu veiller à leur exécution ; car, les conséquences de cette annullation retomberaient toujours sur l'absent présumé.

La seule chose que l'on recherchera dans l'enquête, sera : si elle prouve que tel individu a disparu depuis quatre ans ; et que, depuis le même espace de temps, on n'en a pas eu des nouvelles. Si cette preuve n'est pas complette sur tous les points, le juge prononcera qu'il n'y a pas lieu à déclarer l'absence ; si elle résulte de l'enquête, le juge y aura l'égard voulu par la loi.

313. Si le résultat de l'enquête annonçait l'existence d'une procuration ; ou bien, que la disparition a eu pour cause des motifs qui ont dû engager celui qui a disparu à partir précipitamment, ou à ne pas dire où il allait, et à ne pas donner de ses nouvelles ; ou bien, que si l'on ne reçoit pas des nouvelles de celui qui en avait donné d'abord, la cause en est dans des circonstances indépendantes de sa volonté ; dans toutes ces hypothèses et autres semblables, le tribunal pourra suspendre son jugement, ou déclarer qu'il n'y a pas lieu de prononcer, quant à présent, la déclaration d'absence. C'est une

conséquence de la disposition contenue en l'article 117 déjà rapporté ; il le devra même dans la première.

Cette latitude donnée au juge, est le complément des précautions qu'il était possible de prendre dans l'intérêt de l'absent.

314. La Commission, dans son projet, avait proposé une règle sur le choix des témoins ; elle voulait *qu'ils fussent pris, autant que faire se pourrait, parmi les parens de l'absent, et, à leur défaut, parmi les plus proches voisins et amis* (1).

Plusieurs Cours demandèrent qu'on ne reçût pas le témoignage des *parens successibles ou héritiers présomptifs ;* parce que, disaient-elles, ces individus doivent profiter de la déclaration d'absence ; qu'ils auraient pu la poursuivre eux-mêmes, et qu'on ne peut être témoin et partie intéressée.

Dans le système de la Commission sur lequel raisonnaient les Cours, un simple acte de notoriété devait suffire pour établir l'absence. Alors il était utile de prescrire quelques règles pour améliorer cette manière de procéder. Il fallait surtout empêcher que, négligeant les parens, les voisins, les amis, les personnes enfin les plus à portée de donner des renseignements sur

(1) Projet de Code Civil, l. 1, tit. 4. art. 3.

l'individu qui s'est éloigné, on ne ramassât pas quelques témoins ou assez crédules pour déposer sur des bruits vagues et souvent répandus à dessein, ou assez osés pour attester une fausseté.

Mais, dès qu'il s'est agi d'une enquête, et d'une enquête faite contradictoirement avec le ministère public, et qui ne lierait pas entièrement le juge, on pouvait, on devait même laisser la plus grande latitude dans le choix des témoins. La partie poursuivante et le ministère public, doivent avoir la faculté de faire entendre toutes les personnes qu'ils jugent à même de donner des éclaircissements, lesquels seront ensuite pesés et appréciés par le juge.

Ainsi, on admettra le témoignage de quelque personne que ce soit. Le juge n'est pas astreint à faire entendre celui-ci, à refuser l'audition de celui-là : tout est laissé à son arbitrage, à sa prudence.

315. La preuve testimoniale n'est pas non plus la seule qui soit admise ; les lettres, les actes ; tout écrit, en un mot, capable de fournir quelques renseignements, de justifier ou de détruire tel ou tel fait, telle ou telle allégation, afférents à la question de l'absence, doivent être consultés.

Ce sont les circonstances qui amènent ou font découvrir ces pièces ; ce sont elles aussi qui déterminent le degré de confiance qu'elles méritent : il était impossible de régler ni la manière de les produire, ni les conditions auxquelles le juge devrait les admettre.

316. Mais, la forme dans laquelle les déclarations des témoins seraient reçues, pouvait être réglée par la loi. C'est ici qu'elle a fait à l'ancienne jurisprudence des changements, d'où découleront certainement les plus heureux résultats.

317. Autrefois les témoins étaient entendus sans examen et sans contradicteur ; le juge n'intervenait que pour prononcer l'envoi en possession provisoire, qu'il ne pouvait refuser, dès que l'acte de notoriété lui était représenté.

Cette jurisprudence était vicieuse dans son principe, dangereuse dans l'usage, funeste dans ses effets.

Vicieuse dans son principe ; puisqu'elle ne faisait recueillir que les preuves qui établissaient l'absence, et qu'elle négligeait la recherche de celles qui auraient fait découvrir l'individu qui s'était éloigné ; puisqu'elle donnait à des déclarations insuffisantes, la force d'établir un fait dont elles ne faisaient pas réellement cesser l'incertitude. Que prouvent, en effet, des témoignages qui viennent attester qu'il n'y a pas de nouvelles d'un individu qui a disparu ? pas autre chose, sinon : que ceux qui déposent n'en ont pas ; qu'ils ne savent pas que personne en ait reçu. Il ne résulte nullement de témoignages semblables, que d'autres personnes n'aient pas des renseignements différents.

Les déclarations contenues dans les actes de notoriété étaient d'autant moins probantes, qu'elles n'avaient pas été, qu'elles n'étaient pas débattues. L'acte de notoriété n'était qu'une sorte de formule signée de ceux dont elle attestait le dire, et cet acte ne renfermait la déclaration que de personnes ayant à peu près le même domicile que l'absent.

Cette jurisprudence était *dangereuse* ; parce que la facilité de se procurer un acte de notoriété, allumait la cupidité des parents : il leur suffisait de séduire le petit nombre de témoins requis pour ces sortes d'actes. Trop souvent ils en trouvaient de crédules, puisqu'il ne fallait les chercher que là où l'individu qui avait disparu, avait dû principalement laisser croire à sa non existence ; il leur était d'ailleurs libre de choisir ceux qui n'avaient jamais eu la moindre relation avec celui que l'on disait absent, ni avec sa famille ou ses amis.

Par ce simple acte de notoriété, si peu probant, même quand il est fait de bonne foi, mais si facile à surprendre à la crédulité, à obtenir par la corruption, l'absent se trouvait dépossédé. Et il l'était infailliblement ; car, la formule, en termes positifs, de cet acte, commandait le jugement d'envoi en possession ; ce qui réduisait ce jugement à une autre formule.

Les effets de cette jurisprudence étaient funestes ; elle avait introduit un acte arbitraire et l'affaiblissement du respect dû au droit de propriété. Elle tournait contre l'absent les secours mêmes de la loi ; on le dépouillait précisément par le moyen imaginé pour lui conserver ses biens.

318. La preuve de l'absence ne résultera plus d'une vaine formalité, une enquête remplacera l'acte de notoriété.

Dans cette forme nouvelle, les dépositions sont rapportées telles qu'elles sortent de la bouche du témoin ; et, chaque témoin s'expliquant séparément sur les circonstances qui sont à sa connaissance, on ne laissera pas échapper les différences, les variations, les détails qui peuvent amener à la découverte de toute la vérité. Les dépositions seront scrutées, puisque l'enquête doit être faite contradictoirement avec le ministère public : il discutera et les témoins, et leur déclaration ; il fixera l'opinion des juges sur le degré de confiance que chaque témoin mérite, soit à raison de sa moralité, soit en conséquence de la connaissance qu'il a pu avoir des faits sur lesquels il dépose ; il prendra des conclusions en conséquence de ce qui résultera de toutes les dépositions.

319. Il fera plus ; il désignera lui-même les personnes dont l'audition lui paraîtra utile, quel que soit le lieu qu'elles habitent ; il n'oubliera par conséquent pas d'en faire entendre partout où celui dont s'agit a séjourné, soit avant qu'il s'éloignât, soit depuis son départ ; en un mot, dans tous les lieux où il a pu laisser quelques traces.

320. Le législateur a poussé plus loin encore sa sollicitude ; il a voulu que, quelque présomption, quelque preuve même d'absence, qui résultât des enquêtes, le juge ne fût jamais astreint à la déclarer.

Le projet de Code Civil consacrait l'ancienne jurisprudence. La Commission proposait de la changer, mais elle voulait substituer à l'arbitraire des formes, l'arbitraire de la loi. Après une discussion très-approfondie, il fut arrêté : non seulement que l'absence serait prouvée par une enquête, mais encore que le juge aurait le droit d'apprécier l'enquête (1).

321. Le juge fera surtout usage de cette latitude, lorsqu'il apprendra par l'enquête ou par les autres documents, que l'individu qui s'est éloigné de son domicile, a fait connaître le motif, et le but de son voyage ; par exemple : qu'il a voulu

(1) Locré, ibid., p. 363 et suiv.

fuir une épouse qu'il croyait infidèle ; qu'un savant est parti pour faire le tour du globe, des découvertes ; un négociant, pour former un établissement lointain, pour faire une spéculation dans un autre hémisphère, et qui demandait du temps pour être terminée ; que la guerre a éclaté entre la France et le pays où l'absent a dit aller, de manière à couper à peu près la communication entre les deux pays ; s'il résulte de l'enquête que l'individu a été fait prisonnier, a été pris sur mer par les pirates.

Dans toutes ces circonstances et autres semblables, le juge trouvera sans doute à propos d'ajourner la déclaration d'absence, comme l'y autorise l'article 117, dont nous avons déjà rapporté les termes.

322. Le juge vérifiera aussi si l'éloignement est réel.

Dans la discussion au Conseil d'Etat on professa : que ceux qui poursuivraient la déclaration d'absence, seraient soumis à prouver d'abord, que celui qu'ils veulent faire déclarer absent, a quitté réellement son domicile et sa résidence. Car, il peut, dit-on, arriver qu'on ait des indices très-forts de la mort d'un individu qui n'est pas sorti de chez lui, quoiqu'on n'ait pas retrouvé son cadavre. On peut dire, de cet homme *qu'il a disparu*, mais on ne peut pas dire qu'il est *absent*; et, pour qu'il y ait absence (1), il faut qu'il y ait *éloignement*.

323. On lisait dans l'article 8 de la seconde rédaction présentée au Conseil d'Etat : « *Le tribunal, en statuant sur la demande*, aura toujours égard aux motifs de l'absence, à *sa durée présumée*, et aux causes qui ont pu empêcher d'avoir des nouvelles du *prévenu* d'absence. Il appréciera les preuves résultant de l'enquête, et des pièces et documents. Le jugement sera rendu *sur les conclusions du commissaire du gouvernement.* »

C'est à l'occasion de cette disposition, que s'est élevée la discussion sur le fond du système. Ceux qui étaient opposants à son adoption, prétendaient, en dernière analyse, que la latitude donnée aux juges anéantissait toute la législation sur les absents, puisqu'en leur permettant d'apprécier les preuves résultant de l'enquête, des pièces et des documents, elle dispenserait les tribunaux de suivre les règles qu'elle avait posées avec tant de soin.

Il fut répondu ; que l'article 115 contenait des dispositions qu'il ne serait jamais permis au juge d'enfreindre ; que d'après cet article, ne pourrait être déclaré absent, que l'individu sur

(1) Procès-Verbaux, t. 1, p. 212.

lequel se réuniraient tous les caractères de l'absence, et que le juge n'aurait que la faculté de retarder la déclaration d'absence; ce qui ne pouvait jamais nuire essentiellement à l'absent présumé, pour les intérêts duquel la loi sur l'absence était presque uniquement faite.

324. Après cette délibération, le principe qui faisait le fond de l'article en discussion, fut adopté. On fit seulement deux changements de rédaction; par l'un, on voulut substituer au mot *prévenu*, le mot *présumé;* par l'autre il fut arrêté : que l'absence ne pourrait être déclarée qu'après cinq ans depuis la disparition ou les dernières nouvelles, et que cette déclaration serait précédée d'un jugement préparatoire, rendu au bout de quatre.

325. Cet article retouché a produit, en dernière analyse, les 117me, 118me et 119me de la loi.

326. On ne retrouve nulle part ces mots: *Le tribunal appréciera les preuves résultant de l'enquête et des pièces et documents*; expressions qui étaient dans l'article du projet. Mais cette disposition est implicitement dans l'art. 117 (1).

327. Quel que soit le nombre des témoins entendus, il ne résulte de leur déposition,

(1) Locré, ibid., p. 367.

autre chose, sinon qu'ils n'ont aucune nouvelle du présumé absent, qu'ils ne savent pas où il est : ce qui ne prouve pas, que personne ne peut donner sur ces faits, des renseignements différents.

328. Comme la loi ne pouvait ordonner une enquête universelle de fait, elle a cherché un autre moyen de s'assurer si personne ne saurait des nouvelles de l'absent présumé ; c'est-à-dire à créer une enquête universelle dans ses effets.

Le législateur a pensé que le plus sûr moyen d'atteindre ce but, était de donner la plus grande publicité possible à la procédure en déclaration d'absence ; et telle que, non-seulement tous ceux qui habitent la France, mais encore les habitants de tous les pays qui ont des relations avec nous, pussent apprendre que l'on procède à cette enquête, et venir y apporter leurs propres connaissances.

On a même espéré, que le bruit de la procédure pourrait parvenir jusques à l'absent présumé, et l'avertir des conséquences qu'un plus long silence de sa part peut amener. Cette publication est l'enquête la plus solennelle et la plus universelle possibles.

329. On avait proposé de produire la publicité, au moyen de l'insertion des jugements dans le Bulletin des Lois ; on crut, en dernière

analyse, préférable de laisser à la prudence du ministre de la justice le choix des moyens à employer. On a espéré qu'il se servirait, non-seulement de la voie des papiers publics, mais qu'il provoquerait encore dans les places de commerce, des correspondances avec toutes les parties du globe (1).

330. Mais il fallait un certain délai, pour laisser aux renseignements provoqués par la publicité, le temps de parvenir. On avait d'abord proposé de ne pas retarder le jugement, mais d'ordonner seulement qu'il pourrait être rétracté. On se demanda qui poursuivrait cette rétractation, si les nouvelles arrivaient par un tiers? On préféra de suspendre la déclaration d'absence.

331. On décida enfin, que l'enquête pourrait être ordonnée, lorsqu'il paraîtrait certain que la disparition et le défaut de toute nouvelle remontaient à quatre ans; et que le jugement de déclaration d'absence ne serait rendu, que lorsqu'il se serait écoulé un an depuis le jugement qui avait ordonné l'enquête : c'est ce que dispose l'article 119.

On ne crut pas prudent de retarder davantage

---

(1) *V.* L'Exposé des motifs de M. Bigot-Préameneu, au t. 2 des Procès-verbaux, p. 475.

le jugement de déclaration d'absence ; mais, pour étendre les précautions autant que possible, on décida que ce jugement serait publié de la même manière que celui qui avait ordonné l'enquête.

Cette publication ne retarde plus, à la vérité, les effets de l'absence, mais elle peut amener encore des renseignements qui, s'ils prouvent l'existence de l'absent, rendront le jugement de déclaration d'absence comme non avenu (1).

332. On ne retrouve pas non plus dans la loi, cette disposition qui terminait l'article 8 du projet, déjà rapporté : *le jugement sera rendu sur les conclusions du commissaire du gouvernement, sauf l'appel.*

Les procès-verbaux de la discussion ne nous disent pas les motifs pour lesquels ces dernières expressions ont été retranchées. Il est facile de pressentir qu'elles l'ont été, et parce qu'elles contrariaient d'autres dispositions, et parce qu'elles étaient inutiles.

Elles contrariaient d'autres dispositions, puisque l'article 116 ordonne que l'enquête soit faite *contradictoirement avec le procureur du roi.* D'où il résulte que le ministère public agira par voie

(1) Art. 131, Code Civil.

d'action, et fera par conséquent plus que donner ses conclusions.

Elles étaient inutiles; parce que tout jugement est, en règle générale et d'ordre public, sujet à l'appel, à moins d'une dérogation formelle.

Donc, quoique la loi ne le dise pas expressément, les jugements, tant préparatoires que définitifs, ne pourront être rendus qu'en présence, et après avoir entendu le ministère public (1); et ces jugements seront sujets à l'appel.

333. Mais à qui appartiendra la faculté d'interjeter appel?

Il est hors de doute qu'elle pourra être exercée par celui qui poursuit la déclaration d'absence. Toute la question se réduit à savoir si le ministère public aura la même faculté?

Nous croyons avoir démontré, dans le chapitre premier, que le ministère public ne peut, en général, agir par voie d'action dans les causes qui intéressent les absents; parce qu'en matière civile, il n'a que la voie de réquisition (2); mais nous avons dit, en même temps, que le législateur avait introduit des exceptions à cette règle.

Nous pensons qu'il en a, entre autres, établi une pour le cas où il s'agit du mérite des en-

(1) Locré, ibid., pag. 314 et suiv.

(2) Nos 120 *ad* 137.

quêtes faites sur les demandes en déclaration d'absence.

La loi dispose en effet que ces enquêtes doivent être faites *contradictoirement* avec le procureur du roi (1). Or, cette expression établit le procureur du roi partie dans cette matière. Mais s'il est partie, il doit avoir tous les droits qui résultent de cette qualité ; et l'un des plus essentiels, est celui de se pourvoir par appel contre le jugement qui a apprécié les enquêtes.

On objectera peut-être, que la voie d'action n'est donnée au ministère public que pour la confection de l'enquête ? Dans cette hypothèse même, son appel devrait être reçu, s'il le fondait, par exemple, sur ce qu'on lui a refusé le temps de faire entendre des témoins qu'il croyait essentiels. En vain lui répondrait-on même, que l'année qui doit séparer le jugement qui a ordonné l'enquête, de celui qui doit déclarer l'absence, était écoulée : il répliquerait, que le législateur a bien dit que le jugement de déclaration d'absence ne pourrait être rendu qu'un an après celui qui a ordonné l'enquête, mais qu'il n'a pas fixé un terme après lequel le jugement définitif devait être nécessairement rendu.

334. Si nous trouvons des cas où l'appel du

---

(1) Art. 116, Code Civil.

ministère public devrait être reçu, le droit d'appeler lui est donc attribué. Et comment ne pourrait-il pas appeler, lorsqu'il croirait que les enquêtes n'ont pas été justement appréciées? sans doute, il importe que les biens de l'absent ne soient pas à l'abandon, mais il importe aussi de ne pas les faire passer mal à propos dans d'autres mains. Les mesures permises pendant la présomption d'absence, suffisent pour prévenir des pertes sensibles; il faut être bien certain que celui qui a disparu est dans le cas de l'absence, pour le déclarer absent.

335. Nous venons de dire: quels étaient les caractères de l'absence; quelles personnes pouvaient en poursuivre la déclaration; quel était le tribunal compétent pour la prononcer; enfin, la forme en laquelle la demande en déclaration d'absence devait être introduite, instruite et jugée; nous allons nous occuper des effets de cette déclaration.

DEUXIEME PARTIE.

Des effets de la déclaration d'absence.

336. Nous rappellerons d'abord: que la Commission avait placé, dans son projet, à la tête du chapitre où elle traitait des effets de l'absence, et sous la rubrique de *disposition générale*, un

article ainsi conçu : « *La loi présume la mort de l'absent, après cent ans révolus du jour de sa naissance ; jusque-là, le fait de sa mort ou de son existence demeure incertain* (1). »

Cet article ne se retrouve pas dans la loi ; mais la règle qu'il consacrait, n'en est pas moins l'un des principes fondamentaux de toutes les dispositions sur l'absence, et sur ses effets. Aussi l'avons-nous placé en tête de notre discussion.

Nous allons en trouver les conséquences à chaque page ; disons donc par quels arguments son adoption fut soutenue dans le Conseil d'Etat.

337. Le système contraire ne fut pas précisément proposé ; mais il fut rappelé dans la discussion, lorsque, pour prouver que le projet présenté ne prévoyait pas toutes les hypothèses, on apporta le code prussien où l'on lit, entre autres : *après dix ans d'absence, sans nouvelles de l'absent, on peut requérir la sentence de mort de l'absent* (2).

On observa que le système de la déclaration de mort avait tous les inconvénients de l'ancienne jurisprudence qu'on voulait proscrire à

---

(1) Projet de Code Civil, p. 30, art. 6.

(2) *V*. Procès-Verbaux, t. 1, p. 197.

si juste titre, et de plus, d'autres vices qui lui étaient particuliers.

Il est ridicule, dit-on, de déclarer l'absent mort. L'absence peut bien être une présomption de décès, mais elle ne peut en être jamais la preuve. Un principe plus naturel et plus simple, est : de regarder la vie et la mort de l'absent comme également incertaines ; un absent ne doit être, aux yeux de la loi, ni mort, ni vivant (1).

M. Bigot-Préameneu, dans l'exposé des motifs de la loi sur l'absence, a parfaitement expliqué et développé ce raisonnement (2).

« On est parti, dit cet auteur, d'idées simples, et qui ne puissent pas être contestées.

« Lorsqu'un long temps ne s'est pas encore écoulé depuis que l'individu s'est éloigné de son domicile, la présomption de mort ne peut résulter de cette absence, il doit être regardé comme vivant.

« Mais si, pendant un certain nombre d'années, on n'a point de ses nouvelles, on considère alors que les rapports de famille, d'amitié, d'affaires, sont tellement dans le cœur et dans l'habitude des hommes, que leur inter-

---

(1) Ibid., t. 2, p. 227.

(2) Ibid., t. 2, p. 227 et 470 et suiv.

ruption absolue doit avoir des causes extraordinaires ; causes, parmi lesquelles se place le tribut même rendu à la nature.

« Alors s'élèvent deux présomptions contraires : l'une, de la mort, par le défaut de nouvelles ; l'autre, de la vie, par son cours ordinaire. La conséquence juste de deux propositions contraires, est l'état d'incertitude.

« Les années, qui s'écoulent ensuite, rendent plus forte la présomption de la mort ; mais il n'est pas moins vrai qu'elle est toujours plus ou moins balancée par la présomption de la vie, et si, à l'expiration de certaines périodes, il est nécessaire de prendre des mesures nouvelles, elles doivent être calculées d'après les différens degrés d'incertitude, et non exclusivement sur l'une ou l'autre des présomptions de vie ou de mort. »

338. Le législateur a gradué les effets de l'absence, d'après ces combinaisons.

Lorsqu'elle s'est prolongée assez long-temps pour donner lieu à la demande en déclaration d'absence, et lorsque cette demande a été accueillie, l'absent ne peut plus être considéré comme vivant, sa mort est devenue presqu'aussi probable que sa vie ; car, quel est aujourd'hui le pays où nos journaux ne parviennent pas, où nous n'ayons pas des relations commerciales ? si l'absent existait, il eût été instruit de la procédure dont son silence est le fondement.

339. Tant qu'on a pû espérer son retour, on n'a pas voulu pénétrer dans son domicile, prendre connaissance de ses affaires ; mais, assez de temps s'est écoulé pour que ses biens ayent un pressant besoin de surveillance ; l'intérêt public même commence à souffrir de l'abandon où se trouvent ces biens ; toutes les recherches possibles sur son existence, ont été faites ; on a épuisé toutes les ressources pour lui faire parvenir avis des poursuites, afin de déclaration de son absence ; dès que son décès est aussi probable que son existence, il est temps de le traiter comme réellement absent, et de prendre des mesures pour la conservation de tous les intérêts que froisse sa disparition.

340. Toutefois ; on devait distinguer, pour les mesures à prendre, entre les biens que possédait l'absent au moment de sa disparition, et ceux qui lui seraient échus depuis. Nous en traiterons séparément.

PREMIÈRE DIVISION.

Des effets de l'absence, relativement aux biens que l'absent avait dans son domaine au moment de sa disparition.

341. La disparition met les biens de celui qui a disparu, tôt ou tard en péril. On ne

pouvait, pour les sauver, que les déclarer vacants, ou bien les mettre sous le séquestre : on n'a pu balancer entre ces deux mesures.

342. L'absence, à moins que la loi politique ne la défende, n'est ni un crime, ni un délit : elle ne peut conséquemment donner lieu à aucune peine. Elle est au contraire un motif de venir au secours de celui qui se trouve dans cette position, presque toujours pénible, parce qu'elle est forcée ou par les événemens, ou par les circonstances. Mais, si les biens eussent été déclarés vacants, l'absent eût été dépouillé ; ce qui eût été une peine, et une peine bien sévère. On a donc dû choisir la voie du séquestre, qui suffit à leur administration, et les conserve à leur propriétaire.

343. Après avoir adopté ce mode, il s'est agi de savoir qui, serait nommé séquestre ? ou, pour mieux dire, qui, serait chargé de l'administration des biens des absents déclarés ?

344. Nous dirons à cet égard :

1°. Qui, pourra demander l'envoi en possession des biens ?

2°. A quel tribunal il faudra s'adresser ?

3°. Dans quelles formes la demande d'envoi en possession devra être introduite, instruite, et l'envoi prononcé et exécuté ?

4°. Quels seront les résultats de cet envoi ?

PREMIÈRE SECTION.

Quelles sont les personnes appelées à l'administration des biens de l'absent, c'est-à-dire à demander l'envoi en possession provisoire ?

345. La cour de Paris proposait d'établir un administrateur légal des biens des absents déclarés.

Pouvait-on adopter cette proposition, alors qu'on n'avait pas voulu ressusciter l'usage des curateurs pour la première période ?

On a pensé, avec tous les légistes qui ont écrit sur cette matière, qu'il valait mieux s'adresser à l'intérêt personnel mitigé par l'affection, qu'à cet intérêt sans correctif; car on ne pouvait exclure l'intérêt personnel, sans courir le risque, ou de ne pas trouver d'administrateurs, ou de n'en trouver que de mal intentionnés.

346. La première précaution à prendre, était : d'écarter tout ce qui pouvait dégoûter de cette administration, les personnes que la loi appellerait à s'en charger. Car on aurait éloigné sur-tout ceux qui auraient le plus justifié la confiance; l'homme de bien ne refuse pas une charge, lorsqu'il voit qu'il peut être, par ce moyen, utile à son semblable. On ne peut cependant pas espérer qu'il basarde sa propre fortune pour con-

server celle d'autrui ; et il serait injuste de l'exiger.

347. Point de doute qu'on eût éloigné bien des personnes, si l'on eût consacré l'obligation de restituer les revenus, alors que leur accumulation aurait pu égaler, surpasser même le capital à administrer.

Il fallait même, tout en imposant à l'absent le moins de sacrifices possible, rendre cependant l'administration de ses biens assez lucrative, pour qu'elle rassurât l'administrateur, non-seulement contre toute perte, mais encore sur un gain proportionné aux soins qu'il allait se donner.

348. Autrefois, l'administration des biens des absents était confiée à leurs héritiers présomptifs; on a reconnu que cet usage remplissait la plupart des conditions supputées nécessaires pour que l'administrateur appelé ne refusât pas l'administration.

349. Il s'adapte de plus parfaitement aux conséquences du principe, d'après lequel la vie de l'absent est au moins aussi incertaine que sa mort.

Il suffit en effet que la loi reconnaisse qu'il y a incertitude dans la vie, pour que les droits des héritiers présomptifs, sans cesser d'être conditionnels, se fixent sur eux; et, puisque les biens doivent passer en d'autres mains que celles du propriétaire, les héritiers se présentent avec un titre naturel de préférence.

Personne ne peut avoir d'ailleurs plus d'intérêt à la conservation des biens et par conséquent à leur bonne administration, que ceux qui sont assurés d'en être les propriétaires si l'absent ne reparaît pas.

Il est évident que la perspective de conserver un patrimoine qui peut un jour devenir le leur, sera, pour les héritiers présomptifs, un motif de plus de se charger de son administration; et il est utile aussi à l'absent, que le séquestre de ses biens soit déféré à ceux qui ont le plus d'intérêt à leur conservation.

350. Cependant, cet avantage est plus ou moins éloigné; il est même conditionnel, puisque, outre les chances du retour de l'absent, la certitude acquise plus tard sur l'époque de sa mort, peut faire passer sa succession en d'autres mains. Il ne pouvait donc suffire, pour donner l'assurance que les héritiers se chargeraient de soins aussi embarrassants et aussi multipliés que le sont ceux qui découlent de l'envoi en possession provisoire.

On a cru nécessaire d'offrir des avantages plus rapprochés et plus certains; l'on en a trouvé les moyens dans les fruits ou revenus. Et comme l'existence de l'absent devient chaque jour plus douteuse, et que l'accroissement des restitutions aurait pu, comme nous l'avons déjà observé, effrayer les appelés à demander l'envoi en possession provisoire, on a gradué la portion des fruits dont ils profiteraient. L'on a même marqué un temps après lequel tous les fruits leur sont abandonnés : il arrive une époque où, pour croire au retour de l'absent déclaré il faut espérer un miracle ; on a pensé, qu'alors il suffirait de lui conserver son patrimoine tel qu'il l'avait laissé.

351. Après avoir reconnu que les héritiers doivent être appelés à l'administration des biens de l'absent déclaré, on examina la question de savoir à quels héritiers on donnerait la préférence ?

Si ce serait à ceux qui auraient pu recueillir la succession au moment de la disparition ou des dernières nouvelles, ou bien à ceux qui auraient été les héritiers les plus proches au moment de la déclaration d'absence ?

Cette difficulté n'avait pas été prévue dans le projet de Code Civil où l'on ne parlait que *des parens au degré successif* (1) : expressions qui laissaient beaucoup d'obscurité sur la désignation positive des héritiers appelés.

Cette obscurité fut signalée par plusieurs

(1) *V.* ce Projet, p. 31, art. 9.

Cours, qui proposèrent d'appeler les héritiers les plus proches à l'époque où l'absence avait commencé, c'est-à-dire au moment de la disparition ou des dernières nouvelles.

La section n'avait pas eu égard à ces observations; mais, lors de la discussion, elles furent rappelées, et la proposition des Cours fut adoptée.

352. En conséquence on lit dans l'art. 128 :

Dans le cas où l'absent n'aurait pas laissé de procuration pour l'administration de ses biens, ses héritiers présomptifs, au jour de sa disparition ou de ses dernières nouvelles, pourront, en vertu du jugement qui aura déclaré l'absence, se faire envoyer en possession des biens qui appartenaient à l'absent au jour de son départ ou de ses dernières nouvelles, à la charge de donner caution pour la sûreté de leur administrasion.

353. La solution de cette première question en fit naître une seconde, celle de savoir si les héritiers présomptifs pourraient, seuls, demander l'envoi en possession provisoire ?

Si le doute sur l'existence de l'absent déclaré et la crainte qu'il ne revienne plus, joint au désir de choisir pour administrer ses biens ceux qui sont les plus intéressés à leur conservation, ont fait appeler à l'envoi en possession provisoire les héritiers présomptifs de cet absent; ne devait-on pas accorder la même faveur à tous ceux qui ont sur ces biens des droits subordonnés à la condition du décès de leur propriétaire actuel ? A quel titre les héritiers présomptifs viendront-ils demander cette possession provisoire, lorsque l'absent déclaré les a exclus de sa succession ? et puisque la loi donne à l'héritier nommé par le défunt la préférence sur celui qu'elle avait désigné, devait-elle faire ici exception à une règle fondée sur les raisons les plus incontestables ? Le provisoire doit profiter à tous ceux qui ont la perspective du définitif. On l'accorde à ceux qui ont le plus d'intérêt à conserver ; s'il eût été dévolu dans tous les cas à l'héritier présomptif, il pouvait arriver qu'il aurait administré seulement pour augmenter ses bénéfices, même aux risques de diminuer la valeur des biens, de porter atteinte à leur conservation, toutes les fois que la propriété de ces biens ne pouvait lui rester en dernière analyse.

354. Ces considérations ont dicté l'article 123 dont voici les termes.

Lorsque les héritiers présomptifs auront obtenu l'envoi en possession provisoire, le testament, s'il en existe un, sera ouvert à la réquisition des parties intéressées ou du procureur du Roi près le tribunal, et les légataires, les donataires, ainsi que tous ceux qui avaient sur les biens de l'absent des droits subordonnés à la condition de son décès, pourront les exercer provisoirement, à la charge de donner caution.

355. On sent que celui qui veut exercer des

droits, doit prouver d'abord qu'il a qualité pour les faire valoir.

356. Sous ce rapport, les personnes qui pourront invoquer l'article que nous venons de transcrire se divisent en deux classes :

1°. Celles dont la qualité résulte d'actes authentiques et patents, et dont les droits ne sont que suspendus; telles, par exemple, que les donataires entre vifs.

2°. Celles qui ne trouveront la preuve de cette qualité que dans un acte privé, et dont les droits seraient révocables jusques au décès de celui qu'ils veulent représenter ; ce sont principalement les héritiers testamentaires, les légataires.

Cette division aurait dû amener le législateur à ne pas comprendre dans une même disposition tous ceux qui prétendent à l'envoi en possession provisoire, sur le fondement du principe qui a dicté l'article 123 : il aurait prévenu les difficultés sérieuses que présente cet article pour son interprétation.

357. Sans doute, ce n'était pas assez de proclamer les droits de ces individus, il fallait aussi régler le mode et le moment de l'exercice de ces droits.

358. Dès que le législateur pensait que le provisoire devait profiter à tous ceux qui avaient

intérêt à conserver (1), il paraissait naturel qu'il décidât : que tous les appelés à ce provisoire, auraient le droit de le réclamer aussitôt qu'il pourrait commencer.

Il est important de rappeler ce que dit à cet égard M. Locré (2).

« La loi pouvait faire commencer la jouissance provisoire des donataires, des légataires, etc. :

« Ou après les cinq ans de la disparition de l'absent, c'est-à-dire à l'époque à laquelle la déclaration d'absence peut être prononcée;

« Ou après la déclaration d'absence;

« Ou enfin seulement après l'envoi en possession provisoire des héritiers.

« La Commission s'était arrêtée à cette dernière condition.

« La Cour d'appel de Grenoble taxait l'article de la Commission d'imprévoyance. Elle lui reprochait de n'avoir point décidé « comment s'y prendraient les donataires et les légataires, pour obtenir la possession provisoire de leurs legs, si les héritiers présomptifs n'avaient pas demandé l'envoi provisoire, ou s'il n'y avait ni héritiers présomptifs ni époux de l'absent. » Mais cette

(1) Procès-Verbaux, t. 1, p. 199.

(2) *V.* Ibid., p. 421 et suiv.

Cour ne s'expliquait point sur le droit qu'elle croyait convenable d'établir.

« La Cour d'appel de Lyon allait plus loin : elle proposait « d'autoriser les donataires et les légataires de l'absent à exercer provisoirement leur droit suspendu jusqu'à son décès, dès l'instant où les héritiers présomptifs *auraient pu* obtenir l'envoi en possession provisoire, lors même qu'ils n'auraient pas voulu le demander. » Dans ce système, la déclaration d'absence n'aurait pas même été nécessaire.

« La Section avait partagé le sentiment de la Commission.

« Le Conseil-d'Etat l'avait également adopté.

« Le tribunal proposa de faire ouvrir le testament et de faire commencer la jouissance des donataires, légataires, etc., après *la déclaration d'absence.* Il exposait ainsi ses motifs :

«...« L'article, tel qu'il est dans le projet, accorde, ainsi que cela devait être, aux parties intéressées, le droit de faire ouvrir le testament ; il veut que les légataires, les donataires, ainsi que tous ceux qui ont sur les biens de l'absent des droits subordonnés à la condition de son décès, puissent les exercer provisoirement.

«...« Mais, en même temps, lorsqu'il consacre tous ses droits, il n'en permet l'exercice que *lorsque les héritiers présomptifs auront obtenu l'envoi en possession provisoire.*

«...« Or, ce fait peut ne jamais avoir lieu, puisque l'envoi en possession est purement facultatif pour les héritiers présomptifs. On ne peut renvoyer l'exercice d'un droit existant, à l'époque d'un fait qui peut ne jamais arriver.

«...« Il a donc paru, concluait le tribunal, qu'on devait permettre l'exercice du droit après la déclaration d'absence, et que, dans le cas où il n'y aurait pas d'envoi en possession provisoire, l'action pour l'exercice des droits devait être dirigée contre un curateur *ad hoc.* »

« Pour sentir, continue M. Locré, les raisons qui n'ont pas permis d'adopter ni la proposition de la Cour d'appel de Lyon, ni celle du Tribunat, il faut se rappeler dans quel ordre les intérêts des diverses personnes qui ont droit à l'envoi en possession, influent sur cette mesure et sous quel rapport.

« L'intérêt de l'absent est le principal : c'est surtout pour que ses biens soient conservés et administrés que l'envoi en possession a été introduit.

« L'intérêt des héritiers n'est que secondaire: lorsqu'on leur fait quelques avantages, c'est pour les décider à se charger d'une administration dont ils profiteront sans doute, si l'absent ne reparaît pas, mais dont on espère cependant qu'il profitera avant eux. Cet espoir existe surtout pendant tout le temps que dure l'envoi en possession provisoire. Cinq ans ne sont pas un temps assez long pour qu'on désespère du retour de l'absent.

« Les héritiers une fois appelés avec une jouissance anticipée d'une partie des revenus dont la mort de l'absent devait les mettre en possession, il n'y avait pas de motifs pour ne pas établir dès-lors dans tout son entier l'ordre de choses qui devait résulter de la mort de l'absent, pour ne pas faire profiter de la provision ses légataires, ses donataires, etc.

« Mais comme l'envoi en possession pouvait seul établir cet état provisoire, qui n'avait même été introduit qu'afin que l'envoi en possession fût demandé, on se serait écarté du système général de la loi, si l'on eût admis à l'exercice de leurs droits des légataires, des donataires, enfin tous ceux qui ne pouvaient avoir des prétentions qu'à raison du concours que l'envoi en possession établissait entre eux et les héritiers, et dont d'ailleurs la jouissance ne servait à rien à l'absent, pour l'intérêt duquel l'envoi en possession a été institué. » (*V*. la note de la p. 222).

359. Nous avons cru devoir copier tout ce passage de M. Locré, quoique long, parce que la question à laquelle il se rapporte est une des plus importantes de la matière que nous traitons.

Elle consiste à savoir, comme on l'a déjà

pressenti : à quelle époque les légataires et les donataires, en un mot, tous ceux qui ont sur les biens de l'absent des droits subordonnés à la condition de son décès, peuvent les exercer? S'ils le peuvent, 1°, aussitôt que cinq années d'absence seront écoulées, et sans qu'elle ait été déclarée ? S'ils le peuvent, 2°, après sa déclaration ? S'ils le peuvent, 3°, seulement après que les héritiers présomptifs ont obtenu l'envoi en possession provisoire ? Trois hypothèses qui ont été mises en avant, d'après ce que nous apprend M. Locré, la première par la Cour de Lyon, la seconde par le Tribunat, la troisième par la Commission, par la section et par le Conseil d'Etat.

360. La première ne pouvait pas être justifiée ; car, avant de dépouiller l'absent, faut-il bien que l'absence soit constante. Si l'on a voulu que l'envoi en possession ne résultât plus d'un acte de notoriété, à plus forte raison, ne pouvait-on le permettre sur une simple allégation d'absence : nous ne nous occuperons donc pas de cette hypothèse.

361. Quelle est celle des deux autres, qui a été consacrée par la loi ?

362. Nous commencerons par professer qu'il faut suivre celle qui a été adoptée par le législateur.

En effet ; il ne suffit pas, pour éluder la loi,

de trouver qu'elle eût mieux fait de prescrire toute autre règle. Dans ce cas, le commentateur peut bien énoncer le souhait de voir la loi changée, mais il doit en même temps recommander l'obéissance à celle qui existe, jusqu'au moment où elle aurait été abrogée ou modifiée.

363. Lisons-nous dans la loi quelque texte formel sur la question qui nous occupe? On pourrait le prétendre, si l'on s'arrêtait aux termes.

364. Mais le commentateur, obligé de respecter la loi, doit-il se contenter du matériel de cette loi?

Voici les principes que nous trouvons sur l'interprétation des lois, dans le livre de la raison écrite.

Scire leges, non (hoc) est verba earum tenere, sed vim ac potestatem. L. 17, §. De Legibus.

Benignius leges interpretandœ sunt, quo voluntas earum conservatur. L. 18, *ibid.*

In ambigua voce legis, ea potius accipienda est significatio, quœ vitio caret: prœsertim cum etiam voluntas legis ex eo collegi possit. L. 19, *ibid.*

Il faut donc, pour bien saisir les règles posées par la loi, consulter non seulement ses termes, mais aussi son esprit; il faut même, si les termes paraissent opposés à l'esprit, faire prédominer celui-ci.

365. D'après le passage de M. Locré, que nous avons rapporté, l'esprit qui a présidé à la

rédaction de l'article 123, serait dans la corrélation la plus parfaite avec ses expressions.

Cet auteur ne se contente pas en effet de dire que la disposition proposée par le Tribunat a été proscrite, il donne encore les motifs qui auraient dicté et cette proscription, et l'adoption de la proposition de la section.

366. Cette proposition blesse tellement tous les principes qui servent de fondement à la loi sur les absents, que nous n'avons pu nous dispenser de vérifier nous-mêmes les procès-verbaux de la discussion au Conseil d'Etat ; alors surtout que nous avons remarqué que M. Locré ne les cite pas, comme il le fait partout ailleurs.

Nous n'avons trouvé dans ceux qui sont imprimés, aucune discussion directe sur la question qui nous occupe ; et quoique nous sachions que tous ceux des séances où la loi sur les absents a été discutée, n'ont pas été imprimés, nous sommes fondés à conclure, de ce que M. Locré n'en cite aucun, qu'il n'y a non plus rien dans ces procès-verbaux de relatif à cette même question. Il paraît d'ailleurs que la rédaction proposée par le Tribunat, fut discutée dans les séances dont les procès-verbaux sont imprimés : ce qui résulte même de ce que dit M. Locré (1).

---

(1) Locré, ibid., note de la 423e pag., *in fine*.

367. Rapportons néanmoins tout ce qui, dans les procès-verbaux imprimés, a quelque connexité avec la question que nous traitons.

La Commission, ni la section dans la rédaction mise en discussion, n'avaient proposé de faire ouvrir les testaments (1). La première proposition de cette règle fut faite dans la séance du 24 fructidor an 9 (2), alors que l'on examinait si la femme pourrait empêcher l'envoi en possession des biens.

Le premier Consul, pour soutenir de plus en plus l'affirmative à cet égard, avait dit que : « peut-être le testament, qu'on n'ouvre pas, « transmet à la femme toute l'hérédité de son « mari. »

C'est à cette occasion que « le *C. Tronchet* dit : que le testament de l'absent sera ouvert. »

Alors « le *C. Thibeaudeau* dit que, dans le premier projet, la Section avait pensé qu'il était conséquent d'ouvrir les droits des légataires, au moment de l'envoi provisoire des héritiers; mais que l'on trouva qu'il était inconvenant d'ouvrir le testament d'un homme contre lequel il n'y avait encore que de légères présomptions de mort. C'est, dit-il, d'après cette observation que

---

(1) Projet de Code Civil, art. 21; Procès-Verb., p. 193.

(2) Procès-Verbaux, t. prem., p. 227.

la Section a proposé de renvoyer à un plus long délai l'ouverture du testament. »

Cette observation de M. Thibeaudeau donna lieu à la discussion suivante :

« Le *C. Boulay* dit que le remède à l'inconvénient dont a parlé le premier Consul, est de donner à la femme l'administration des biens de l'absent.

« Le *C. Portalis* dit que l'absent n'étant réputé ni mort ni vivant, il en résulte qu'on est obligé de prouver la vie ou la mort de l'absent, suivant que l'action qu'on exerce est fondée sur l'hypothèse de son existense ou de sa non existence. Il s'agit de savoir si, sans blesser ce principe, on peut ouvrir le testament de l'absent et pourvoir au sort de son épouse ; l'ouverture du testament contredirait le principe, puisqu'un testament n'a de date ni de force que par la mort du testateur. »

Après d'autres observations qui se rapportent à la femme, nous lisons : « *Le premier Consul* dit : . . . . pourquoi donc, après un délai donné, la présomption de sa mort ne serait-elle pas admise pour autoriser l'ouverture du testament ? Il ne faut pas que ses malheurs éteignent en lui la capacité de tester.

« Le *C. Boulay* dit que le principe que l'absent n'est réputé ni mort, ni vivant, est sans doute bizarre ; mais qu'il est le produit de la sagesse des siècles ; qu'on n'a pu parvenir à en trouver un meilleur.

« Le *premier Consul* dit que le système de la matière repose en entier sur des inductions.

« Pourquoi l'article 10 appelle-t-il les héritiers présomptifs de l'absent ? C'est parce qu'on suppose qu'il ne se représentera pas. Mais s'il a laissé un testament, que la même supposition permet aussi d'ouvrir, il se peut que ceux qu'on regarde comme ses héritiers, cessent d'être appelés à recueillir ses biens. En appelant les héritiers de l'absent, on se propose de donner à sa mort présumée les effets que sa mort réelle aurait, par rapport à sa succession ; mais alors, pour être conséquent, il faut établir aussitôt un ordre de choses qui ne puisse plus changer, dans la suite, par l'ouverture du testament.

« Le *C. Maleville* dit qu'en effet il n'y a pas plus de motifs de donner la possession provisoire des biens aux héritiers présomptifs, qu'au légataire universel.

« Le *C. Thibeaudeau* rappelle que la Section avait proposé l'envoi en possession provisoire des légataires, et qu'elle n'a modifié son projet que parce que sa proposition a été combattue. On peut d'ailleurs revenir sur ce point, la matière des absents étant toute arbitraire et uniquement fondée sur des présomptions.

« Le *C. Tronchet* dit que les rédacteurs du

Code Civil avaient aussi proposé l'envoi en possession provisoire des légataires. Le légataire est fondé en effet à réclamer pour lui-même la provision qu'on accorde à l'héritier, d'après la présomption de la mort de l'absent. »

368. Voilà tout ce que nous avons trouvé dans les procès-verbaux de la discussion du Code Civil imprimés, qui ait quelque analogie avec la question qui nous occupe.

Or, alors même que l'on voudrait y remarquer des passages qui justifieraient ce qu'a dit M. Locré, ce ne serait du moins que relativemen aux individus dont les droits reposent sur un testament à ouvrir, ou tout au plus à tous les légataires.

369. Nous pouvons donc considérer ce qu'a dit à cet égard M. Locré, comme son opinion particulière ; mais cette opinion est tellement imposante, que nous devons l'embrasser, si elle n'est pas combattue par les raisons les plus tranchantes.

370. Ce savant auteur professe que : *l'intérêt de l'absent est le principal*, nous ajouterons même qu'il est presque le seul, motif de l'envoi en possession provisoire ; car c'est pour que ses biens soient conservés et administrés que cet envoi a été introduit.

Que *l'intérêt des héritiers n'est que secondaire ; que leur jouissance n'a été introduite qu'afin que l'envoi en possession fût demandé*, et qu'il n'importe par conséquent pas du tout à l'absent que ce soit tel ou tel qui obtienne cet envoi ; que la seule chose qui lui importe , c'est que ses biens soient conservés et administrés.

371. M. Locré reconnaît donc lui-même, que l'absent a le plus grand intérêt à ce que l'envoi en possession provisoire soit demandé. Disons même que cet envoi est indispensable à l'absent.

372. Ce résultat sera-t-il obtenu si, comme paraît le dire l'article 123, et comme l'enseigne M. Locré, tous ceux qui ont sur les biens de l'absent des droits subordonnés à la condition de son décès, ne peuvent pas demander, tous, l'envoi en possession provisoire ?

373. Il dépendra donc des héritiers présomptifs, que les biens de l'absent soient ou ne soient pas administrés.

374. Sans doute, dira-t-on ; et jamais on ne pourra faire que la demande de l'envoi en possession soit forcée.

Cette observation est vraie ; nous convenons que la loi ne pouvait imposer à ceux à qui elle donne le droit de se faire envoyer en possession provisoire , l'obligation absolue de la demander.

Mais , ne pouvait-elle pas prendre ? n'a-t-elle pas pris des mesures qui doivent les y amener ?

375. Pour atteindre son but, elle s'est adressée

à l'intérêt personnel. Seulement, et pour le plus grand avantage de l'absent, elle a voulu mitiger cet intérêt par l'affection. Elle a espéré les plus heureux résultats de la réunion de ces deux sentiments (1). Tous ses calculs ne seront-ils pas dérangés, si les héritiers présomptifs ont seuls le droit de demander l'envoi en possession provisoire ? l'intérêt personnel lui-même ne viendra-t-il pas trop souvent s'opposer à cette demande ? ce qui pourra se rencontrer, toutes les fois qu'il y aura, par exemple, des donataires, des légataires appelés à recueillir le fruit de l'envoi en possession.

376. Le législateur a espéré que les héritiers présomptifs se décideraient à demander la possession provisoire, non seulement parce qu'il leur abandonne quelques fruits, mais aussi parce qu'ils devront croire qu'en travaillant à la conservation du patrimoine de l'absent, ils conservent leur propre patrimoine.

Mais pense-t-on qu'ils demanderont l'envoi provisoire, lorsqu'ils sauront que toutes ses heureuses conséquences seront pour d'autres individus ? Si nous avons dû reconnaître que l'intérêt est la mesure des actions, quel intérêt auront les héritiers présomptifs à former cette

(1) Locré, ibid., p. 280 et suiv.

demande, lorsque l'absent les a exclus de sa succession, ou lorsque d'autres actes doivent la leur ravir ?

377. Ils en seraient bien plus éloignés encore si, comme le professe M. Locré, ils pouvaient seuls poursuivre la déclaration d'absence! alors, à la perspective d'aucun profit, se joindrait celle d'une procédure longue et plus ou moins dispendieuse; car, celui qui aura provoqué la déclaration d'absence, devra avancer, non-seulement le salaire des témoins qu'il aura cités, mais encore celui des témoins cités par le ministère public. Ils devraient donc faire des avances toujours assez considérables, qu'ils peuvent bien se décider à faire s'il doit en résulter pour eux un grand bénéfice, mais auxquelles ils ne s'exposeront pas, si tout le profit qui pourra leur revenir, se réduit à être remboursés de ces mêmes avances.

Nous croyons avoir démontré que le droit de provoquer la déclaration d'absence appartient à tout individu qui a sur les biens de l'absent présumé des droits subordonnés à la condition de son décès; et par conséquent, à ses donataires, à ses légataires, tout aussi bien qu'aux héritiers présomptifs; nous avons même soutenu que ce droit appartient aux tiers parce qu'ils ont intérêt à cette déclaration (1).

---

(1) *V.* p. 150 et suiv.

Prouvons maintenant que tous ces individus, sauf les tiers, ont droit de demander l'envoi en possession provisoire.

378. Mais cette preuve n'est-elle pas déjà faite? Dès que la possession provisoire n'est instituée que dans l'intérêt de l'absent, il importe de prendre toutes les mesures qui peuvent la faire demander. Ce but, vers lequel le législateur a poussé par tous les moyens qui étaient en son pouvoir, ne sera point atteint, nous le répétons, si l'on ne donne qu'aux héritiers présomptifs le droit de demander l'envoi en possession provisoire.

379. Cette proposition est de toute évidence, pour les cas où les droits aux biens de l'absent déclaré seront connus, et où ces droits n'étaient que suspendus par la vie de cet absent.

Supposons, par exemple, une donation contractuelle avec rétention d'usufruit de la part du donateur. Ce donateur disparaît, quel intérêt auront ses héritiers présomptifs à faire déclarer son absence, à demander l'envoi en possession provisoire? Ils peuvent avoir, au contraire, le plus grand intérêt à ce que la déclaration même d'absence ne soit pas prononcée; par exemple, s'ils sont en possession des biens; et dans ce cas ils doivent faire tout ce qu'ils pourront pour que cette possession, qui leur attribue une jouissance sans, pour ainsi dire, responsabilité, continue le plus possible.

380. En sera-t-il autrement lorsque les droits subordonnés à la condition du décès de l'absent présumé, n'étaient pas d'ailleurs irrévocables ?

Exemple : Un collatéral a donné par contrat de mariage, avec stipulation du droit de retour, et il a disparu avant le décès du donataire, et après avoir fait un testament. Les héritiers présomptifs n'auront pas, dans ce cas, plus d'intérêt que dans le précédent, à poursuivre la déclaration d'absence, ou à demander l'envoi en possession provisoire; et, certes, les deux cas que nous venons de présenter peuvent se rencontrer souvent.

381. En auront-ils du moins lorsqu'ils ne seraient exclus que par un testament ?

Ils pourraient tout au plus espérer que ce testament ne sortira pas à effet; mais cet espoir en engagera bien peu à demander l'envoi en possession provisoire, surtout s'ils ont déjà les biens dans leurs mains.

382. Dira-t-on que dès que l'envoi en possession n'est que dans l'intérêt de l'absent, si quelqu'un possède les biens, ils sont administrés, et que dès-lors l'envoi n'est plus nécessaire?

Il l'est peut-être plus dans ce cas que lorsque ces biens sont à l'abandon. Non seulement il importe que les biens soient administrés, mais il faut aussi qu'ils ne soient ni dégradés, ni dilapidés. Or, la possession furtive de ceux qui jouiront des biens de l'absent, possession qu'ils doivent craindre de perdre à chaque instant, en assure-t-elle la conservation?

383. Il est donc hors de doute que toutes les considérations militent pour que tous les individus dénommés dans l'art. 123 puissent poursuivre eux-mêmes, non seulement la déclaration d'absence, mais même l'envoi en possession provisoire; et ces considérations sont la base de toute la loi sur les absents.

384. Et qu'importe à présent que la lettre de cet article paraisse consacrer la règle contraire! est-il donc si bien rédigé que sa bonne rédaction assure qu'il a été, même quant aux mots, le fruit de la méditation la plus approfondie?

Si l'on voulait en suivre le sens grammatical, les donataires et tous ceux qui ont sur les biens de l'absent déclaré des droits subordonnés à la condition de son décès, ne pourraient exercer ces droits qu'après l'ouverture du testament! interprétation trop absurde pour que nous nous arrêtions à la réfuter. Cependant elle est dans le sens littéral de l'article.

385. Nous sommes donc forcés de reconnaître que l'article a été mal rédigé dans une partie; mais dès-lors nous sommes fondés à

supposer que la même légèreté a présidé à la rédaction de toutes ses dispositions.

386. Cette supposition doit se changer en certitude, lorsqu'il est évident que le sens grammatical de l'article établirait une règle subversive de toute l'économie de la loi. C'est ce que nous croyons avoir démontré, relativement à la disposition d'où résulterait que les donataires, les légataires, etc., seraient obligés d'attendre, pour faire valoir leurs droits, que les héritiers présomptifs eussent demandé l'envoi en possession provisoire.

Il arriverait ce que le Tribunat prévoyait et ce qu'il voulait prévenir.

Malheureusement, ses observations n'ont pas été prises en considération par le Conseil d'Etat.

387. Toutefois, il résulte assez clairement de la discussion qui y eut lieu sur les testaments, que les légataires pourront demander l'envoi en possession.

On a voulu, *dans la supposition que l'absent ne se représentera pas, établir un ordre de choses qui ne puisse plus changer;* on a reconnu qu'*il n'y avait pas plus de motifs de donner la possession provisoire des biens aux héritiers présomptifs, qu'au légataire universel; que le légataire est fondé à ré-*

clamer pour lui-même la provision qu'on accorde à l'héritier (1).

388. Mais tous ces motifs sont puisés dans l'intérêt de ceux qui doivent demander l'envoi en possession.

Si nous avions cru pouvoir considérer la loi sous ce rapport, nous aurions fait remarquer que, si le législateur eût voulu soumettre les ayant-droits à la nécessité de ne les exercer qu'après l'envoi provisoire, il n'aurait certainement pas étendu cette disposition à ceux dont les droits découlent de donations entre vifs irrévocables, à ceux surtout qui peuvent invoquer une obligation à titre onéreux, tels que les acquéreurs de la nue propriété de l'immeuble dont celui qui a disparu avait la jouissance.

Sans doute un testament, dont le contenu était ignoré avant l'envoi en possession, n'a pu donner le droit de provoquer cet envoi, quoique son existence matérielle fût connue. On eût pu décider que ce testament ne serait ouvert qu'après la demande en possession provisoire. Il est cependant vrai de dire que la déclaration d'absence doit produire les mêmes effets que ceux qui seraient résultés définitivement de la

(1) *V. Suprà*, p. 211 et suiv., et ce n'est pas comme le dit M. Locré, l'envoi en possession qui établit le provisoire, c'est la déclaration d'absence.

mort. Mais, avoir entassé dans un même article tous les droits subordonnés à la conditiondu décès, pour soumettre l'exercice de tous aux mêmes règles! une telle disposition ne pourrait être justifiée, si nous l'interprétions commeM. Locré.

389. Toutefois nous n'avons voulu combattre l'opinion de cet auteur et le sens absolument grammatical de l'art. 123, que par les motifs tirés de l'intérêt de l'absent, parce que c'est à ce seul intérêt que le législateur a pensé, même en mettant en jeu celui des héritiers. Il est incontestable que le droit exclusif, donné aux héritiers présomptifs, de demander l'envoi en possession, ne pourraitavoir de fondement que dans l'intérêt de ces héritiers, en mettant même en péril celui de l'absent; donc, sous ce rapport encore, ce sens grammatical est en opposition avec l'esprit de la loi.

390. M. Thoulier avait suivi d'abord l'opinion de M. Locré, soit dans ses conséquences, soit quant aux motifs sur lesquels cette opinion était basée. Plus tard, il a ajouté une note qu'il est précieux de rappeler, puisqu'elle prouve que la réflexion a amené ce jurisconsulte à modifier du moins sa première opinion.

« Le Tribunat, dit-il, demandait qu'on permît l'exercice des droits subordonnés à la mort de l'absent, et l'ouverture du testament, après la déclaration d'absence; et, sans attendre l'envoi en possession des héritiers, l'action pour l'exercice de ces droits aurait été dirigée contre un curateur *ad hoc*. Cette proposition ne fut pas adoptée *par des raisons qui toutes militent en faveur de l'héritier institué ou légataire universel.* Il semble donc *qu'il devrait être admis à demander l'envoi en possession, si les héritiers légitimes gardaient le silence.* Mais à qui pourrait-il s'adresser (1)?»

391. M. Thoulier reconnaît donc que l'héritier institué, le légataire universel, devaient pouvoir demander l'envoi en possession provisoire ; or le même droit devrait être accordé au donataire universel ; à celui qui a la propriété de l'universalité des immeubles de l'absent ; etc.

Nous ne concevons pas comment un auteur aussi versé dans la science du droit a pu trouver un obstacle à l'adoption de cette opinion, dans l'objection qu'il s'est faite.

A qui, dit-il, *pourrait-il s'adresser*? Mais à qui s'adresseront les héritiers présomptifs ?

Ce qu'avait dit le Tribunat, a sans doute amené la difficulté que s'est proposée M. Thoulier; mais, lorsque le Tribunat écrivait, le Code de Procédure n'avait pas paru. Or, ce Code, dans son article 859, dispose ainsi :

Dans les cas prévus par l'article 112 du Code Civil, et pour y faire statuer, il sera présenté requête au prési-

(1) *V.* la note à la p. 372 du t. prem.

dent du tribunal. Sur cette requête, à laquelle seront joints les pièces et documents, le président commettra un juge pour faire le rapport au jour indiqué, et le jugement sera prononcé après avoir entendu le procureur du Roi.

Il n'y a donc plus lieu à demander à qui pourra s'adresser le légataire, le donataire, qui prétendrait à l'envoi en possession provisoire.

392. Pigeau professe, sans même soupçonner la possibilité d'une objection, l'opinion que nous soutenons.

« L'absence déclarée, dit-il (1), les héritiers présomptifs de l'absent, au jour de la disparition ou des dernières nouvelles (120), ses légataires, ses donataires, ainsi que tous ceux qui avaient sur les biens de l'absent des droits subordonnés à la condition de son décès, peuvent se faire envoyer en possession : les premiers, de toute la succession ; les autres, de leurs legs, donations et objets qu'ils doivent recueillir dans la supposition de son décès (123).

393. Concluons de tout ce que nous venons de dire, que la demande d'envoi en possession provisoire pourra être formée, non seulement par les héritiers présomptifs, mais encore

(1) T. 2, ibid., p. 540 et suiv.

par tous ceux qui ont, sur les biens de l'absent, des droits subordonnés à la condition de son décès.

Sans l'adoption de cette règle, les biens de l'absent resteraient souvent, nous le répéterons sans cesse, ou abandonnés, ou à la merci de ceux qui les ont dans leurs mains. Leur propriété serait même en danger d'être prescrite contre l'absent, par ceux qui en auraient usurpé la possession.

394. Si les termes de l'article 123 paraissaient un obstacle invincible à cette décision, proclamons qu'il est urgent de les modifier, et disons qu'il faut substituer, dans l'article 120, aux mots : *ses héritiers présomptifs* etc., ceux ci : *les parties intéressées.* Cet article est un corollaire du 115me : pourquoi serait-il différent dans son application ?

Nous proposerions ensuite de changer toute la rédaction de l'article 123, en celle-ci : *Lorsque la déclaration d'absence aura été prononcée, le testament, s'il en existe un dans la forme mystique, ou olographe, sera ouvert, et les légataires pourront exercer provisoirement leurs droits, en donnant caution.*

395. Nous trouvons dans la Jurisprudence du Code Civil, tome 9, page 234, une espèce qui prouve à la fois : et que l'on ne conteste pas aux héritiers testamentaires le droit de provoquer la déclaration d'absence de l'auteur du

testament, et l'efficacité de l'exercice de ce droit pour forcer les héritiers présomptifs à demander l'envoi provisoire; et, aussi, la nécessité d'une disposition qui autorise l'héritier testamentaire à demander lui-même cette possession, dans le silence des héritiers présomptifs.

La Cour d'Appel d'Aix, alors même que la possession provisoire était demandée en même temps et par l'héritier naturel et par l'héritier testamentaire, a cru: que cette possession devait être attribuée à l'héritier naturel; parce que, dit cette Cour, l'héritier testamentaire avait à demander cette possession, contre l'héritier naturel, et que, par conséquent, il ne pouvait pas former cette demande en cause d'appel; que, d'ailleurs, cette demande ne pouvait être formée contre l'héritier naturel, qu'après qu'il aurait été lui-même envoyé en possession.

Cette décision peut être fondée sur le texte de la loi, mais elle n'a d'autre effet que de multiplier les procès et les frais; et elle peut compromettre les droits des héritiers testamentaires et autres ayant-droits.

396. En attendant les changements de rédaction que nous avons proposés, accordons du moins aux individus auxquels s'applique la rédaction actuelle, le droit de provoquer la déclaration d'absence. Les termes de la loi ne sont nullement contraires à cette opinion, et ce sera

un moyen de prévenir la plus grande partie des suites fâcheuses de l'article 123. La déclaration d'absence forcera à former la demande d'envoi en possession provisoire, en mettant en évidence le vice de la jouissance; ou, parce qu'elle donnera le droit de faire considérer la succession comme vacante, s'il ne se présentait aucun héritier présomptif pour réclamer la possession provisoire.

Ajoutons à toutes les raisons que nous avons données, le poids de l'opinion de M. Delvincourt. Cet auteur prouve aussi, ce nous semble, par des raisons évidentes, que les légataires, donataires et autres personnes qui ont des droits subordonnés à la condition du décès de l'absent, peuvent, dans le silence des héritiers présomptifs, s'adresser aux tribunaux, pour faire déclarer l'absence et demander l'envoi en possession (1). Il combat même M. Prudhon, qui refusait cette faculté, aux légataires obligés de demander la délivrance.

DEUXIÈME SECTION.

Quel est le Tribunal compétent pour ordonner l'envoi en possession provisoire.

397. Ici, comme pour les mesures à prendre pendant la première période, comme pour la

---

(1) Ibid , p. 342 et 344.

demande en déclaration d'absence, la loi ne désigne pas le tribunal qui devra prononcer l'envoi en possession provisoire.

398. Ce silence absolu du législateur, sur le tribunal compétent en matière d'absence, prouve invinciblement que c'est le tribunal du domicile.

Cela est surtout vrai après la déclaration d'absence, qui, comme nous l'avons observé plusieurs fois, a les mêmes effets que la mort, quoique ces effets puissent être détruits.

D'ailleurs, nous avons établi que la déclaration d'absence doit être prononcée par ce même tribunal : donc il doit prononcer aussi l'envoi en possession, qui est, à proprement parler, l'exécution du jugement de déclaration d'absence.

399. De plus, comme c'est le tribunal du dernier domicile qui sera surtout à portée de recueillir les données relatives à l'absent, il faut que ce soit lui qui reçoive la demande d'envoi en possession provisoire; car, depuis la déclaration d'absence, on pourrait avoir eu des nouvelles de celui qui a disparu, et par conséquent cette déclaration serait comme non avenue.

TROISIÈME SECTION.

Des formes de l'envoi en possession provisoire.

400. Nous avons à expliqner à ce sujet : 1°, comment la demande d'envoi en possession provisoire peut être formée ; 2°, comment elle doit être prononcée ; 3°, comment elle peut être mise à exécution.

§. Ier.

Comment la demande d'envoi provisoire peut être formée ?

401. La solution de cette question, qui ne se trouvait pas dans le texte de la loi sur les absents, au Code Civil, a été donnée par l'article 860 du Code de Procédure Civile.

402. Nous avons vu que, pour faire ordonner les mesures conservatoires permises pendant la présomption d'absence, l'article 859 de ce Code prescrivait : *de présenter une requête au président du tribunal, etc.*; l'article 860 dispose :

> Il sera procédé de même, dans le cas où il s'agirait de l'envoi en possession provisoire autorisé par l'art. 120 du Code Civil.

403. Nous disons donc, suivant l'art. 859 du Code de Procédure, que celui qui veut obtenir

l'envoi provisoire, doit présenter requête au président du tribunal.

Cet article exclut-il toute autre marche? Non; car il faudrait y lire que, lorsqu'il y aura lieu à demander l'envoi en possession provisoire, *cette demande ne pourra être formée que.........*

404. Nous allons reconnaître encore ici, et de plus en plus, que la déclaration d'absence peut être poursuivie par d'autres que par les héritiers présomptifs. (On ne sera pas étonné que nous revenions sans cesse sur cette proposition, lorsqu'on se rappellera toute son importance.) (1)

Lorsqu'un jugement de déclaration d'absence est poursuivi par des tiers n'ayant pas droit à l'envoi en possession provisoire, ils ne peuvent conclure à cet envoi. Leur but a été, par exemple, d'assurer la conservation de l'immeuble qui leur est hypothéqué. Ils ont espéré que, lorsque le jugement de déclaration d'absence serait rendu, les héritiers présomptifs, n'ayant qu'une simple formalité à remplir et peu de frais à exposer, demanderaient l'envoi en possession provisoire. Mais si tous les héritiers gardent le silence, ce qui ne pourra certainement être que parce qu'ils ont déjà cette possession, qu'ils voudraient per-

---

(1) *V. Suprà*, n° 262 et suiv.

pétuer sans obligation de rendre compte, les tiers pourront les forcer à en former la demande, parce qu'une fois l'absence déclarée, si les héritiers ne demandaient pas l'envoi provisoire, les tiers feraient procéder comme si la succession était vacante, par argument des articles 811 et 812 du Code Civil.

405. Mais si la déclaration d'absence a été poursuivie par les héritiers présomptifs, ou par quelqu'une des personnes appelées à l'envoi en possession provisoire, en demandant la déclaration d'absence, ils concluront certainement toujours à l'envoi en possession provisoire.

406. La faculté de poursuivre un jugement d'envoi en possession provisoire, n'était donc pas nécessaire aux héritiers présomptifs.

Et qu'importerait que celui qui a obtenu cet envoi ne fût pas, en dernière analyse, celui qui doit en profiter, il n'a pas eu moins qualité pour le demander, tant que l'héritier plus proche s'est tu; et celui-ci profitera des conséquences du jugement, pour poursuivre la délivrance du patrimoine de l'absent.

On se tromperait en effet si l'on supposait que chaque héritier doit obtenir un jugement d'envoi en possession. Lorsque cet envoi aura été prononcé en faveur des héritiers présomptifs, les donataires, légataires, et tous ceux qui ont droit à partie des biens de l'absent, en demanderont la délivrance à ces héritiers, sur le fondement du jugement d'envoi en possession. Chaque ayant droit ne sera obligé d'obtenir un jugement séparé, que lorsqu'il n'en aura pas été rendu un qui donne la possession de la généralité des biens.

407. Donc, en prévoyant le cas où il y a lieu à demander l'envoi provisoire, après la déclaration d'absence, le législateur annonce, de la manière la plus formelle, qu'il savait avoir donné le droit de poursuivre la déclaration d'absence, à des personnes qui n'auraient pas celui de demander l'envoi en possession provisoire.

408. La demande d'envoi en possession provisoire peut donc être introduite de deux manières :

1°. Par des conclusions jointes à celles tendantes à faire déclarer l'absence; et ces conclusions peuvent être prises après comme avant l'enquête, et tant que le jugement de déclaration d'absence n'est pas rendu. Dans ce cas, l'envoi provisoire sera prononcé par le jugement même qui déclarera l'absence.

2°. Lorsque l'absence a été déclarée; par requête présentée au président du tribunal, qui en ordonnera la communication au ministère public, et commettra un juge pour en faire le rapport au jour indiqué; à suite duquel, l'envoi provisoire sera prononcé, si le tribunal juge que c'est le cas.

§. II.

Comment l'envoi en possession sera-t-il prononcé?

409. Nous devons examiner ici, non seulement la forme de la prononciation, mais encore la manière dont la demande sera justifiée quant à la qualité des demandeurs et quant à l'existence du droit.

410. Il est évident que celui qui demande l'envoi en possession provisoire, doit établir la qualité en laquelle il forme cette demande. S'il se prétend héritier, il doit produire le testament; s'il se dit donataire, il doit rapporter la donation; s'il se présente comme héritier présomptif, il doit libeller sa parenté.

411. Un acte privé, un testament olographe, suffiront-ils pour fonder la demande d'envoi en possession provisoire?

La loi a pour but principal de procurer un administrateur aux biens des absents présumés. Elle a pris toutes sortes de précautions pour atteindre ce but, il faut éviter tout ce qui pourrait en détourner : nous éloignerions du but proposé, si nous hérissions de difficultés les demandes d'envoi en possession provisoire.

Dans quelle vue prétendrait-on exclure les

actes privés, les testaments olographes? ce ne pourrait être que dans l'intérêt d'autres héritiers; mais, non-seulement la loi n'a pas voulu penser à cet intérêt, elle ne l'a même pas dû. Ces héritiers sont présents, ils ne pourront ignorer les démarches qui sont faites : pourquoi la loi aurait-elle veillé pour eux ?

Remarquons d'ailleurs, quant aux testaments olographes, mystiques, ou faits dans les cas prévus et d'après les formes tracées par la seconde section du chapitre 5 du titre 2, livre 2, du Code Civil, que ces testaments deviennent exécutoires aussitôt qu'ils ont été revêtus des formalités prescrites pour cet effet. Et ces formalités devront avoir été remplies, avant que ceux qui veulent prendre droit de tels testaments, puissent les invoquer comme fondement de quelle demande que ce soit. Ces formes ne sont dans l'intérêt de personne, à proprement parler; elles sont seulement destinées à donner, à ces testaments, la force exécutoire qui leur manquait, tant qu'ils n'avaient pas été revêtus de ces formalités.

412. Mais les légataires, lorsqu'il s'agit d'une succession, ne sont pas, dans tous les cas, saisis de plein droit des objets à eux légués.

413. Quoique, après la déclaration d'absence, le patrimoine de l'absent doive être distribué tout comme si l'absent était décédé, nous

ne pensons pas que cette distribution doive être opérée dans les mêmes formes que si le décès existait réellement.

Tout ce qui se fait ici n'est que provisoire, et peut changer, soit par la représentation de l'absent, soit par la certitude acquise, ou de son existence, ou de l'époque fixe de son décès, soit par l'accomplissement de la centième année de son âge.

Dans ces circonstances, pourquoi soumettre, par exemple, les légataires à demander la délivrance de leurs legs? Sans doute, celui qui demande l'envoi en possession provisoire peut ne pas être l'héritier le plus proche, ne pas être le seul héritier, lorsque la succession devra être définitivement partagée. Mais, ce qui importe, lorsque l'absence a été déclarée, c'est que les biens de l'absent soient administrés. Le silence des héritiers les plus proches, d'une partie de ces héritiers, prouve, aux yeux de la loi, qu'ils ne se soucient pas de se charger de cette administration; elle doit être donnée à ceux qui veulent bien la réclamer, il n'y a à examiner les titres, que lorsque plusieurs héritiers se présenteront en même temps, demandant chacun la possession provisoire pour lui seul, ou de la même portion.

414. D'après ces observations, on sentira que nous ne partageons point l'opinion de Pigeau, lorsqu'il dit: que les héritiers doivent prouver

qu'ils sont les héritiers les plus proches et les seuls ; que si les légataires sont sujets à demander la délivrance, ils doivent en former la demande contre les héritiers à réserve, conformément à l'article 1011 du Code Civil.

Notre auteur reconnaît lui-même que la délivrance n'est requise que dans l'intérêt des héritiers, et il le sent si bien, qu'il veut astreindre les légataires à demander l'envoi en possession provisoire, après qu'ils auront obtenu la délivrance ; admettant toutefois, que la délivrance et l'envoi en possession peuvent être prononcés par le même jugement. Cet auteur veut donc mettre les légataires dans la nécessité de soutenir un procès, avant de demander l'envoi en possession ?

En matière d'absence, tout se fait dans l'intérêt de l'absent, surtout pendant les deux premières périodes. Si la loi accorde la préférence aux héritiers, c'est parce qu'elle espère qu'ils seront plus enclins à se charger de l'administration de biens qui peuvent leur appartenir un jour. Ce n'est que lorsqu'il y a lieu à l'envoi définitif, que le législateur a fait entrer pour quelque chose, dans ses combinaisons, l'intérêt des héritiers. Aussi ne sera-ce qu'alors, que le partage du patrimoine de l'absent devra être fait tout comme s'il s'agissait d'une succession. A cette époque, les ayant-cause sont intéressés à ce que leurs droits ne soient pas lésés. L'envoi en possession définitif est attributif de propriété : aussi la loi permet-elle de prendre en considération les droits respectifs de ceux qui réclament cet envoi.

415. Il est si peu vrai que tous autres que ceux qui demandent l'envoi provisoire, doivent être appelés sur cette demande, que les mesures prescrites pour la sûreté de l'administration des envoyés en possession, ne doivent être exécutées qu'avec le procureur du roi (1). Mais si la loi eût voulu consulter à cet égard d'autres intérêts, elle les eût admis à se faire représenter lors de l'emploi de ces mesures.

M. Delvincourt pense toutefois (2) que « les héritiers n'étant pas obligés de se prononcer sur l'envoi en possession, comme ils sont obligés de le faire sur l'acceptation et la répudiation d'une succession, on devra se contenter de conclure contre eux à ce qu'ils soient tenus, dans tel délai qui sera fixé, de demander l'envoi en possession et de consentir la délivrance, sinon que le jugement à intervenir vaudra délivrance, etc. »

Cette marche ne nous paraît pas non plus pra-

(1) Art. 126 et 127, Code Civil.

(2) Ibid., p. 346.

ticable, car on ne peut *conclure* que contre les parties au procès, et la nouvelle procédure n'admet presque jamais des actes extra-judiciaires. D'après notre auteur, le silence des héritiers suffira ; mais ce silence n'est-il pas aussi certain, alors qu'ils n'agissent pas lorsque le moment d'agir est arrivé ? S'ils ne sont pas en possession des biens de l'absent, à quoi bon leur en demander la délivrance ? s'ils en sont en possession, il faudra bien la demander. Mais cette demande ne sera formée, ne pourra être formée, qu'après l'envoi en possession provisoire ; car, sans cet envoi, ceux qui demanderaient la délivrance, n'auraient aucun titre pour fonder leur demande, n'auraient pas qualité pour agir.

416. Si l'envoi en possession était demandé en même temps par les héritiers présomptifs, et par un héritier testamentaire, ou par toute autre personne puisant son droit dans l'article 123, l'envoi serait-il accordé à l'héritier présomptif, seulement en réservant à l'autre demandeur, ses actions contre cet héritier ?

La Cour de Bordeaux ayant à se prononcer sur cette question, a maintenu, par son arrêt du 21 août 1813, rapporté par Sirey tome 14, deuxième partie, page 211, l'envoi en possession en faveur des héritiers, contre celui qui excipait d'un testament. Mais cette forme de procéder ne peut, ce nous semble, s'appliquer aux cas où les droits de ceux qui demandent l'envoi provisoire à l'encontre des héritiers présomptifs sont incontestables, tandis que les héritiers présomptifs ne sont pas héritiers à réserve. Décider, dans ces cas aussi, que les héritiers devront être d'abord envoyés en possession, serait admettre indirectement que ces héritiers ont seuls le droit de demander l'envoi provisoire, et faire faire des frais sans aucune nécessité. Dès que les divers héritiers sont en présence, le juge doit accorder la possession à celui de la volonté de l'homme, puisque la loi lui donne la préférence sur l'héritier de la loi.

417. Celui qui demandera l'envoi en possession provisoire, joindra encore, à sa requête, expédition du jugement de déclaration d'absence, s'il a été rendu. Le juge n'est pas obligé de se ressouvenir de ce qu'il a précédemment jugé ; il ne connaît que les actes qui sont mis sous ses yeux ; ceux qui sont dans ses greffes ne peuvent être invoqués pour baser une demande.

418. Le président commettra un juge pour faire le rapport à un jour indiqué ; et le jugement d'envoi en possession sera prononcé, après avoir entendu le procureur du roi (1).

(1) Art. 859 et 860, Code de Procédure.

§. III.

Comment sera mis à exécution le jugement qui enverra en possession provisoire ?

419. L'envoi en possession provisoire n'ayant été introduit que pour donner un administrateur aux biens de l'absent, cet envoi ne devait être qu'une sorte de dépôt.

420. La Commission avait bien aperçu et proclamé cette conséquence, mais elle n'en avait fait l'application qu'à l'envoi en possession des héritiers présomptifs.

La Section copia d'abord la même disposition; mais plus tard, sans la généraliser relativement aux personnes, elle avait étendu à tous les cas, l'obligation de rendre compte à l'absent qui se représenterait.

Le Tribunat demanda la suppression des mots *dans tous les cas*, sur le fondement que, dans le titre, on prévoyait des cas où la possession ne devait plus être un simple dépôt.

Il observait en même temps : que les conséquences attribuées, à juste titre, à l'envoi provisoire, devaient exister, quelles que fussent les personnes envoyées en possession, et pour toute possession provisoire qui aurait pour cause l'absence.

Ces considérations ont amené l'article 125, qui porte :

> La possession provisoire ne sera qu'un dépôt qui donnera à ceux qui l'obtiendront l'administration des biens de l'absent, et qui les rendra comptables envers lui en cas qu'il reparaisse ou qu'on ait de ses nouvelles.

421. Les termes de cet article embrassent tous les cas d'envoi en possession provisoire, ainsi que ceux où cet envoi est remplacé par une administration, comme nous le verrons lorsque nous nous occuperons des droits du conjoint de l'absent (1).

Ils s'appliquent aussi, non seulement à ceux qui sont envoyés en possession de tos les biens, mais encore à ceux qui n'obtiennent cet envoi que pour une universalité, ou pour un objet déterminé, dans ces biens.

422. Le Tribunat avait encore demandé, et l'article 129 ordonne que : si l'absence ne discontinue pas, après trente années à dater de l'envoi provisoire ; ou, aussitôt qu'il se sera écoulé cent ans depuis la naissance de l'absent ; il y aura lieu à l'envoi en possession définitif et à la reddition de compte, de la part de ceux qui avaient obtenu la possession provisoire.

423. Enfin, l'article 130 dispose : qu'à quelle

(1) *V.* No 541 et suiv.

époque que l'on acquière pendant la durée de la possession provisoire la preuve du moment précis du décès de l'absent déclaré, cette possession cessera et ceux qui l'avaient obtenue devront rendre compte.

424. Il est donc évident : que toute possession provisoire des biens d'un absent, soumet le possesseur à rendre compte de son administration; d'où suit que la loi a dû prendre toutes les précautions qui lui ont paru propres à garantir non seulement l'exactitude du compte à rendre dans l'intérêt de l'absent et dans celui des ayant-droits, mais encore toutes celles qui étaient utiles pour empêcher que le possesseur provisoire ne pût jamais se soustraire aux obligations résultant de ce compte.

425. La loi a plus fait; elle a voulu mettre les possesseurs provisoires à l'abri de toute répétition injuste.

C'est dans ces différentes vues : 1°. qu'elle astreint, par l'article 120, les héritiers présomptifs à l'obligation de donner caution pour la sûreté de leur administration ;

Qu'elle soumet à la même obligation, par l'article 123, tous ceux qui obtiennent l'envoi en possession provisoire, en conséquence des droits qu'ils avaient sur les biens des absents, subordonnés à la condition du décès de ces derniers ;

Que l'article 124 veut également : que l'époux qui conserve l'administration des biens de son conjoint absent, donne caution pour les choses susceptibles de restitution.

426. Qu'elle dispose, 2°, dans l'article 126, que :

> Ceux qui auront obtenu l'envoi provisoire, ou l'époux qui aura opté pour la continuation de la communauté, devront faire procéder à l'inventaire du mobilier et des titres de l'absent, en présence du procureur du Roi près le tribunal de première instance ou du juge de paix requis par ledit procureur du Roi ;
>
> Le tribunal ordonnera, s'il y a lieu, de vendre tout ou partie du mobilier; dans le cas de vente, il sera fait emploi du prix ainsi que des fruits échus;
>
> Ceux qui auront obtenu l'envoi provisoire, pourront requérir pour leur sûreté, qu'il soit procédé par un expert nommé par le tribunal, à la visite des immeubles, à l'effet d'en constater l'état; son rapport sera homologué en présence du procureur du Roi; les frais en seront pris sur les biens de l'absent.

427. Toutes ces formalités doivent être remplies avant que le jugement qui envoie en possession puisse être exécuté, soit qu'il contienne disposition formelle à cet égard, soit qu'il n'en parle pas ; car l'article dit : *Ceux qui auront obtenu l'envoi en possession provisoire, devront, etc. pourront, etc.*

La vente du mobilier peut seule être renvoyée après la prise de possession ; ce qui est sans danger, puisque l'état de ce mobilier a déjà été constaté par un inventaire.

428. Nous avons vu que l'obligation de faire faire cet inventaire était imposée à celui qui aurait obtenu l'envoi provisoire, non seulement de tout, mais encore de partie des biens.

Il ne suit pas de là, qu'il soit nécessaire de faire autant d'inventaires qu'il y a de personnes prenant part dans l'envoi en possession. Le même acte peut contenir l'énumération de ce qui est attribué à plusieurs, à tous, et chacun sera responsable de ce qu'il appréhendera.

429. Il est nécessaire d'économiser, autant que possible, les frais. C'est ce que nous ne nous lasserons pas de recommander; et c'est dans cette vue que nous proscrivons tous actes qui n'assurent pas davantage les intérêts soit des absents soit des autres individus.

Ainsi, lorsqu'il s'agit de constater l'état des immeubles, le même expert peut, doit même, être chargé de les vérifier tous; pour laquelle vérification il ne fera qu'un seul et même rapport, qui sera homologué par un seul et même jugement.

Plusieurs rapports n'ajouteraient rien aux sûretés des parties, ils ne serviraient qu'à grossir les frais qui doivent être supportés, en dernière analyse, par le patrimoine de l'absent.

430. Ceux de la visite des immeubles sont-ils

les seuls qui soient à la charge de ce patrimoine ?

La Cour de Colmar s'est prononcée pour l'affirmative, par un arrêt que cite M. Pailliet, dans ses notes sur l'article 131, quatrième édit. de son *Manuel du Droit Français*.

Cette Cour a considéré, d'après M. Pailliet : « Que la loi accorde aux envoyés en possession « provisoire, contre l'absent qui reparaît, une « portion des fruits qu'ils ont perçus, évidem- « ment pour les indemniser des frais et des dé- « penses qu'ils ont pu faire ; qu'ils ne sont donc « point recevables, en prenant cette indemnité, « à répéter les frais : ce serait de leur part, dit « l'arrêt, vouloir être payés deux fois. »

431. Remarquons d'abord que, d'après même les motifs sur lesquels la Cour de Colmar a déclaré les héritiers non recevables à réclamer les frais, il est évident qu'elle accorderait ces frais à ceux qui feraient déclarer l'absence sans avoir le droit d'obtenir l'envoi en possession.

Mais, si les frais doivent être supportés par les envoyés en possession, ceux qui les auraient faits auraient seulement le droit de les répéter contre ces envoyés, et ceux-ci les paieraient sans espoir de répétition.

Cette répétition est refusée par la Cour de Colmar, sur le fondement que les envoyés en possession *trouvent le remboursement des frais dans la portion des fruits qui leur est abandonnée.*

Mais, suffira-t-il que les envoyés en possession aient joui un instant, pour que tout espoir de répétition des frais leur soit enlevé ?

La loi ne veut pas supposer que la demande en déclaration d'absence ait été inspirée par l'intérêt seul de celui qui l'a introduite, parce qu'elle sent combien cette demande est utile à l'absent présumé, sa publicité pouvant faire parvenir à l'absent avis de ce qui se passe, et le jugement donnant du moins aux biens, un administrateur comptable.

Or, si l'on décide que les héritiers présomptifs, aussitôt qu'ils se seront mis en possession, ne pourront plus répéter les frais, souvent considérables, qu'ils auront exposés pour faire déclarer l'absence, ou bien ces héritiers ne poursuivront pas la déclaration d'absence, ou bien ils ne la poursuivront que plusieurs années après le moment où elle aurait dû être demandée, afin d'avoir une plus forte garantie contre le retour de l'absent.

432. Au surplus, laissons là tous ces raisonnements ; nous pensons que la déclaration d'absence étant dans l'intérêt de l'absent, les frais qu'elle a occasionés doivent être à la charge de son patrimoine; ce que nous croyons démontré.

Par les mêmes motifs, il en sera autrement des

frais de la prise de possession des biens ; ils seront supportés par celui qui aura demandé et obtenu cette possession, ainsi que ceux qui seraient faits pour déterminer celui de plusieurs demandeurs qui devrait être envoyé en possession. Voilà la seule charge qui peut peser sur les fruits ; car ils ne sont pas accordés, comme l'a professé la Cour de Colmar, pour dédommager l'administrateur, mais bien comme un gain qui lui est offert, afin qu'il se détermine à solliciter l'envoi en possession (1).

433. Il peut arriver que l'inventaire des meubles de l'absent déclaré fasse découvrir un testament qui transmettra les biens en des mains autres que celles qui ont obtenu l'envoi en possession.

Dans ce cas, et toutes les fois que des ayant-droits se présenteront après l'envoi en possession provisoire, si ceux qui l'ont obtenu avaient déjà fait procéder à l'inventaire, ceux qui en profiteront en dernière analyse, pour le tout ou pour partie, devront en faire faire un nouveau, dans la même forme que le premier.

Sans ce nouvel inventaire, les premiers envoyés en possession ne cesseraient pas d'être garants vis-à-vis de l'absent, parce que celui

---

(1) *V.* ce que nous avons dit à ce sujet, n°s 347, 350, 376.

qu'ils auraient pu faire avec le nouvel envoyé, n'aurait pas été confectionné en présence du procureur du Roi.

434. Le nouvel inventaire sera aux frais du dernier envoyé, s'il avait pu demander dès l'abord l'envoi en possession. Dans le cas contraire, les frais en seront supportés, ou par le premier, ou par le dernier envoyé, suivant que le récollement des meubles annoncera l'exactitude, ou la négligence, l'impéritie, etc., du premier envoyé.

435. Quant aux immeubles, une nouvelle visite n'en sera faite que si le nouvel envoyé la sollicite. Elle sera à ses frais si les immeubles sont reconnus être dans l'état où ils étaient lors de la première. S'ils ont été dégradés, leur vérification nouvelle sera aux frais des premiers envoyés.

436. Le nouvel envoyé devra rembourser au premier les frais de la déclaration d'absence et d'envoi en possession provisoire; ce remboursement est une dette du patrimoine de l'absent.

437. Enfin le nouvel envoyé devra faire rendre compte au premier, et restituer toutes les impenses, que le premier a droit de répéter, sur le patrimoine de l'absent. Comme il va assumer sur sa tête la responsabilité, non seulement de sa gestion, mais encore de celle du premier envoyé, c'est

à lui à exiger que le compte soit rendu de manière à ne léser en rien les droits de l'absent.

438. La loi charge le procureur du Roi de veiller à ce que l'inventaire et l'expertise des immeubles soient faits avec exactitude ; elle établit, pour ces actes, le procureur du Roi *le contradicteur* de l'envoyé en possession provisoire.

439. L'inventaire devra être fait dans la forme prescrite pour les inventaires après décès, puisque la déclaration d'absence est une sorte d'acte mortuaire. Et il est si vrai que la déclaration d'absence a ce caractère, que la loi du 28 avril 1816 a astreint tous envoyés en possession, à faire, dans les six mois du jour de l'envoi, la déclaration à laquelle ils seraient tenus, s'ils étaient appelés par l'effet de la mort, et à acquitter les droits, sur la valeur entière des biens ou droits qu'ils recueillent.

440. La Commission avait proposé de faire faire l'inventaire en présence du procureur du Roi; mais elle ne donnait pas à ce magistrat le droit de se faire suppléer.

Cependant, le procureur du Roi, chargé de veiller à l'intérêt public, et à tant d'intérêts privés, pourrait être empêché de suivre lui-même la confection de l'inventaire, soit à cause d'autres occupations, soit parce que, s'il se déplace, son absence peut avoir des suites funestes:

il va toutefois sans dire que le mot procureur du Roi embrasse les substituts.

441. D'après ces motifs, la Cour d'Appel de Poitiers proposait de faire remplir le ministère de la partie publique par le juge-de-paix, ou par un membre de la municipalité.

Mais, faire intervenir la municipalité, c'était blesser les principes sur la distribution des pouvoirs.

Les agents de l'administration ne doivent pas être chargés de fonctions propres à l'autorité judiciaire.

Constituer, pour ce cas, le juge-de-paix directement partie publique, c'eût été diviser le ministère public; car, avant et après l'inventaire, le procureur du Roi eût agi pour l'intérêt de l'absent. On eût, peut-être aussi, déposé cet intérêt entre des mains trop faibles.

Les Cours d'Appel de Liége et de Nancy firent une autre proposition : elles demandèrent, non pas que le procureur du Roi fût écarté, mais que, pour éviter des frais, il pût se faire remplacer par le juge-de-paix ou par le maire.

La Section, et, après elle, le Conseil d'Etat accordèrent au procureur du Roi la faculté de se faire remplacer par un juge-de-paix (1).

---

(1) *V.* Locré, ibid., p. 447 et suiv.

442. Le procureur du Roi est le maître de requérir tel juge - de - paix qu'il lui plaira de choisir.

L'on témoigna au Conseil d'Etat quelques craintes sur cette liberté illimitée.

« Il est naturel, avait-on dit (1), que la loi elle-même commette invariablement le juge-de-paix du domicile, et ne laisse pas à l'arbitraire du procureur du Roi un choix qui pourrait être frauduleux.

« Il fut répondu par le rapporteur : que la Section n'avait proposé de faire commettre le juge-de-paix par le procureur du Roi, que pour multiplier les précautions qui doivent assurer la conservation des biens de l'absent. Le procureur du Roi est le défenseur né des absents. Il présente plus de garantie qu'un simple juge-de-paix. S'il ne peut se déplacer, il est naturel qu'il se fasse remplacer par le juge-de-paix dans lequel il a le plus de confiance. »

443. La rédaction adoptée d'abord disait : que le procureur du Roi, pour se faire remplacer, *commettrait* un juge-de-paix.

Sur ce qu'observa le Tribunat, que le procureur du Roi ne pouvait commettre que ses subordonnés, et qu'il adressait des réquisitions aux juges, il fut dit qu'il *requerrait* le juge-de-paix.

(1) Locré, Ibid., p. 449.

444. Il va sans dire que, dans cette circonstance, le juge ne peut se dispenser d'obtempérer à la réquisition, à moins qu'il ne soit dans un des cas où tout juge peut s'abstenir, ou bien s'il est physiquement empêché. Ces circonstances se rencontreront certainement fort rarement, parce que le procureur du Roi prendra ses informations avant de faire sa réquisition. S'il avait été mal informé, le juge-de-paix requis s'empressera de lui faire parvenir sa réclamation; et, s'il la trouve juste, il y obtempérera. Il pourra même y avoir égard, quoiqu'il la soupçonne peu fondée, attendu qu'elle annoncera tout au moins, dans le juge, de la mauvaise volonté.

445. Le pouvoir du procureur du Roi s'étend ici à tous les juges-de-paix, et il peut en déléguer un seul pour assister à toutes les portions de l'inventaire, quoique l'inventaire doive être continué dans plusieurs lieux. Il consultera, à cet égard, ce qu'exige l'intérêt de l'absent, combiné avec ce que prescrit l'économie.

446. Après avoir pourvu à la confection de l'inventaire, le législateur dut examiner si tout le mobilier de l'absent serait conservé ou vendu.

La Commission avait proposé que la loi commandât de le vendre tout, *à moins qu'il ne fût trop modique.*

La Cour d'Appel de Paris observa que « le mobilier peut être considérable, et néanmoins intéressant à conserver, comme : s'il s'agit d'une bibliothèque précieuse, d'une collection rare d'antiquités ou d'histoire naturelle, que l'absent se sera peut-être formée avec beaucoup de peines et de dépenses, et dont il serait injuste de le dépouiller par provision dans l'incertitude où l'on est de son retour. »

L'intérêt de l'absent étant la seule base des dispositions relatives à ses biens, il fut arrêté au Conseil d'Etat, que le juge aurait la faculté d'ordonner ou de ne pas ordonner cette vente; de faire vendre le tout, ou seulement une partie du mobilier.

447. Le Tribunat avait proposé de permettre à l'époux présent de former opposition à cette vente.

« On observa au Conseil d'Etat, dit M. Locré (1); que, d'après l'article, le tribunal se croirait autorisé à faire vendre les meubles d'un absent, malgré cette opposition; qu'il pourrait donc ordonner la vente des magasins d'un négociant, quoiqu'il fût avantageux à la femme de continuer le commerce. Cette disposition, dangereuse en soi, disait-on, se concilie mal, d'ailleurs, avec celle qui attribue l'administration des biens à l'époux présent. La confiance que

---

(1) Ibid., p. 457 et 454.

la loi lui accorde ne permet pas de donner aux tribunaux la latitude de pouvoir que leur suppose cet article. »

Nous verrons plus bas ce que c'est que cette administration attribuée à l'époux ; rappelons seulement ici qu'on répondit : que la disposition attaquée était dans l'intérêt de l'absent, et que le tribunal devait avoir le pouvoir de statuer suivant l'exigeance des cas.

« Quelquefois, dit-on (1), la vente des meubles est nécessaire pour prévenir le dépérissement ; il serait donc imprudent, dans ce cas, d'avoir égard à l'obstination de la femme.

« Au surplus, ajouta-t-on en finissant, ses intérêts ne seront pas sacrifiés ; car le réquisitoire du procureur du Roi ne devient pas, pour le tribunal une règle inflexible ; il ne dispense pas les juges d'examiner si l'utilité des deux époux exige la mesure que le ministère public propose. Ainsi, dans le cas d'opposition de la part de l'époux présent, il s'engagerait un contestation sur laquelle le tribunal serait obligé de prononcer, après avoir balancé tous les intérêts, sans toutefois oublier que celui de l'absent est le plus précieux. »

448. Non seulement l'époux, mais tout en-

(1) Locré, ibid.

voyé en possession pourra présenter aux juges les observations qu'il jugera à propos, sur la demande de vente des meubles, ou former opposition à l'ordonnance de vente; car, par exemple, si l'envoi en possession est accordé à des descendants, à des ascendants, les besoins de ces personnes, leurs habitudes devront entrer en considération. Le législateur ne peut avoir entendu vouloir enlever aux proches parents de l'absent les objets qui avaient été jusque-là à leur usage, et dont ils ne peuvent se passer; ni même ceux qui leur sont pour ainsi dire indispensables pour l'exercice de leur profession, ou pour les habitudes de leur éducation.

449. La Cour d'Appel de Paris avait demandé que les meubles de l'absent fussent vendus en la forme prescrite pour la vente de ceux des mineurs.

» Cette fixation trop précise des formes, dit M. Locré (1), pouvait compromettre l'intérêt de l'absent. S'il s'agissait, par exemple, d'une imprimerie, d'une manufacture, un marché de gré-à-gré pouvait être plus avantageux à l'absent qu'une forme de vendre qui, obligeant de décomposer l'établissement, exposait à retirer moins de profit de la vente des objets séparés. »

---

(1) Ibid., p. 455.

En dernière analyse, la loi n'a prescrit aucune forme pour la vente du mobilier; le juge a donc toute latitude pour tracer celle qui garantira le mieux les intérêts de l'absent.

450. Dans le cas de vente, il doit être fait emploi du prix.

451. Il doit être fait aussi emploi des fruits échus, c'est-à-dire de tous les fermages, revenus ou intérêts perçus ou dus au jour de l'envoi en possession; parce que tous ces objets, quelle que soit leur quotité, forment des capitaux qui doivent être placés au profit de l'absent déclaré.

Le Code ne prescrit ni le mode, ni la nature de l'emploi; tout cela est livré à l'arbitrage des possesseurs provisoires, qui ont donné caution pour la sûreté du remboursement, et qui sont par conséquent intéressés à bien colloquer ces capitaux.

452. Les possesseurs provisoires, obligés de faire emploi, devront rendre compte des intérêts, du jour où le placement aura dû être fait. Si le placement n'a pas eu lieu, les possesseurs provisoires sont censés avoir employé les capitaux pour leurs propres affaires.

453. S'ils étaient eux-mêmes débiteurs de l'absent, alors même que les sommes auraient été prêtées sans intérêts, ils en devraient, ou du jour où ils ont été envoyés en possession,

lorsque les sommes étaient alors échues, ou du jour de l'échéance : c'est ce que décide la loi 6 ff. *de Neg. Gest.*, et cette loi est dictée par l'équité même (1).

454. Par la même raison, les envoyés en possession ne pourront opposer à l'absent déclaré, ni à son hérédité, aucune espèce de prescription acquise depuis l'envoi, si le droit auquel elle se rattache dépendait des biens dont ils auraient obtenu la possession provisoire. Du moment de l'envoi, cette prescription semble avoir été interrompue, puisque l'envoyé a dû, d'après les obligations qui résultent pour lui de sa qualité d'administrateur, faire cesser cette prescription. Mais du moins, ne pourra-t-elle continuer à courir tant que durera l'administration.

C'est encore ce que décide implicitement la loi 8, au même titre du Digeste (2).

455. Les mesures dont nous venons de parler sont destinées à garantir l'absent de toute perte. La visite des immeubles, par un expert, est autant dans l'intérêt de l'envoyé en possession provisoire, que dans celui de l'absent. Elle a pour but principal de mettre le possesseur provisoire à l'abri de toute réclamation à laquelle il n'eût pas dû s'attendre. La possession provi-

---

(1) Delvincourt, ibid., p. 359.

(2) Delvincourt, ibid.

soire, ne commençant que cinq années, au moins, après la disparition, les immeubles de l'absent auront certainement plus ou moins souffert, pendant cet intervalle. Lorsque l'absent revient, il ne sait pas dans quel état étaient ses biens lors de l'envoi en possession, il voudra qu'ils lui soient remis à peu près tels qu'il les avait laissés. Si l'envoyé en possession les a reçus sans réclamation, on en induira qu'ils étaient en bon état; il lui importe donc de les faire vérifier.

456. Nous pensons même que leur vérification peut être demandée par la caution, qui est intéressée à asseoir les suites de son cautionnement sur les bases les plus fixes possible.

457. En faisant supporter les frais de l'expertise par le patrimoine de l'absent, la loi a fait tout ce qui était en elle pour engager le possesseur provisoire à y faire procéder ; et elle s'est assurée que le rapport ne serait pas rédigé au préjudice de l'absent, en ordonnant qu'il ne devrait être homologué, par le tribunal, qu'après avoir entendu le procureur du Roi.

458. Aussitôt que l'envoyé en possession a rempli toutes les formalités que nous venons d'indiquer, il peut, en vertu du jugement qui lui accorde la possession, forcer tous ceux qui détiennent les biens dont la possession lui a été adjugée, à les lui abandonner.

Et ces possesseurs ne pourraient se refuser à cet abandon, en soutenant que les envoyés en possession ne sont pas les héritiers les plus proches, ou ont agi en vertu d'un titre nul ou vicieux. Ils ne seront admis à ce refus, qu'en demandant, s'ils en ont le droit, à profiter eux-mêmes du jugement d'envoi en possession; parce qu'il faut que ce jugement sorte à effet, et que les biens de l'absent soient remis à un administrateur comptable. S'ils n'avaient aucun droit à l'envoi, ils ne pourront contester celui des envoyés, parce qu'ils n'auront pas qualité pour attaquer le jugement qui a envoyé en possession.

Si l'on se prétend héritier plus proche, on ne peut éloigner l'héritier inférieur qu'en offrant de se mettre à sa place. Il n'y a pas ici de délai pour délibérer sur la qualité que l'on prendra. Les biens de l'absent sont ou délaissés, ou en danger d'être dilapidés; la loi veut absolument les mettre plus tôt que plus tard sous la main d'administrateurs responsables. En vain, quelqu'un se prétendrait seul héritier, s'il ne demande pas en même temps la possession provisoire, il doit être éconduit, et faire place à ceux qui l'ont demandée.

459. Il est toutefois deux cas où l'envoyé en possession provisoire ne pourra pas obtenir la délivrance des biens:

Le premier, est celui où il existerait une procuration. Dans ce cas, comme nous l'avons dit au chapitre premier, la prise de possession sera retardée jusques à l'expiration de dix années d'absence.

Le second, est celui où l'époux présent a le droit de retenir pour lui la possession provisoire. Nous expliquerons plus bas quand ce droit existe et comment il peut être exercé (1).

460. Nous avons dit comment peut être amené l'envoi en possession, la prise de possession, pour les envoyés en possession provisoire, passons aux conséquences de l'envoi provisoire.

QUATRIÈME SECTION.

Des conséquences de l'envoi provisoire.

461. L'envoi en possession provisoire des biens d'un absent a des conséquences 1°, par rapport à l'absent déclaré; 2°. par rapport à son conjoint présent; 3°, par rapport à ses enfants. Ce sera le sujet d'autant de paragraphes, dans lesquels nous dirons aussi les droits et les devoirs des envoyés en possession.

§. Ier.

Des conséquences de l'envoi en possession provisoire, par rapport à l'absent déclaré.

462. L'envoi en possession provisoire dépouille, en quelque sorte, l'absent déclaré, de

(1) *V.* n° 541 et suivans.

la jouissance actuelle de ses biens. Cette jouissance passe dans les mains des possesseurs provisoires, qui en sont investis d'après les mêmes proportions que si l'absent déclaré était décédé.

463. Mais cette jouissance n'est qualifiée, par la loi, que de dépôt.

Rappelons toutefois que ce mot, *dépôt*, n'est pas employé ici dans le sens qui lui est attribué par le Code au titre *du dépôt*, mais seulement pour faire sentir que le possesseur provisoire n'est pas propriétaire.

464. La loi ne permet l'envoi en possession provisoire des biens d'un absent déclaré, que parce qu'elle considère la déclaration d'absence comme une sorte d'acte mortuaire, et les biens comme une succession anticipée; sans que cependant elle admette nullement la présomption de mort.

Mais tout cela n'est qu'une fiction: car le législateur espère toujours que l'absent reviendra, ou que l'on acquerra la preuve de son existence ou de son décès.

En conséquence: pendant tout le temps qu'il est possible, sans trop nuire à l'intérêt public, de conserver le patrimoine de l'absent dans son intégralité, celui qui en appréhendra la possession ne sera qu'un administrateur comptable.

465. Pour bien expliquer les règles de cette administration, nous dirons quels droits et quels

devoirs découlent de l'envoi en possession provisoire : 1°, relativement au mobilier; 2°, relativement aux immeubles; 3°, relativement aux fruits; 4°, relativement aux actions qui compéteraient à l'absent déclaré, soit en demandant, soit en défendant.

N° Ier.

Des droits et des devoirs résultant de l'envoi en possession provisoire, quant aux effets mobiliers.

466. Nous avons vu, dans le dernier paragraphe de la section précédente que, parmi les précautions prises par le législateur, pour assurer les droits de l'absent déclaré, était celle de la faculté accordée au juge d'ordonner la vente du mobilier de l'absent déclaré.

Nous avons vu aussi, au même paragraphe, que l'envoyé en possession devait faire emploi du prix du mobilier vendu et de tous les fruits et revenus échus au moment de sa prise de possession, aussitôt que les sommes provenant de ces deux sources lui auraient été comptées.

467. Quant aux effets mobiliers qui lui seront remis en nature, il faut les diviser en plusieurs classes.

468. *Première.* S'agit-il de *meubles meublans;* ils deviennent la propriété du possesseur provisoire, en ce sens, qu'il peut ne représenter que leur valeur.

Cependant le possesseur ne serait pas obligé de rendre le prix des meubles qui auraient péri par cas fortuit ou force majeure.

469. *Seconde.* Si ce sont *des objets de luxe ou d'art,* comme des bijoux, de l'argenterie, des albâtres, des porcelaines, des statues, une bibliothèque, une collection de tableaux, de médailles, etc., il doit veiller à leur conservation en bon père de famille, et il a le droit de réclamer les dépenses qu'il a dû faire pour les conserver.

470. *Troisième.* S'agit-il *d'un fonds de commerce;* la vente n'en a pas été ordonnée, ou parce que l'absent déclaré avait quelque associé, ou dans l'intérêt de ses enfants et descendants, ou dans celui de son époux.

Dans le premier cas, l'envoyé en possession provisoire doit continuer la société jusques à son terme, si les co-associés y consentent; agir de bonne foi; et, à la dissolution de la société, il deviendra débiteur, envers l'absent, des profits, ou créancier des pertes qui seront reconnus par les comptes définitifs.

Car nous ne pensons pas que l'envoyé en possession puisse jamais se mettre, dans cette société, au lieu et place de l'absent déclaré. Il ne pourra le faire, qu'en continuant la société à l'échéance du terme pour lequel l'absent déclaré l'avait contractée ; elle ne peut être au surplus continuée sur la tête de l'absent.

Les profits, s'il y en a de postérieurs à l'envoi en possession, seront considérés comme des fruits, le possesseur provisoire aura sur ces profits, les mêmes droits que sur tous ceux provenant des autres biens.

Dans les autres cas, les enfants et l'époux peuvent bien continuer le commerce, mais nous pensons que le bilan doit en être établi avant la prise de possession, et les possesseurs provisoires devront rendre à l'absent le fonds de commerce tel qu'il aura été constaté par le bilan. On ne peut livrer les intérêts de l'absent à la merci des possesseurs provisoires. Ceux-ci ont le droit de faire leurs, tous les profits qu'ils ne devront qu'à leur industrie, en tenant compte à l'absent des intérêts de ses capitaux.

Cette manière de procéder assure les intérêts de tous.

471. *Quatrième.* S'il s'agit *d'une manufacture*, *d'une mine*, le possesseur provisoire doit l'exploiter en bon père de famille ; il devra la rendre, et quant aux objets à manufacturer, et quant à son agencement, dans l'état et valeur qui auront été constatés par l'inventaire.

472. *Cinquième.* Si ce sont *des rentes*, *des créances*, *des sommes d'argent*, le possesseur est, en vertu de l'inventaire, chargé en recette du

montant de tous ces objets. Il en a la pleine et entière disposition ; il peut les céder, les transporter, les donner en paiement à ses propres créanciers, les dissiper. A l'expiration de la possession provisoire, il devra compte de leur montant avec les intérêts.

Si cependant quelques-uns de ces objets avaient péri sans la faute du possesseur provisoire, et alors qu'il aurait fait tout ce qui dépendait de lui pour les conserver, il n'en serait plus comptable.

C'est d'après ces principes que la Cour Royale de Paris, par arrêt du 27 avril 1814, a jugé : que le possesseur provisoire avait pu déléguer, à ses propres créanciers, le prix d'un immeuble qui appartenait en partie à l'absent, et vendu par licitation avant la déclaration d'absence (1).

M. Pailliet, qui cite cet arrêt dans ses notes sur l'article 126 (2), en conclut que le possesseur provisoire a le droit de vendre les meubles de l'absent, parce que l'expression *dépôt*, qui se trouve dans l'article 126 ne peut être prise à la lettre, mais doit seulement être entendue en ce sens, qu'elle signifie que le possesseur provisoire n'est pas propriétaire. La loi lui interdit la

---

(1) *V*. Sirey, t. 14, p. 355.

(2) Manuel de droit français, 4e édit.

faculté de vendre les immeubles, mais cette défense est une exception, et toute exception doit être renfermée dans ses limites.

473 Si le patrimoine de l'absent est grevé de quelques dettes, elles sont supportées par ceux qui s'en divisent la possession provisoire, d'après les règles sur la division des dettes d'une succession.

N° II.

Des droits et des devoirs du possesseur provisoire, par rapport aux immeubles de l'absent déclaré.

474. L'envoi en possession, n'étant qu'une sorte de *dépôt*, ne pouvait donner le droit, ni d'aliéner, ni d'hypothéquer les immeubles de l'absent déclaré.

475. L'administration de l'envoyé en possession, relativement aux immeubles, est soumise aux mêmes règles que celle des tuteurs, pour les immeubles de leurs pupilles.

476. La Commission n'avait défendu l'aliénation des immeubles qu'aux héritiers présomptifs; sans doute parce que, dans son système, ils étaient les seuls administrateurs généraux. Les légataires, les donataires, et tous ceux dont les droits sont subordonnés à la condition de la mort de l'absent, n'étaient pas compris dans cette défense.

La Cour de Cassation observa que, puisque

l'on proposait de soumettre les donataires, les légataires, etc., à l'obligation de donner caution pour la restitution des choses mobiliaires qui leur seraient délivrées, ces mêmes individus devaient, par la même raison, ne pas pouvoir aliéner, ni hypothéquer les immeubles, dont ils obtiendraient la possession provisoire.

Cette Cour proposait, toutefois, de ne donner le droit de faire casser les ventes, annuller les hypothèques, qu'à l'absent seul.

La première observation se trouve résolue par l'article 128, qui porte :

> Tous ceux qui ne jouiront qu'en vertu de l'envoi provisoire, ne pourront aliéner ni hypothéquer les immeubles de l'absent.

La seconde n'est rappelée ni implicitement ni explicitement dans aucune disposition. Mais, dit M. Locré : « La prohibition, étant relative à l'intérêt de l'absent, de droit commun, elle ne peut être invoquée que par celui en faveur de qui elle est établie, ou par ses représentans (1) ».

477. Si un immeuble de l'absent dépérissait, qu'il fût trop onéreux pour l'absent déclaré de le conserver, l'administrateur provisoire serait certainement admis à demander qu'il fût vendu.

---

(1) Ibid., p. 462.

Cette demande devrait être introduite, instruite et jugée, comme s'il s'agissait de faire ordonner la vente d'immeubles de mineurs. Cette vente devrait être faite aussi comme celle des immeubles de mineurs.

478. Les envoyés en possession ont encore, comme le tuteur, le droit de demander qu'un immeuble soit vendu pour payer les dettes de l'absent. La nécessité de cette vente sera établie, et la vente aura lieu, dans les mêmes formes qu'en matière de tutelle. Souvent les envoyés n'auront pas les capitaux nécessaires pour acquitter ces dettes ; et quand même ils en auraient, ils ne sont pas tenus de les y employer.

479. En dernière analyse, le devoir de l'administrateur provisoire, est de conserver les immeubles de l'absent déclaré. Il doit les administrer en bon père de famille, et les maintenir, au moins, dans l'état dans lequel il les a reçus.

N° III.

Des droits et des devoirs du possesseur provisoire, relativement aux revenus.

480. Le possesseur provisoire a droit à une partie des revenus, et même, en dernière analyse, à tout, comme nous l'avons déjà annoncé en donnant les motifs de cette disposi-

tion. Ce droit est consacré par l'article 127, ainsi conçu :

Ceux qui, par suite de l'envoi provisoire, ou de l'administration légale, auront joui des biens de l'absent, ne seront tenus de lui rendre que le cinquième des revenus s'il reparaît avant quinze ans révolus depuis le jour de sa disparition, et le dixième s'il ne reparaît qu'après les quinze ans. Après trente ans d'absence, la totalité des revenus leur appartiendra.

481. Il résulte de cet article : que le possesseur provisoire est une sorte d'usufruitier, et qu'il est par conséquent soumis aux devoirs de tout usufruitier, lesquels sont retracés dans la section 2 du chap. 1er du titre 3 du livre 2 du Code Civil ; tout cela sauf les exceptions qui découlent de la nature de l'administration (1) du possesseur provisoire, comparée avec les droits de l'usufruitier ordinaire.

Nous estimons, par exemple, que le possesseur provisoire n'est pas tenu des mêmes obligations que l'usufruitier, relativement aux dettes de l'absent déclaré.

Si l'usufruitier proprement dit contribue au paiement de ces dettes, c'est parce que l'usufruit lui est advenu d'une manière gratuite ; le possesseur provisoire, au contraire, ne reçoit pas les revenus qui lui sont abandonnés à titre

(1) Delvincourt, ibid., p. 552.

de don, mais bien comme le dédommagement des soins qu'il se donne pour la conservation du patrimoine de l'absent déclaré.

482. L'époque où finissait autrefois l'obligation de restituer à l'absent ces revenus, dans le cas de son retour, était différente presque dans chaque juridiction; mais, partout, la restitution cessait à l'époque marquée, d'une manière absolue; tellement que, si l'absent ne revenait qu'après cette époque, il pouvait se trouver, avec une fortune considérable, privé des ressources qui lui étaient peut-être le plus nécessaires, au moment de son arrivée. La Commission avait adopté le principe de cette jurisprudence, et elle avait fixé à dix ans le terme après lequel il n'y aurait plus lieu à rendre aucun fruit.

« Ce système était vicieux, les sentiments de l'humanité le repoussent (1). Comment concilier, avec les idées de justice et de propriété, la position d'un absent qui voit ses héritiers présomptifs enrichis de ses revenus pendant une longue suite d'années, et qui ne peut rien exiger d'eux, pour satisfaire aux besoins multipliés que son dénuement peut amener?

---

(1) Bigot-Préameneu, Exposé des motifs; Procès-Verbaux, t. 2, p. 482 et 483.

« Et d'ailleurs, la jouissance entière des revenus, au profit des héritiers, est en opposition avec leur titre, qui n'est que celui de dépositaire. Que l'on leur abandonne donc une portion des revenus, pour les engager à se charger de l'administration; que cette portion soit plus ou moins forte, suivant la longueur de l'absence; mais que l'absent, s'il revient, puisse se présenter à ses héritiers, comme propriétaire, ayant droit à une portion des revenus dont ils ont joui. »

483. Plusieurs Cours s'étaient élevées contre le système de la Commission. Les unes le repoussaient en entier; elles ne voulaient allouer aux possesseurs provisoires que les frais d'administration. Les autres pensaient que, du moins, la réception des nouvelles, dans les dix ans, devait amener la restitution des fruits en faveur de l'absent. D'autres, enfin, proposaient d'accorder à l'absent, qui reparaissait, le droit de réclamer, à titre de secours, une portion considérable de ses revenus.

La Section modifia la proposition de la Commission, en ce qu'elle voulait permettre aux tribunaux d'accorder à l'absent, s'il reparaissait après dix ans, une somme convenable pour subvenir à ses besoins.

Le Conseil d'Etat avait adopté cette proposition, en fixant toutefois, à quinze ans, l'époque à laquelle le possesseur provisoire serait dispensé de restituer les revenus.

Le Tribunat observa : qu'en donnant, au retour de l'absent, avant quinze ans, l'effet de lui faire recouvrer la totalité des revenus, et en lui faisant perdre tous ces revenus si le retour était postérieur aux quinze années, les envoyés en possession n'étaient pas suffisamment favorisés dans le premier cas, et l'absent était trop maltraité dans le second.

Il proposait, en conséquence, d'obliger à la restitution des trois quarts des revenus, avant quinze ans; à celle de la moitié, jusqu'à trente ans; ne dispensant de toute restitution qu'après cette dernière époque.

C'est le système qui a été adopté, à quelques modifications près.

484. Mais l'absent qui ne reparaîtra qu'après trente ans, n'aura-t-il plus droit à aucune portion de ses revenus? C'est ce qui résulte des termes de la loi, quoique M. Locré insinue le contraire (1).

485. Ce même auteur dit : qu'il a été demandé, dans le cours de la discussion (2), si l'héritier qui n'aura pas partagé la jouissance que donne l'envoi en possession, pourra, après quinze ans,

(1) *V.* ibid., p. 460.

(2) Ibid.

en réclamer sa part. L'article, disait-on, est limitatif et paraît l'exclure.

« On a répondu, continue notre auteur, que dès que la loi appelle, à la jouissance provisoire, tous les héritiers, celui qui y aurait eu droit, et qui ne l'aurait pas obtenue pour sa portion, pourrait toujours en demander compte à ceux qui auraient appréhendé le tout. »

La question rappelée par M. Locré, et la solution qu'il lui attribue, méritent d'être expliquées.

A-t-on voulu demander : si l'héritier qui, ayant droit à l'envoi en possession, en tout ou en partie, n'aurait pas exercé ce droit, tandis qu'un autre aurait été envoyé en possession, pourrait élever sa prétention après l'envoi prononcé, et exiger en même temps le compte de la portion des fruits qu'il aurait gagnée, s'il eût exercé son droit lorsqu'il le pouvait ?

La question posée ainsi, nous pensons qu'elle eût été résolue négativement.

La demande d'envoi en possession provisoire constitue plutôt une faculté qu'un droit dans l'acception technique des termes. Le législateur savait combien il était important pour l'absent, que cette faculté fût exercée; afin d'y engager, il y a attaché quelques avantages.

Comment celui qui n'aurait pas voulu profiter de cette faculté, aurait-il le droit, en formant sa demande plus tard, de venir ravir à celui qui a conservé les biens de l'absent, la récompense que la loi lui a promise pour ce service ?

Mais, la manière dont la réponse est conçue, nous dit que la question n'a pas dû être posée dans l'hypothèse que nous venons de faire.

On a répondu que l'héritier qui y aurait eu droit, et qui ne l'aurait pas obtenue pour sa portion, pourrait toujours demander compte de la jouissance.

Ces mots : *et qui ne l'aurait pas obtenue*, nous disent : que l'on avait seulement entendu décider que : plusieurs individus s'étant présentés pour obtenir l'envoi provisoire, et quelques-uns ayant été repoussés par les autres, et déclarés d'abord non recevables par le juge ; s'ils obtenaient enfin l'envoi provisoire de tout ou de partie des biens, ils auraient le droit de demander compte des fruits perçus par ceux qui les avaient éconduits.

A la différence de l'hypothèse présentée par M. Locré, la réponse dans celle-ci a dû être affirmative, puisqu'il n'avait pas tenu aux demandeurs de se charger de l'administration, et, qu'en règle générale, les intérêts et la restitution des fruits, sont dus du jour de la demande.

M. Delvincourt pense aussi (1) : que le co-hé-

(1) Ibid., p. 352.

ritier, qui n'avait pas demandé l'envoi provisoire, ne peut réclamer sa part dans les jouissances.

486. L'article 127 ne donne-t-il qu'à l'absent lui-même, le droit de réclamer les revenus réservés ?

Cet article ne peut être entendu ainsi. La disposition du 130me prouve, que les revenus réservés accroissent le patrimoine de l'absent ; puisque, lorsque les possesseurs provisoires sont obligés de restituer, parce qu'on a acquis la preuve de l'époque du décès de l'absent, ils ne peuvent retenir que la portion des revenus par eux acquise en vertu de notre article.

Disons donc que les revenus qui ne sont pas cédés aux possesseurs provisoires, doivent être rendus, avec le patrimoine, soit à l'absent lui-même, soit à ses ayant-droits, soit à ses héritiers, mais toujours conformément à l'article 127.

487. Pour fixer les différentes graduations de l'abandon des revenus, la loi ne part pas de l'envoi en possession, elle fixe le point du départ, *à la disparition*.

Mais ces mots doivent-ils s'entendre de telle sorte, qu'il faudrait compter du jour de l'éloignement du domicile, alors même que l'on aurait eu long-temps après des nouvelles ?

Cette prétention serait insoutenable. Par ces mots : depuis le jour de sa *disparition*, la loi indique le moment où commence l'absence; et elle ne commence qu'à dater des dernières nouvelles, lorsque l'absent en a donné, ou lorsqu'on en a reçu après sa disparition; l'absence ne commence au jour de l'éloignement, que lorsque l'on n'a eu depuis ce jour aucune nouvelle de l'absent.

488. Les termes de l'article 127 disent sans doute bien clairement que, pour calculer la quotité des revenus abandonnés au possesseur provisoire, on devra partir du jour où l'absence a commencé. Mais a-t-il été dans l'intention du législateur de vouloir que, si la possession provisoire n'est demandée que trente ans après la disparition, le possesseur fît tous les fruits siens, à son entrée en jouissance?

Pourquoi les fruits sont-ils abandonnés au possesseur? Afin qu'il soit récompensé de ses soins, et afin qu'il ne soit pas effrayé par l'obligation de restituer des revenus accumulés. Mais devait-on traiter plus favorablement l'héritier qui aura laissé plus long-temps à l'abandon les biens de l'absent?

M. Delvincourt pense, ainsi que nous, que (1) la lettre de la loi est, ici, entièrement contraire à l'intention du législateur consignée dans ses

(1) Ibid., p. 354.

motifs, et il est révolté de ce que, d'après cette lettre, le possesseur provisoire pourra quelquefois retenir tous les fruits aussitôt après l'envoi en possession. Il reconnaît toutefois que cette lettre est formelle. Faisons donc des vœux pour que la jurisprudence mette la lettre de la loi en harmonie avec ses motifs; et si elle ne le peut pas, appelons une disposition législative à cet égard.

N° IV.

Des droits et des devoirs de l'envoyé en possession, relativement aux actions qui compéteraient à l'absent déclaré, soit en demandant, soit en défendant.

489. On dit que l'héritier est la continuation de la personne du défunt. On peut en dire autant de l'envoyé en possession provisoire, vis-à-vis de l'absent déclaré.

490. C'est sur ce principe qu'est basé l'article 134, ainsi conçu :

> Après le jugement de déclaration d'absence, toute personne qui aurait des droits à exercer contre l'absent, ne pourra les poursuivre que contre ceux qui auront été envoyés en possession des biens, ou qui en auront l'administration légale.

Ce principe ne reçoit d'autre modification que celles qui découlent de la nature du titre en vertu duquel le possesseur provisoire est à la place de l'absent déclaré.

491. Pour mieux apprécier ces modifications, distinguons les actions mobiliaires et les actions immobiliaires.

PREMIÈRE SUBDIVISION.

Des actions mobiliaires.

492. Le possessenr provisoire, ayant la libre disposition du mobilier de l'absent déclaré, a, par voie de conséquence, le droit d'exercer toutes ses actions mobiliaires et de défendre à toutes celles qui seraient dirigées contre lui, comme le représentant.

493. Nous ne pensons cependant pas qu'il puisse transiger sur ces actions, autrement que d'après les règles tracées pour les tuteurs.

La libre disposition des biens-meubles ne peut nuire à l'absent déclaré, qui trouve dans l'inventaire et dans le cautionnement une garantie suffisante. Il n'en serait pas de même des transactions sur les droits mobiliers, dont l'importance ne sera pas le plus souvent reconnue.

L'action étant débattue en justice, le ministère public, chargé spécialement de veiller pour les absents présumés, ne doit certainement pas les abandonner, quoique leur absence soit déclarée. La loi lui prescrit nommément de prendre communication de toutes les causes *où l'une des parties est défendue par un curateur* (1). Or, le possesseur provisoire, vis-à-vis de l'absent déclaré, n'est-il pas un curateur ? Ainsi donc, lorsque les droits de l'absent seront examinés par le juge, ils ne pourront être sacrifiés, et le jugement qui interviendra les consacrera d'une manière fixe et précise.

Si, au contraire, le possesseur provisoire avait pouvoir de transiger, on pourrait craindre qu'il ne sacrifiât une partie des droits de celui qu'il représente, pour obtenir un avantage actuel. Il pourrait même arriver que la fraude présidât à la transaction au point, que les reprises de l'absent déclaré seraient abandonnées en tout ou en partie.

494. Quant aux frais des procès qu'intentera ou soutiendra le possesseur provisoire, ils ne seront à sa charge que lorsqu'ils concerneront taxativement sa jouissance, par argument de l'article 613 du Code Civil, au titre de l'usufruit. Nous expliquerons du reste plus au long, au chapitre 4, dans quelle forme le possesseur provisoire doit agir en demandant ou défendant dans l'intérêt de l'absent.

---

(1) Art. 83, n° 6, Code de Procéd.

DEUXIÈME SUBDIVISION.

Des actions immobiliaires.

495. Le possesseur provisoire, n'ayant pas la libre disposition des immeubles de l'absent déclaré ; étant, relativement à cette nature de biens, soumis aux mêmes règles que le tuteur, relativement aux biens de son pupille, est-il aussi dans la même position que le tuteur, quant aux actions immobiliaires ?

496. L'art. 464, au titre de la tutelle, porte : « *Aucun tuteur ne pourra introduire une action en justice relative aux droits immobiliers du mineur, ou acquiescer à une demande relative à ces mêmes droits, sans l'autorisation du conseil de famille.* »

Le possesseur provisoire devra-t-il se conformer en tout à cette disposition ?

497. Nous avons dit plus haut que si l'absent déclaré a laissé des dettes, un de ses immeubles peut être vendu s'il n'y a pas d'autre moyen de les acquitter.

Ajoutons ici que M. Delvincourt enseigne, à propos de l'article 128, que (1) : « les immeubles de l'absent ne peuvent, tant que dure l'envoi provisoire, être aliénés ni hypothéqués, si ce n'est

(1) Ibid., p. 47.

pour les causes et dans les formes établies par la loi, ou en vertu d'un jugement........... » ce qu'il explique plus bas par ces mots (1) : « Ainsi un créancier de l'absent pourrait, en vertu d'un titre exécutoire, faire saisir réellement ses immeubles. Quant à l'hypothèque, je pense que, s'il y avait nécessité d'emprunter, le tribunal pourrait, en connaissance de cause, autoriser l'hypothèque : (argument tiré de l'article 457).

« *En vertu d'un jugement.* En conséquence, le créancier de l'absent peut, en obtenant un jugement de condamnation, acquérir une hypothèque judiciaire sur les immeubles de l'absent (2123).

498. Nous avons pensé encore, et nous pouvons invoquer à cet égard aussi l'opinion du savant professeur, que le possesseur provisoire peut même demander la vente d'un immeuble lorsqu'il ne serait qu'onéreux; nous avons ajouté que la vente devrait être faite dans les mêmes formalités que s'il s'agissait de vendre un immeuble d'un mineur.

499. Pour toute vente d'immeubles de mineurs, l'article 457, au titre de la tutelle, veut aussi que le conseil de famille soit consulté.

Il nous semble cependant impossible d'ad-

(1) Ibid., p. 351, nos 11 et 12.

mettre qu'il y ait jamais lieu à la convocation d'un conseil de famille, pour prononcer sur ce qui est plus utile à un absent. Les conseils de famille ne doivent être consultés que lorsque la loi l'ordonne directement, ou au moins indirectement. Or, le titre des absents ne les nomme que lorsqu'il s'agit de pourvoir à la tutelle des enfants de l'absent.

On voit clairement que le législateur a pensé que les intérêts des absents seraient assez protégés, soit par le ministère public, soit par les tribunaux. Nous pensons en conséquence : que les possesseurs provisoires devront, pour les actions immobiliaires, suivre les règles tracées aux tuteurs, sauf qu'il n'y aura jamais lieu de consulter le conseil de famille.

Nous n'avons pas été contre cette opinion, en admettant la proposition de Pigeau, sur l'avis à demander à la famille, relativement à la question de l'existence de l'absence ; car il est libre aux tribunaux de recourir, ou de ne pas recourir à cet avis, qui d'ailleurs ne les liera jamais. Si, au contraire, nous admettions ici les avis du conseil de famille, d'un côté, ils ne sont pas toujours soumis à l'homologation ; de l'autre, ils devraient, comme dans les cas de tutelle, décharger le possesseur provisoire de sa responsabilité, ce qui est inadmissible ici.

500. Mais, qu'est-ce qui remplacera l'avis

du conseil de famille, dans le cas où le tuteur n'est astreint à prendre que cet avis ?

Remarquons que le mineur n'a pas contre son tuteur les mêmes sûretés, que l'absent déclaré contre les envoyés en possession. Ceux-ci, non-seulement répondent personnellement de leur gestion, ils fournissent de plus une caution, qui est obligée de garantir la restitution de tout ce qui appartient à l'absent déclaré. Les mineurs, au contraire, n'ont pour garant de la restitution de leurs biens, que le tuteur lui même et ses propriétés. Il n'est donc pas étonnant que la gestion des tuteurs soit plus surveillée, plus gênée que celle des possesseurs provisoires.

501. Ainsi donc, nous estimons : que les possesseurs provisoires ont le droit de faire, par leur seule volonté, ce que le tuteur ne pourrait faire que de l'avis du conseil de famille. Cet avis aurait déchargé le tuteur de toute responsabilité, les possesseurs provisoires sont au contraire, et toujours, garants des suites de tous les actes qu'ils se seront permis.

502. Ainsi, s'ils acceptent ou répudient une succession, une donation, et qu'en cela, ils nuisent aux intérêts de l'absent déclaré, ils devront réparer les dommages qu'ils lui auront causés.

503. Et remarquons, quant aux successions, que l'article 838 du Code Civil porte : Si tous les

héritiers ne *sont pas présents......... le partage doit être* fait en justice; qu'il résulte de l'article 840 *idem*, que, sans l'observation de cette règle, le partage ne serait que provisionnel; enfin, que l'article 819 ordonne que : si tous les héritiers ne *sont pas présents*, le scellé soit apposé, et qu'il devra être suivi d'un inventaire.

Ainsi donc, lorsqu'il sera échu une succession, au partage de laquelle un absent déclaré sera appelé, la consistance de cette succession sera constatée par des actes, et d'une manière exacte et solennelle, de telle sorte qu'il sera facile de juger si l'acceptation a été profitable ou onéreuse à l'absent déclaré.

504. Mais suffira-t il, pour qu'il n'y ait plus lieu à suivre ces formalités, que le possesseur provisoire des biens de l'absent ait répudié la succession à laquelle cet absent était appelé ?

Cette question semble devoir être résolue affirmativement, parce que celui qui a répudié est censé n'avoir jamais été héritier (1).

Mais alors, les droits de l'absent déclaré pourraient être compromis ?

D'autres principes prouvent que le possesseur provisoire n'a pas le droit de répudiation. En effet, il ne peut aliéner les immeubles ; or, re-

---

(1) Art. 785, Code Civil.

noncer c'est aliéner; car, dans l'article 128, le mot *aliéner* embrasse toutes les voies par lesquelles il y a dépossession; et les actions immobiliaires sont comprises dans le mot *immeubles* (1).

On n'objectera peut-être pas que, quoique le tuteur ne puisse pas aliéner, il peut cependant accepter et répudier. Nous répondrons, que le tuteur n'a ce droit que parce qu'il lui est accordé par un article formel par lequel on a dérogé à celui qui porte prohibition générale d'aliéner; or, nous ne trouvons pas, dans le titre des absents, de dérogation semblable pour le possesseur provisoire. D'ailleurs, le tuteur doit être autorisé par le conseil de famille, et l'acceptation ne peut être jamais que sous bénéfice d'inventaire (2). Le possesseur provisoire, qui répudierait, devrait donc au moins suivre les mêmes formalités que s'il voulait vendre un immeuble.

505. Ainsi l'absent sera dans tous les cas à l'abri de toute perte par suite d'une répudiation, et dès-lors ses droits sont assurés pour toutes les hypothèses, parce qu'il ne peut être exposé à aucun préjudice par les acceptations; le possesseur provisoire les fera toujours à ses périls et

(1) Arg. de l'art. 526, ibid.

(2) Art. 461, Code Civil.

risques, comme tous les autres actes de son administration.

§. II.

Des résultats de l'envoi en possession provisoire, par rapport au conjoint de l'absent déclaré présent.

506. Les conséquences de la disparition d'un individu n'atteignent pas seulement ses biens, elles se font sentir aussi sur tous les membres de sa famille; elles sont surtout bien graves pour son conjoint, s'il était marié.

Celui qui s'était associé une compagne, afin de partager avec elle le fardeau de la vie, afin de donner et de recevoir des secours, des soins, des conseils, se trouve tout-à-coup plongé dans un veuvage, d'autant plus triste, qu'il ne sait que penser sur l'existence de l'objet de ses affections.

La femme, qui, en se mariant, avait voulu s'assurer un protecteur, un appui, se voit délaissée, plus à plaindre qu'avant son mariage : car elle est séparée de la moitié d'elle-même; elle est peut-être mère !

507. Les résultats de l'absence, par rapport au conjoint présent, devaient être envisagés sous deux points de vue : premièrement, quant au lieu du mariage; secondement, relativement aux effets civils de ce mariage.

Nous allons suivre cette division, et nous avons réuni ici toutes les conséquences que peut avoir l'absence sur le mariage, quoiqu'elle puisse en occasioner pour le lien, alors même qu'il n'y aurait pas eu de déclaration d'absence. Il nous a semblé que, pour une plus grande facilité dans l'explication des matières, nous devions traiter en même temps tout ce qui est relatif au conjoint de l'époux absent.

N° Ier.

Des conséquences de l'absence relativement au lien du mariage de l'absent déclaré.

508. Nous avons vu que l'un des principes fondamentaux des règles tracées par la loi, sur les effets de l'absence, est que : *La vie et la mort de l'absent sont également incertaines à ses yeux.*

509. Quelles étaient les conséquences nécessaires de ce principe, relativement au mariage de l'absent ?

510. En France on n'a jamais pu contracter un second mariage avant la dissolution du premier.

La mort est la cause la plus absolue de cette dissolution.

Pouvait-on se contenter des probabilités de la mort, pour dissoudre le mariage ?

Une jurisprudence, à peu près universelle,

avait décidé que la présomption de mort, résultant de l'absence la plus longue et de l'âge le plus avancé, ne pouvait, lorsqu'il s'agissait de la dissolution du mariage, suppléer la preuve certaine du décès du conjoint absent (1).

511. La Commission s'était écartée de cette jurisprudence, et elle avait proposé d'autoriser l'époux présent à se remarier, lorsque son conjoint absent aurait atteint sa centième année. Voici comment elle avait rédigé l'article qu'elle destinait à régler ce point.

« *L'absence de l'un des époux, sans que l'on ait reçu de ses nouvelles, ne suffit point pour autoriser l'autre à contracter un nouveau mariage; il n'y peut être admis que sur la preuve positive du décès de l'autre époux, à moins que l'absent ne soit parvenu à l'âge de cent ans accomplis* (2) ».

Plusieurs Cours s'élevèrent contre cette disposition, qui a été écartée lors de la discussion au Conseil d'Etat. Il n'a même pas paru nécessaire de conserver la première partie de la rédaction proposée par la Commission. Les principes, sur cette matière, étaient en effet tellement constants qu'il était inutile de dire qu'ils

(1) Bretonnier, Recueil de questions de droit, 3e édit., des Absents, chap. 2.

(2) Projet de Code Civil, liv. 1er, tit. 4, art. 27.

auraient aussi leur application aux cas d'absence. On a d'ailleurs jugé que leur place naturelle était au titre du mariage, où ils ont été écrits dans les articles 147 et 227, et d'où ils étendent leur influence sur tous les cas relatifs aux seconds mariages.

512. Mais il peut arriver qu'un officier de l'Etat civil, séduit, trompé, ou ignorant, consacre une seconde union, tandis que la première n'est pas rompue : l'absence de l'un des conjoints donne beaucoup de facilité pour faire croire à sa mort. Le conjoint présent peut être trompé lui-même.

513. Le législateur pouvait encore s'en rapporter sur la question de savoir comment et par qui la nullité du second mariage serait poursuivie, à ce qu'il dirait au titre du mariage ; car les règles qu'il allait poser dans ce titre devaient régir tous les mariages. Il avait renvoyé à ce titre, pour dire que tout mariage contracté avant la dissolution du premier, serait nul ; il paraissait, contre l'ordre naturel des idées, de déterminer les personnes qui auraient le droit d'invoquer une nullité qui n'était pas encore formellement introduite.

Nous lisons cependant, au titre des *absents*, un article ainsi conçu :

> L'époux absent, dont le conjoint a contracté une nouvelle union, sera seul recevable à attaquer ce mariage par

lui-même ou par son fondé de pouvoir, muni de la preuve de son existence (1).

D'après les observations qui précèdent, nous devrions penser que le législateur n'a eu, dans cet article, d'autre but que de dire dans quelles hypothèses le mariage du conjoint présent pourrait être attaqué en conséquence des nullités qu'il allait introduire : cette disposition était la seule qui se rattachait à la matière des absents.

Il pouvait être en effet dans l'ordre des idées, que le législateur dît ici qu'il faudrait, avant tout, rapporter la preuve positive de l'existence de l'absent.

Et il était indispensable qu'il le dît, puisqu'il consacrait le principe sur l'incertitude de la mort ; car il était nécessaire d'empêcher que, sur le fondement de ce principe, toute partie intéressée ne se crût pas autorisée à attaquer le second mariage du conjoint présent.

Si la morale publique est offensée par la vue d'une femme ayant deux maris, d'un mari uni à la fois à deux épouses, cette offense n'existe que par la certitude du désordre, et le mariage est un contrat trop solennel, trop fécond en conséquences, pour que le législateur eût pu permettre de l'attaquer sur des probabilités, sur des présomptions.

---

(1) Art. 139, au Code Civil.

514. Mais le désordre une fois constant, le législateur a cru qu'il était de son devoir de le faire cesser. Aussi a-t-il ordonné au ministère public, sentinelle avancée des mœurs publiques, de demander la dissolution des seconds mariages (1). Il a craint que la corruption, le dégoût ne fermassent la bouche au conjoint délaissé. Il s'est assuré que l'union scandaleuse serait rompue, en chargeant l'organe impassible de la loi de poursuivre la nullité de cette union. Bretonnier, dans l'ouvrage déjà cité, *ibidem*, dit : « Si après un semblable (un second) mariage, le premier mari revient, la femme est obligée de retourner avec lui sous peine d'adultère. »

515. Cependant, il semblerait résulter de notre article, qu'en matière d'absence, le conjoint qui avait disparu pourra, seul, ou par lui-même, ou par un fondé de procuration, demander la dissolution du second mariage contracté par son conjoint.

516. Pourquoi cette exception à une règle fondée sur les motifs les plus graves, sur la nécessité de préserver de toute atteinte la morale publique, véritable fondement des sociétés humaines ?

Dans l'établissement de l'action en nullité des

(1) Art 184 et 190 du Code Civil.

seconds mariages contractés avant la dissolution des premiers, l'intérêt privé n'est que secondaire, le législateur a eu principalement, et presque exclusivement, en vue cette morale publique.

Quels motifs auraient pu engager à excepter, de cette nullité de droit public, les seconds mariages, contractés pendant l'absence de l'autre conjoint ?

Il eût fallu, ou que l'intérêt public commandât moins leur dissolution, ou que l'intérêt privé dominât dans ce cas l'intérêt public.

517. *L'intérêt public !*

Mais, lorsque l'époux qui avait disparu sera de retour, le scandale sera-t-il moindre, parce qu'il était absent au moment où son conjoint a convolé à de secondes noces ?

Qu'on ne parle pas de la bonne foi ! Nous pouvons convenir que la bonne foi se rattache aussi à la morale publique, et qu'il importe par conséquent de la respecter. Mais l'absence de l'un des conjoints doit-elle lui donner plus d'empire que les autres prétextes des seconds mariages ? Cette bonne foi tarit-elle la source du scandale; et n'a-t-elle pas cessé du moins, aussitôt après le retour de l'absent ?

Aussitôt qu'on acquiert la preuve de l'existence d'un absent, tous les effets de son absence cessent, et l'on voudrait que le second mariage pût subsister!

La loi entoure de toute sa faveur la personne de l'absent; mais sa sollicitude n'est que pour lui, et si elle fait profiter d'autres personnes des effets de l'absence, c'est afin de se créer des auxiliaires pour diminuer de plus en plus les dommages que l'absence peut causer à l'absent. Si le législateur avait fait ici exception aux règles sur la nullité du second mariage, il se serait, cette fois, écarté de sa marche générale, en se déterminant par le seul intérêt des tiers.

518. *L'intérêt privé!* Serait-ce celui de l'absent? Mais en quoi son intérêt serait-il compromis par la demande en dissolution du mariage, formée par le ministère public? Serait-ce celui du second conjoint? Sans doute, il peut avoir intérêt à ce que son mariage subsiste, mais cet intérêt n'emprunte aucune force de plus de ce que le premier mariage aurait été considéré comme dissous, parce que l'absence prolongée du conjoint corroborait la preuve rapportée de sa mort. Serait-ce enfin l'intérêt des enfants issus du second mariage? Mais cet intérêt n'est pas, dans notre hypothèse, autre que dans tous les seconds mariages. M. Bigot-Préameneu a dit lui-même *qu'il devait leur suffire de conserver le titre d'enfants légitimes.*

519. Nous ne savons donc trouver aucun motif

pour que l'exercice de l'action en nullité du second mariage ait été restreint, dans le cas où l'un des époux était absent; et nous pensons qu'il importe trop de ne pas laisser subsister le scandale résultant des seconds mariages, pour ne pas admettre de modification aux règles posées, à cet égard, dans le titre du mariage, si cette modification n'est pas pour ainsi dire plus que formelle.

520. Les termes de l'article 139 paraîtraient en renfermer une, comme nous l'avons déjà observé : mais le titre du mariage a été promulgué après celui des absents. Or, en règle générale : *Posteriora derogant prioribus.*

Cet argument nous paraît d'autant plus fort que le législateur, dans le titre du mariage, désigne, avec la plus grande précision, toutes les exceptions qu'il a voulu faire aux nullités qu'il venait d'introduire, et toutes les fins de non recevoir contre ces mêmes nullités; et il serait plus qu'extraordinaire qu'il n'eût pas rappelé celle de l'article 139, s'il eût pensé y en avoir créé une qu'il eût été dans sa volonté, bien réfléchie, de conserver. On pourrait toutefois répondre que, quoique les divers titres du Code Civil aient été promulgués successivement, ils ont reçu, par la loi du 30 ventôse an 12, une nouvelle et commune promulgation, de telle sorte qu'aucune de leurs dispositions ne peut avoir été abrogée par une subséquente ; que c'est ainsi qu'on le juge constamment.

Nous ne pouvons cependant nous faire à l'idée que le législateur a entendu établir par notre article, pour l'exercice de l'action en nullité du mariage, une règle différente de celles qu'il a consacrées dans le titre du mariage, qui était en discussion en même temps que celui des absents.

Il venait de régler le droit des héritiers présomptifs et des tiers sur les biens de l'absent ; passant aux effets de l'absence sur le mariage, il n'eut devant les yeux que les principes qu'il venait de développer. Il avait proclamé que : quiconque réclamerait un droit échu à un individu dont l'existence ne serait pas reconnue, devrait prouver que cet individu existait quand le droit s'était ouvert. Préoccupé des mêmes pensées, il déclara que le second mariage ne pourrait être attaqué que par l'absent, ou par celui qui serait muni de sa procuration et de la preuve de son existence ; ne croyant peut-être que tracer, mais en d'autres termes, la règle qui, au titre du mariage, forme l'article 184.

521. Si nous avions sous les yeux les procès-verbaux des séances où fut adopté l'art. 139, nous ne serions pas réduits à des conjectures sur l'esprit qui a dicté cet article. M. Locré nous donne quelque chose de cette discussion ;

voyons quelles conséquences en découlent. Rapportons d'abord ce qu'il nous en dit (1) :

« La Commission proposait de ne permettre qu'à l'époux absent d'attaquer le mariage qui aurait pu être contracté pendant sa disparition.

« Cette disposition, continue notre auteur, érigerait en loi les belles maximes de l'avocat-général Gilbert des Voisins, qui avait dit : *L'incertitude de la mort de l'un des époux ne doit jamais suffire pour contracter un mariage nouveau, mais elle ne doit jamais suffire aussi pour troubler un mariage contracté.* »

Notre auteur finit par ces mots : « La disposition a été adoptée. »

Les rédacteurs de l'article n'auraient donc voulu que prohiber la demande en nullité du second mariage, fondée, comme le disait M. Gilbert des Voisins, sur *l'incertitude de la mort !*

522. En rapprochant la rédaction proposée par la Commission, de celle qui a été convertie en loi, on remarque des différences notables, qui n'auraient été certainement adoptées qu'à la suite d'une discussion.

523. Nous allons être forcés de reconnaître, que M. Locré n'a pas bien saisi, dans le pas-

(1) Ibid., p. 510 et suiv.

sage que nous venons de citer de lui, le sens de la proposition de la Commission. Nous la donnerons dans les termes même dans lesquels cet auteur la rapporte; ils sont du reste les mêmes que ceux du projet du Code Civil (1).

Il est en effet facile de se convaincre que, dans cette proposition, il s'agissait seulement d'ordonner : que le nouveau mariage contracté pendant l'absence, ne pourrait être dissous sous le seul prétexte de l'incertitude de la mort de l'absent, comme le dit déjà la citation des paroles de M. Gilbert des Voisins.

Les motifs d'une semblable disposition étaient évidents; ils sont renfermés dans les énergiques expressions de ce célèbre magistrat.

Voici les termes dans lesquels la Commision avait fait sa proposition : *Et tant que l'absent, qui avait disparu, ne se représente point, ou ne réclame point par un fondé de procuration spéciale, muni de la preuve positive de l'existence de cet époux* (2).

Elle voulait donc faire ordonner seulement : que l'incertitude de la mort de l'époux absent ne suffirait pas pour donner lieu à la demande en nullité du second mariage contracté par son

---

(1) Locré, ibid., p. 511.

(2) Projet de Code Civil, liv. 1er, tit. 4, art. 28.

conjoint, qu'il faudrait en outre, pour que cette demande pût être admise, la preuve la plus complette de l'existence du premier époux.

Tout cela était parfaitement juste ; le mariage est un contrat trop important pour qu'il puisse être soumis à des investigations fondées sur des semi-preuves. Des semi-preuves peuvent bien suffire pour faire revenir sur la disposition des biens dont la loi n'avait dépouillé l'absent qu'avec la plus grande répugnance ; mais si son conjoint a convolé à de secondes noces, voilà une nouvelle famille dont l'existence ne doit être troublée, que lorsque le scandale produit par le nouvel hymen est à son comble.

Nous ne trouvons donc rien dans les règles proposées par la Commission, que de fondé sur les principes les plus évidents.

524. Avait-elle ajouté quelque chose pour désigner les personnes qui, seules, pourraient demander la nullité du second mariage ? Elle ne proposait aucune disposition sur ce point ; car, si elle voulait prescrire la nécessité d'une procuration spéciale, et le rapport de la preuve positive de l'existence de l'époux, qui ne se représentait pas lui-même : il est évident que ces dispositions étaient destinées à déterminer comment la preuve de l'existence de l'époux absent pourrait être rapportée.

Et remarquons de nouveau qu'une telle disposition rentrait parfaitement dans la matière spéciale de l'absence ; la désignation des personnes qui peuvent demander la nullité d'un mariage, appartenait au contraire exclusivement au titre où l'on s'occuperait spécialement du mariage.

525. La différence entre la rédaction proposée par la Commission et celle qui a été sanctionnée par le législatsur, est dans ces mots : *Tant que l'absent, qui avait disparu, ne se représente pas*, qui étaient dans la première, et qui ont été remplacés, dans la seconde, par ceux-ci : *L'époux absent, dont le conjoint a contracté une nouvelle union, sera seul recevable à attaquer le mariage par lui-même :* différence énorme, et d'où découlent les conséquences les plus graves.

La première dit seulement : que la représentation de l'époux absent suffira pour que le second mariage puisse être attaqué, d'où résulterait qu'il ne faudrait la réclamation de l'absent lui-même, que lorsqu'il ne se présenterait pas en personne ; conséquence qui découle surtout de ces expressions: *Ou ne réclame point par un fondé de procuration*.

Car il était de toute évidence que la Commission distinguait deux cas dans lesquels le mariage pouvait être attaqué. Le premier, lorsque l'absent se représentait ; dans celui-là, elle ne disait pas par qui la réclamation pourrait être introduite, laissant par conséquent la désignation des personnes qui pouvaient réclamer, dans les termes du droit commun. Le second, lorsque l'absent ne se représentait pas; alors, lui seul pouvait réclamer, et par un fondé de procuration spéciale.

Il résulterait, au contraire, des termes de la rédaction qui a été convertie en loi : que, dans les deux cas, l'absent seul peut réclamer.

Il était de toute justice que le législateur exigeât, pour permettre d'attaquer le second mariage, la preuve positive de l'existence de l'absent. La rédaction de la Commission satisfaisait parfaitement à cette condition; celle qui a été adoptée va au-delà, puisqu'elle nécessiterait, non-seulement la preuve la plus positive de l'existence de l'absent, mais encore sa réclamation personnelle, alors même que sa présence crie assez haut.

526. Qu'est-ce qui a amené un changement si important? La discussion sur ce point est couverte d'un voile que le savant auteur de l'*Esprit du Code Civil* n'essaye pas même de soulever. Mais ce qu'il dit, à ce sujet, amène à penser que : si la rédaction proposée par la Commission a été changée au Conseil d'Etat, ce n'a nullement été dans la partie que nous venons de citer; voici ses expressions :

« Les deux articles présentés semblent se contrarier, disait-on : le premier décide que l'absence de l'un des époux n'autorise, en aucun cas, l'autre époux à contracter un nouveau mariage; le second suppose qu'un tel mariage a pu être contracté : du moins le vice est-il dans la rédaction. Quoique *la sagesse des maximes* sur lesquelles le dernier article repose (c'était celui qui renfermait la disposition que nous avons rapportée) ne puisse être contestée, il y a cependant quelque inconvenance dans la manière dont elles sont rédigées : l'exception présente une contradiction trop formelle avec la règle. Il ne faut pas que la loi, en prévoyant la possibilité de tels mariages, paraisse les autoriser ouvertement : elle ne doit présenter qu'un remède pour un cas qui peut arriver (1). »

On critiqua donc seulement la disposition qui défendait les seconds mariages; disposition que nous avons rapportée (2) aussi, et qui formait un article séparé de celui dont nous pesons les termes (3), lequel ne fut nullement critiqué.

527. Dira-t-on que la rédaction, telle qu'elle a passé dans la loi, fut présentée au Conseil d'Etat, et qu'elle ne fut l'occasion d'aucune observation ?

Malheureusement, ce ne sera pas le seul exemple de rédactions vicieuses qui ont échappé

(1) Locré, ibid, p. 512.

(2) P. 289. (3) p. 298.

aux investigations des jurisconsultes célèbres, qui mirent la dernière main à l'œuvre du Code Civil. On sait d'ailleurs que les discussions du Conseil d'Etat, postérieures à l'an 10, furent trop précipitées; d'autres projets occupaient alors le chef du gouvernement, et le Code Civil fut terminé fort à la hâte.

Mais, le conseiller d'état, chargé de donner à la tribune du Corps Législatif les motifs de la loi sur les absents, s'est exprimé à l'occasion de l'article dont nous cherchons le véritable sens, dans les termes suivants:

« Il est de règle consacrée dans tous les temps (1), qu'on ne peut contracter un second mariage, avant la dissolution du premier.

« Suivant une jurisprudence presque universelle, la présomption, résultant de l'absence la plus longue, et de l'âge le plus avancé, fût-il même de cent ans, n'est point admise comme pouvant suppléer la preuve du décès de l'un des époux. Le plus important de tous les contrats ne saurait dépendre d'une simple présomption, soit pour anéantir celui qui aurait été formé, soit pour en former un nouveau, qui ne serait, au retour de l'époux absent, qu'un objet de scandale et de troubles.

---

(1) M. Bigot-Préameneu, Exposé des motifs; Procès-Verbaux, t. 2, p 484.

« Si l'époux d'un absent était contrevenu à des règles aussi certaines ; s'il avait formé de nouveaux liens, sans avoir rapporté la preuve que les premiers n'existaient plus, *ce mariage serait nul, et l'absent, qui reparaîtrait, conserverait seul les droits d'un hymen légitime.*

« L'état civil d'un enfant né d'un pareil mariage, dépend de la bonne foi avec laquelle il a été contracté par ses père et mère, ou même par l'un d'eux. Non-seulement la personne avec laquelle se fait le second mariage, peut avoir ignoré que le premier existait, il est encore possible que l'époux de l'absent ait cru avoir des preuves positives de sa mort ; qu'il ait été trompé par de faux extraits, par des énonciations erronées dans les actes authentiques, ou de toute autre manière.

« On a voulu, dans la loi proposée, que le mariage, contracté pendant l'absence, ne pût être attaqué que *par l'époux même, à son retour, ou par celui qui serait chargé de sa procuration.*

« La dignité du mariage ne permet pas de la compromettre, pour l'intérêt pécuniaire des collatéraux, et il doit suffire, aux enfants nés d'une union contractée de bonne foi, d'exercer leurs droits de légitimité, droits qui, dans ce cas, ne sauraient être contestés par les enfants même nés du premier mariage. »

528. Nous avons voulu rapporter ici tout ce qui, dans le discours de l'orateur du Gouvernement, est relatif aux seconds mariages, afin de mettre le lecteur à même de saisir l'ensemble des motifs mis en avant pour justifier l'article 139, lequel n'est pas trop clair.

Supposons que M. Bigot ait voulu dire que, d'après la loi, l'époux, de retour, peut seul attaquer le second mariage contracté par son conjoint.

Les motifs sur lesquels il annonce que cette disposition serait basée, sont-ils concluants?

529. « *La dignité du mariage ne permet pas de la compromettre, pour l'intérêt pécuniaire des collatéraux.* »

Cette première considération est importante sans doute; mais prend-elle naissance dans la circonstance qui a servi de prétexte au second mariage? Non, sans doute; elle résulte de la nécessité de respecter un lien aussi sacré que celui du mariage; elle est donc générale, et le législateur l'a bien appréciée, lorsqu'il a réglé, au titre du mariage, à quelles personnes appartiendrait le droit d'exciper des nullités dont ces sortes de contrats peuvent être infectés. C'est le motif pour lequel il n'a pas voulu que les collatéraux pussent les proposer, tant qu'ils n'auraient pas un intérêt né et actuel à les faire valoir.

Pourquoi en serait-il autrement dans le cas qui nous occupe?

530. Et relevons une bizarrerie révoltante, qui naîtrait du sens grammatical de l'article 139.

D'après les articles 131 et 132, si l'absent reparaît, ou si son existence est prouvée, les effets du jugement qui avait déclaré l'absence, cesseront.

Si donc il y avait communauté entre l'époux absent et son conjoint, cette communauté, alors même qu'elle aurait été dissoute par l'envoi en possession provisoire, aura recommencé par le seul fait de la réception des nouvelles de l'absent, ou de la preuve de son existence. Mais s'il ne demande pas la nullité du second mariage, comment cette communauté sera-t-elle réglée, soit par l'absent, soit par ses représentants, avec le conjoint qui a convolé? Ces représentants seront-ils forcés de respecter le second mariage, alors que le conjoint le leur opposera pour empêcher l'application du principe consacré par les articles 131 et 132? Sera-t-il possible de considérer le mariage comme détruit, quant à l'union conjugale, et comme ayant subsisté quant à ses effets civils? et cependant cette possibilité serait nécessaire pour supposer que la preuve de l'existence de l'absent ne crée pas le droit d'attaquer la seconde union. Le conjoint présent a pu recueillir des avantages matrimoniaux à la suite de l'envoi provisoire : pourra-t-il les conserver quoique l'existence de l'absent soit prouvée ? et s'il est établi qu'il est décédé avant l'absent, les héritiers de celui-ci pourront-ils réclamer ces avantages, ainsi que ceux qui lui avaient été assurés sur les biens de son conjoint? L'affirmative est évidente, d'après tous les principes. Cependant, si l'on décide que les collatéraux ne peuvent attaquer jamais le second mariage, ne sera-t-il pas plus qu'extraordinaire d'argumenter de l'existence du premier mariage, alors qu'un second, non annullé, lui a succédé?

531. L'orateur du Gouvernement dit, en second lieu, *qu'il doit suffire aux enfants, nés d'une union contractée de bonne foi, d'exercer leurs droits de légitimité.*

Ce motif ne s'applique nullement à la difficulté; il viendrait au contraire à l'appui de notre opinion, puisqu'il détruit d'avance l'argument qu'on aurait pu prendre, pour faire diminuer les chances de l'annullation du second mariage, de l'intérêt des enfants qui en seraient provenus.

532. Cet orateur continue : *droits qui, dans ce cas, ne sauraient être contestés par les enfants même nés du premier mariage.*

Mais de cela que le second mariage sera annullé, en résultera-t-il que les droits de la légitimité seront enlevés aux enfants de ce second mariage? L'orateur professe qu'ils ne peuvent l'être dans le cas d'une union contractée de bonne foi ; c'est la règle générale. Mais l'argument ci-dessus ne serait concluant, contre notre opinion, que si l'on avait d'abord prouvé : que tout second mariage, contracté de bonne foi, ne peut jamais être annullé, et que les seconds mariages, consommés pendant l'absence de l'autre conjoint, le sont toujours de bonne foi : or, aucune de ces deux propositions n'est soutenable.

533. M. Bigot-Préameneu lui-même ne qualifie-t-il pas ces seconds mariages *d'objets de scandale et de troubles ?* Or, comment supposer que cet orateur ait entendu qu'un tel désordre pouvait être toléré ?

Qu'importe que l'époux qui a convolé eût été de bonne foi ? S'il en fut ainsi, dès qu'il reconnaîtra son erreur, il se hâtera certainement de se séparer de son second conjoint. Mais encore cette conduite, qui ferait cesser en quelque sorte le scandale, ne suffirait pas pour en tarir la source.

Que sera-ce, s'il persiste à demeurer dans une union désormais adultère ? Qu'importe que l'époux offensé garde le silence, ou parce qu'il ne veut plus d'un conjoint qui a manqué à la foi promise, ou parce qu'il méprise, lui aussi, ses engagements ? Ce n'est pas seulement, ce n'est pas même du tout, pour l'époux délaissé, que le ministère public doit élever la voix ; c'est dans l'intérêt de la société toute entière, attaquée dans sa base; pour la consolidation de l'édifice social, dont les mariages adultères minent la pierre angulaire.

534. Nous avons discuté longuement les conséquences de l'article 139, parce que nous étions convaincus que le sens grammatical de ses expressions est subversif de tous les principes d'ordre social. Nous avons voulu prouver qu'il n'avait pu être, qu'il n'avait pas été dans la pensée du législateur d'établir, par cet article, une règle différente de celles qu'il préparait pour le titre du mariage, soutenant d'ailleurs que cet article devait être rapproché de ceux de ce dernier titre.

535. Envain opposera-t-on à notre opinion les termes de l'article 139. Alors même que nous aurions dû reconnaître que sa rédaction est bien l'expression de la volonté très-réfléchie du législateur, et nous croyons avoir démontré le contraire; du moins sera-t-on forcé de convenir, que l'exception de dol et fraude s'étend à la règle posée par cet article, comme à toutes les autres; car il serait plus qu'extraordinaire, qu'en prouvant le dol et la fraude, on pût faire tomber tous les effets de la déclaration d'absence, sans pouvoir cependant atteindre le second mariage.

Il faudra reconnaître, en conséquence, que le second mariage pourra être attaqué par celui qui pourra prouver que le conjoint de l'absent connaissait l'existence de celui-ci, et qui aura un intérêt né et actuel à faire valoir cette exception. Les enfants du premier mariage pourraient-ils être contraints à céder une part de la succession de leur père ou de leur mère à ceux d'une union, fruit de la mauvaise foi ?

L'orateur du Gouvernement, lui-même, ne réclame les effets du mariage, en faveur des enfants, que lorsque ce mariage fut contracté de bonne foi ! et, en règle générale, lorsqu'il s'agit d'intérêts civils, les titres de celui qui prétend un droit peuvent être querelés.

536. Ainsi donc, la seule personne qui n'aurait pas, d'après l'article 139, le droit d'attaquer le second mariage, serait le ministère public; et c'est même tout ce qui peut résulter de cet article, car il ne règle pas le mode de la succession du conjoint remarié.

Mais encore, pour cette exception, elle tend à établir une règle dont les conséquences seront bien funestes. Si donc on pensait que les tribunaux ne peuvent expliquer les termes de la loi, il est urgent de solliciter une disposition qui mette le titre des absents en harmonie avec celui du mariage, relativement à la nullité des seconds mariages contractés pendant l'existence des premiers.

537. Toutefois, M. Delvincourt professe for-

mellement l'opinion que nous émettons; donc elle doit triompher de l'ambiguité des termes de notre article. Ce profond auteur avait dit, page 50: « Si donc, nonobstant la prohibition, il a été contracté un second mariage, soit en trompant l'officier de l'état civil, soit de concert avec lui, l'acte est, à la vérité, illicite, puisqu'il a été fait contre la disposition de la loi ; mais, comme la nullité réelle et effective de ce second mariage est subordonnée à la preuve de l'existence de cet époux, il a été décidé, avec raison, que cet époux seul serait recevable à l'attaquer, soit par lui-même, soit par son fondé de pouvoir, muni de la preuve de son existence. »

Mais, page 260, n°. 7 des notes, il ajoute: « Faut-il conclure, de la manière dont est rédigé l'article 139, que, dans tous les cas, même celui du retour de l'absent, le second mariage ne pourra être attaqué que par lui ? Je ne le pense pas, et voici quels sont les motifs de mon opinion. »

Il tire d'abord argument de ce que le législateur n'a pas fait de l'absence une cause de divorce; de ce que le divorce par consentement mutuel est entouré de formalités très-minutieuses. Il craint que si l'absent seul pouvait attaquer le second mariage, on ne simulât une absence, pour arriver plus facilement à la rupture d'un mariage.

» 3°. Enfin, dit-il, supposons pour un instant que les deux époux, dont l'un s'est absenté, viennent à se réunir, et qu'il naisse des enfants de leur commerce, comment considérera-t-on ces enfants ? certainement ils ne sont pas enfants naturels, puisqu'ils sont nés d'un mariage légitime et non dissous ; d'un autre côté, les enfants qui naîtraient du second mariage, pendant le même temps, seraient également légitimes, puisque le mariage n'est pas attaqué, et que, dans l'hypothèse, il ne peut l'être que par l'absent. Voilà donc un époux qui, au vu et au su de tout le monde, aura, dans le même temps, des enfants légitimes de deux époux différents. Dira-t-on, qu'aux termes de l'article 340 du Code Pénal, il sera puni comme bigame ? Mais d'abord, cela ne fait rien quant à la légitimité des enfants ; et, en admettant qu'il soit poursuivi comme bigame, n'y aurait-il pas une nouvelle contradiction ? Il sera, d'un côté, puni comme bigame, pour avoir contracté un second mariage avant la dissolution du premier : il faudra donc prouver que ce premier mariage existait à l'époque de la célébration du second, et cependant personne ne pourra demander la nullité de ce second mariage. D'ailleurs, la condamnation du bigame, n'étant que temporaire, que deviendront ses deux mariages, quand il aura subi sa peine ? Pourra-t-il vivre avec ses deux époux? Pourra-t-il avoir, de tous les deux, des enfants légitimes?

« De toutes ces raisons, dit en terminant M. Delvinconrt, je conclus qu'il serait contre tous les principes, et contre toutes les règles de la morale, d'entendre l'article dans le sens restrictif qu'il paraît avoir .... Je pense fermement que tout cela (tout l'article et ses conséquences fondées) n'est que pour le cas où il y a réellement incertitude sur la vie et la mort de l'absent, et que, du moment qu'il reparaît, ou que son existence est certaine, les règles établies pour le cas d'absence doivent cesser d'avoir leur application, et que l'on doit, au contraire, appliquer l'article 184, qui permet, soit à l'époux, soit aux parties intéressées, soit même au ministère public, d'attaquer tout mariage contracté avant la dissolution de la première union. »

Nous pouvons donc appuyer notre opinion sur celle de l'un des commentateurs du Code Civil les plus estimés, et fortifier les motifs que nous avons émis, de ceux que propose M. Delvincourt, pour conclure : que la nullité du second mariage, résultant de ce que l'époux absent vit encore, pourra être invoquée par les mêmes personnes que celles qui ont le droit d'exciper de cette nullité, d'après les règles posées au titre du mariage (1).

---

(1) « Les journaux nous ont donné naguère l'exemple du retour d'un individn absent depuis trente ans, et qui a trouvé sa femme remariée. Il est précieux de redire ici comment ce fait est rapporté :

« Avant-hier, dans l'après-midi, une foule immense s'était portée dans une maison des allées de Tourny. (Cet article est l'extrait d'une lettre de Bordeaux, datée du 27 avril, et rapportée dans l'*Etoile* du 30 avril 1822, n° 546.) Le motif de ce rassemblement provenait de l'arrivée inattendue d'un marin absent de Bordeaux depuis une trentaine d'années. Ce marin a trouvé, à son retour, sa femme remariée et mère de deux enfants provenant de ce second mariage. Cet événement a donné lieu, entre les trois époux, à quelques explications qui n'étaient rien moins qu'amicales, et qui ont rendu nécessaire l'intervention de l'autorité civile et militaire.

« On raconte que ce marin faisait partie de l'équipage d'un vaisseau qui périt autrefois corps et biens. Le capitaine lui seul se sauva, et d'après sa déclaration, tous les hommes de son bord furent rayés de la liste des vivans. Mais, nouveau Robinson, notre marin s'était réfugié dans une île déserte, d'où il n'avait pu, jusqu'à ce jour, donner de ses nouvelles. Trompée par un faux acte de décès, la femme avait contracté un second mariage. Les jurisconsultes ont maintenant à prononcer sur celui de ces mariages qui doit être validé. »

On voit que l'article n'a pas été rédigé par un jurisconsulte; mais enfin, si le marin ne demandait pas la nullité du second mariage, le ministère public devrait-il garder le silence?

538. L'article 139 est encore infecté d'un autre vice de rédaction ; on y lit : *Ou par son fondé de pouvoir, muni de la preuve de son existence.*

Pourquoi, après avoir dit que l'époux pourra attaquer le second mariage de son conjoint, par son fondé de pouvoir, le législateur a-t-il ajouté : *Muni de la preuve de son existence ?* Car nous ne pouvons penser que, par cette disposition, le législateur n'ait voulu qu'interdire au procureur-fondé laissé par l'absent lors de son éloignement, le droit d'attaquer le second mariage du conjoint présent ; il était impossible que ce procureur-fondé crût avoir ce droit. Le législateur ne peut avoir voulu parler que d'une procuration, donnée spécialement pour demander la nullité du second mariage ; ce qui est évident lorsqu'on remarque qu'il vient de dire que l'absent *seul* peut exciper de cette nullité.

Cela posé : ou bien l'époux enverra une procuration authentique, et alors cette procuration suffira sans doute pour prouver, et l'existence de celui qui l'a donnée, et sa volonté de poursuivre la nullité du second mariage ;

Ou bien, il n'aura adressé que des pouvoirs privés ; mais, si son écriture et sa signature sont reconnues, ces pouvoirs prouveront bien aussi qu'il est plein de vie !

Sous quelle face que nous envisagions les

faits, il nous est impossible de rendre raison des expressions de l'article 139: ils forment une redondance évidente; ce qui prouve de plus en plus que cet article fut trop légèrement adopté.

539. Vouloir soutenir le sens de ses expressions, serait prétendre qu'il faut, outre la preuve que l'absent existait lorsqu'il a donné la procuration, preuve qui résulterait assez de la procuration, établir de plus que l'absent vit à l'instant où la demande sera formée; cette prétention se réfute par son absurdité.

Cependant, il faudrait l'admettre, si l'on devait reconnaître que l'époux absent a seul le droit d'attaquer le second mariage. Mais alors il serait vrai de dire aussi que la loi ôte d'une main ce qu'elle donne d'une autre ; car, jamais procureur-fondé ne serait recevable, puisqu'il lui serait physiquement impossible de prouver l'existence de l'absent au moment où il introduit l'action ; la présence de cet absent au lieu où l'assignation serait donnée, étant seule capable de fournir cette preuve.

540. Il y a plus, si l'on reconnaît que la demande en nullité du second mariage ne peut être formée que par l'absent, on fera de cette demande une action personnelle ; et comme ces sortes d'actions ne passent pas aux héritiers, si l'absent meurt avant que le second mariage soit annullé, la demande en nullité devra être déclarée non

avenue. D'où la conséquence que : si l'absent poursuivait par procureur-fondé, celui-ci devrait prouver, à chaque acte de procédure, l'existence de son mandant.

Mais c'est trop nous arrêter à démontrer une chose évidente ; passons à d'autres effets de la déclaration d'absence.

§. II.

Des résultats de l'envoi en possession provisoire, relativement aux effets civils du mariage.

541. Le mariage établit entre les époux une communauté d'intérêts, plus ou moins étendue à la vérité, mais qui existe toujours d'une manière quelconque ; ne serait-ce que pour la vie commune, aux dépenses de laquelle chacun doit fournir eu égard à sa fortune propre, de telle sorte que, si l'un des époux n'a rien, l'autre doit faire tous les frais du ménage.

542. L'absence déclarée de l'un des époux devait-elle mettre fin à la sorte de communauté qui existait entre cet époux et son conjoint ?

Puisque l'absence ne rompt pas le mariage, pouvait-on le considérer comme n'existant plus quant aux intérêts civils ?

543. La Commission et la Section n'avaient rien disposé à cet égard.

Cette lacune fut signalée au Conseil d'Etat.

On y observa que la loi devait s'occuper aussi des femmes des absents; qu'il semblait lui convenir d'empêcher que les envoyés en possession pussent chasser la femme de la maison de son mari, et de l'administration de ses biens.

On répondait : que le sort de la femme serait le même que celui des autres ayant-droit ; qu'elle exercerait provisoirement les droits et les avantages que la dissolution du mariage aurait pu lui donner.

On répliqua que cette disposition ne pouvait suffire ; qu'il fallait encore pourvoir à ce que la femme ne fût pas arrachée à ses habitudes, à ses affections, etc., et cela pour le seul intérêt d'héritiers presque toujours collatéraux ; qu'elle ne saurait être à la fois mariée et non mariée, et qu'on ne pouvait donner aux héritiers du mari le droit de lui enlever son nom et son état, si elle voulait les conserver (1).

Son sort, ajouta-t-on, serait trop affligeant, si l'absence de son mari lui faisait perdre les avantages de leur union. Il y a plus, l'envoi en possession des héritiers pouvait opérer la subversion des affaires de l'époux absent lui-même. Si, par exemple, un époux s'était absenté, pour des opérations relatives à un commerce que la

(1) Procès-Verbaux, f° 1, p. 226.

femme conduit avec lui, ses héritiers auraient pu venir, après cinq ans, arrêter les résultats de cette spéculation, et ruiner peut-être à la fois la femme et le mari, alors que des raisons majeures, une accusation criminelle, par exemple, commanderaient à la femme de taire la retraite du mari, de ne pas soulever le voile dont il s'est couvert et à l'aide duquel il est en relation avec elle seule.

Quand même les héritiers seraient les enfants communs, l'inconvénient pourrait être le même. D'ailleurs, le respect filial est-il donc si commun aujourd'hui ? et mettra-t-on la mère à la merci de ses enfants ?

Il fallait prévenir tant de graves inconvénients ; et, quelle que fût la mesure adoptée, elle devait s'appliquer au mari aussi bien qu'à la femme.

544. L'on proposa d'abord de donner à l'époux présent le droit de conserver ou de prendre l'administration des biens de son conjoint absent, de préférence aux héritiers présomptifs.

Cette proposition était une innovation ; car jusque-là, l'usage le plus général avait été : dans les pays de droit écrit, de donner aux héritiers présomptifs la possession provisoire, de telle sorte qu'ils prenaient même la dot de l'épouse, qui n'avait le droit de la réclamer, ainsi que les conventions matrimoniales, qu'après dix ans d'absence ; dans les pays coutumiers, de dissoudre provisoirement la communauté, du jour où les héritiers présomptifs avaient, après le temps d'absence requis, formé, contre l'époux présent, la demande d'envoi en possession des biens de l'absent. Si l'absence cessait ensuite, on considérait la communauté comme n'ayant jamais été dissoute, et les héritiers, qui avaient pris la possession provisoire, devaient rendre compte de tous les biens qui la composaient.

L'innovation proposée fut combattue ; on opposa surtout les principes du contrat de société.

Il fut répondu que les héritiers n'avaient ici aucun intérêt personnel ; qu'ils n'étaient appelés à jouir que pour l'absent, ou que, s'ils entraient provisoirement dans ses droits, ils ne pouvaient se dispenser de se soumettre à ses obligations ;

Que d'ailleurs toutes les fictions qui favoriseraient l'époux présent, pouvaient être adoptées, puisque son mariage conservait de plein droit tous ses caractères ; qu'on pouvait même, suivant que son intérêt s'y trouverait, laisser subsister ou rompre la communauté ;

Que la raison et l'équité voulaient également que l'époux présent, dont la position est déjà si malheureuse, n'éprouvât, dans sa fortune, que le moindre préjudice possible, et surtout qu'il n'en souffrît aucun, dont le seul motif serait l'intérêt des ayant-cause de l'absent, aucun par leur seule volonté.

Les héritiers n'ont jamais prétendu, dit-on encore, que l'époux présent fût tenu de rester, malgré lui, en communauté de biens avec eux : de quel droit le forceraient-ils à la dissoudre s'il voulait la continuer ? ou plutôt, comment pourrait-on les admettre à contester un droit qui repose sur la foi du contrat de mariage ? Si l'incertitude a pu suffire pour les mettre en possession de biens que l'on devait croire délaissés, ce n'est pas sur une incertitude que des héritiers, n'ayant qu'un droit précaire et provisoire, peuvent, contre la volonté de l'une des parties, rompre un contrat synallagmatique, pour prendre une gestion qui n'est nullement désertée.

545. Ces réflexions ont amené l'article 124, qui porte :

L'époux commun en biens, s'il opte pour la continuation de la communauté, pourra empêcher l'envoi provisoire et l'exercice provisoire de tous les droits subordonnés à la condition du décès de l'absent, et prendre ou conserver par préférence l'administration des biens de l'absent : si l'époux demande la dissolution provisoire de la communauté, il exercera ses reprises et tous ses droits légaux et conventionnels, à la charge de donner caution pour les choses susceptibles de restitution.

546. Voilà donc l'époux commun en biens, s'il

opte pour la continuation de la communauté, appelé à empêcher l'envoi en possession provisoire; ou, pour nous exprimer plus exactement, préféré, pour le résultat de cet envoi, aux héritiers présomptifs et à tous autres qui pouvaient y prétendre.

Préféré; car il prend ou conserve l'administration des biens de son conjoint, absent déclaré, aux mêmes charges, clauses et conditions que tout envoyé en possession provisoire; son droit se borne donc à se mettre à la place de cet envoyé en possession, s'il opte pour la continuation de la communauté.

547. Ainsi, comme tout envoyé en possession, l'époux qui prend ou conserve l'administration des biens de son conjoint absent déclaré, doit faire inventaire (article 126), donner caution (article 124), et il gagne une portion des fruits (article 127); il assume, en un mot, sur sa tête, tous les droits et tous les devoirs des envoyés en possession provisoire, n'importe qu'il soit ou ne soit pas formellement désigné dans tous les articles d'où découle chacun de ces droits ou de ces devoirs.

Il est en effet évident que par les mots *envoi provisoire*, qui se trouvent seuls dans quelques articles, le législateur a entendu désigner aussi bien la jouissance de l'époux, que celle des autres ayant-droit; et n'importe que, dans quelques-uns de ces articles, il ait ajouté à ces mots des expressions qui se rapportent spécialement à l'époux. Sans cette manière d'entendre les différentes dispositions de la loi, il faudrait décider, par exemple, que l'époux, qui a pris ou conservé l'administration provisoire des biens de son conjoint absent, peut les vendre, les hypothéquer; car l'article qui prohibe l'aliénation, l'hypothèque, pendant la deuxième période, ne nomme que ceux qui jouissent en vertu de l'envoi provisoire.

548. Quoique la loi n'ait pas distingué entre les conséquences de l'option faite, ou par la femme, ou par le mari, ces conséquences ne peuvent être les mêmes. Dès que le mariage subsiste, ses effets civils continuent à être régis par les règles auxquelles ils étaient soumis lorsque la vie commune subsistait. Nous dirons donc séparément celles qui sont particulières à chaque conjoint, nous verrons ensuite celles qui sont communes à tous les deux.

549. Avant de nous occuper de ces conséquences, examinons si l'époux présent a le droit de poursuivre la déclaration d'absence, et de demander l'administration des biens de son conjoint, quoique l'envoi provisoire ne soit pas demandé par les héritiers présomptifs ou autres y ayant-droit.

Il semblerait résulter des termes de l'article 124, que l'époux ne peut ni poursuivre la déclaration d'absence de son conjoint absent; ni demander la continuation ou la dissolution de la communauté, qu'au moment où ceux qui ont obtenu l'envoi en possession provisoire, veulent s'en prévaloir?

550. Quant à la déclaration d'absence, nous rappellerons que l'article 115 donne le droit à toute partie intéressée de la provoquer; ainsi donc, l'époux présent pourra la demander, s'il y a intérêt. Or, il y a certainement un grand intérêt, s'il peut ensuite, et sans attendre que les héritiers présomptifs ayent obtenu l'envoi en possession provisoire, déclarer qu'il opte pour la continuation, ou pour la dissolution de la communauté, et faire produire à son option les effets consacrés par l'article 124.

551. Dira-t-on que la lettre de cet article, et même l'ordre naturel des choses, résiste à ce que l'époux présent puisse faire cette option tant que personne ne demande l'envoi en possession provisoire?

La lettre; puisqu'on lit dans l'article : *L'époux s'il opte......... pourra empêcher......... s'il demande la dissolution........... il exercera ses reprises.* L'option de l'époux peut *empêcher;* donc elle ne peut être faite que lorsqu'il s'agit de l'envoi en possession.

Il serait aisé de répondre qu'autre chose est

l'envoi en possession, autre chose la prise de possession. On objecterait peut-être alors, qu'il faut du moins que la demande de l'envoi en possession soit introduite ; nous répondrions encore que ces mots *pourra empêcher*, recevront également leur application, dans le cas où l'époux aura, sans attendre l'envoi provisoire, opté entre la continuation ou la dissolution de la communauté ; car, s'il a opté pour la continuation, cette option ayant dû lui faire obtenir l'administration des biens de l'absent, il aura réellement, en optant, empêché l'envoi provisoire.

Mais ce ne serait qu'une dispute de mots; voyons si l'ordre naturel des choses s'oppose à ce que l'époux puisse opter pour la continuation ou la dissolution de la communauté, alors que personne ne demande l'envoi en possession provisoire.

Sans doute ! dira-t-on; car, d'un côté l'époux sera en possession, et de l'autre il répugne qu'il puisse faire une option sans contradicteur.

Sera en possession ; la loi suppose cependant qu'il peut ne pas y être, puisqu'elle dit *prendre* ou conserver par préférence l'administration.

Mais alors même que l'époux serait en possession, son option n'ayant pas pour but unique de lui faire obtenir cette possession, cette circonstance ne prouve rien contre notre opinion.

D'ailleurs, l'époux peut avoir le plus grand

intérêt à se dépouiller de cette possession au plus vite, ce qu'il ne peut faire qu'en usant de la faculté d'opter pour la dissolution de la communauté.

Il répugne qu'il puisse faire une option sans contradicteur.

Ce motif n'est pas plus solide que le précédent. Rien ne se fait ici dans l'intérêt des ayant-cause de l'absent, ils ne peuvent donc réclamer le droit de contredire l'option de son conjoint. Quel est le contradicteur de celui qui poursuit la déclaration d'absence et ses conséquences ? c'est le ministère public. Alors même que les ayant-cause de l'absent auraient été envoyés en possession provisoire, ils ne pourraient réclamer le droit de contredire l'option de l'époux présent, ni d'assister aux actes à faire pour assurer les droits de l'absent. Les ayant-cause de l'absent ne sont donc pas les contradicteurs de l'époux, et il en aura toujours un.

552. Concluons : que l'époux présent peut poursuivre la déclaration d'absence et opter pour la continuation, ou pour la dissolution de la communauté, malgré le silence absolu des ayant-cause de l'époux absent.

Que deviendraient sans cela les interêts, par exemple, de la femme présente, lorsqu'il y a des enfants qui trouveront plus commode d'administrer les biens de leur père absent, et par conséquent ceux de la communauté, sans se faire envoyer en possession, parce que cet envoi gênerait leur administration et les rendrait comptables.

L'épouse délaissée, la mère méprisée n'aurait aucun moyen pour conserver sa fortune! pour faire respecter son autorité! pour arrêter les dilapidations de ses enfants!

Dans l'intérêt même des enfants, il faut que la femme ait le droit de prendre l'administration des biens de son mari, ou de conserver au moins son propre patrimoine; et elle ne le peut, que par l'exercice du droit d'opter entre la continuation ou la dissolution de la communauté, option qu'elle ne peut faire qu'après la déclaration d'absence. Il faut donc que l'époux présent puisse poursuivre cette déclaration. M. Delvincourt lui suppose, lui donne même formellement ce droit (1).

553. Mais, quelle sorte de communauté donnera, à l'époux qui optera pour sa continuation, le droit de prendre ou conserver l'administration des biens de son conjoint, absent déclaré?

En examinant cette question, nous allons reconnaître que l'article 124 n'a pas rempli toute l'idée première des rédacteurs du Code, telle du

(1) Ibid., p. 342.

moins que nous la trouvons annoncée dans ceux des procès-verbaux de la discussion de la loi qui ont été imprimés.

554. Nous avons dit ailleurs à quelle occasion le Conseil d'Etat s'occupa des intérêts du conjoint de l'absent (1), et nous y avons rapporté les termes de la discussion qui eut lieu à ce sujet.

La première idée émise fut : que la loi devait s'occuper aussi des femmes des absents, et empêcher que les héritiers, envoyés en possession provisoire, ne pussent les chasser de la maison de leurs maris (2).

Cette première proposition fit naître, dans sa discussion, la question de savoir si les héritiers seraient contraints de demeurer en communauté avec la femme (3).

La suite de cette discussion prouve que l'on ne considérait la question relative à la communauté, que comme l'accessoire de la première proposition. L'on examinait si, dans le cas où il serait reconnu que la femme devrait être préférée aux héritiers, ceux-ci seraient contraints à laisser

(1) *V.* p. 211.

(2) Le premier Consul. *V.* Procès-verbaux, tome 1, p. 226.

(3) Le comte Portalis, ibid.

continuer la communauté, ou s'ils pourraient en demander la dissolution, afin que la femme ne pût pas administrer avec continuation de communauté (1). La discussion, à laquelle se mêlèrent des questions touchant l'ouverture des testaments et les droits des légataires, se termina comme suit:

« *Le C. Réal* propose de décider si la femme aura l'option entre l'envoi en possession provisoire des biens de son mari, et l'exercice de ses reprises. »

555. Cette proposition était bien différente de celle qu'a consacrée l'article 124. Celle-là comprenait aussi bien la femme non commune que la femme commune; la suite de la discussion l'établira de plus en plus.

« *Le premier Consul* dit que si l'on part de la supposition que le mari est vivant, il ne s'agit que de l'administration de ses biens, et qu'il n'y a pas de difficulté à la confier à sa femme; que si l'on part de la supposition que l'absent est mort, les lois règlent le sort de ses biens et de la communauté; mais, si l'on ne considère le mari ni comme mort, ni comme vivant, il peut être dangereux d'abandonner absolument à sa femme l'administration de son patrimoine.

---

(1) Ibid., p. 226 et suiv.

« *Le C. Maleville* dit que, s'il y a communauté, la femme doit avoir l'option dont on a parlé ; que, s'il n'y en a pas, les héritiers doivent être envoyés en possession.

Voilà bien l'hypothèse de l'article 124 ; c'est ainsi que la proposition d'accorder la possession provisoire à toute femme, fut particularisée à la femme commune.

556. Mais cette nouvelle manière de voir fut-elle adoptée ?

« Le C *Boulay* dit que, dans le système du C. Portalis, la provision pourra être accordée à la femme, même quand il y aura communauté. »

Même quand il y aura communauté ; l'auteur de cette observation croyait donc qu'il ne s'agissait que d'étendre le droit de demander la possession provisoire jusqu'à la femme commune ? Voici la dernière observation.

« Le C. *Tronchet* dit qu'elle doit lui être accordée, même quand il n'y en a pas (même quand il n'y a pas de communauté), parce que la femme non commune profite des revenus de son mari.

« *Le consul Cambacérès* propose de charger la section de rédiger deux projets : un dans chaque système.

« Cette proposition est adoptée. »

557. Rien ne fut donc arrêté dans cette

séance; et comme les procès-verbaux des séances suivantes où fut continuée la discussion du titre des absents n'ont pas été imprimés, nous ne savons pas quels motifs firent adopter le système consacré par l'art. 124.

Mais nous pouvons dire qu'il fallut que la disposition des esprits changeât presque totalement; car une seule voix dans la discussion que nous venons de copier, s'était élevée en faveur du système qui n'avait même pas été soupçonné par la plupart des discutans. Tous les motifs sur lesquels était basée la proposition d'accorder la possession provisoire à la femme, se réunissaient pour que le même droit fût accordé à toutes, quel que fût le régime sous lequel elles auraient été mariées. En effet, on disait: qu'il ne fallait pas que les héritiers du mari pussent chasser la femme du domicile conjugal; qu'il ne suffisait pas qu'elle pût exercer provisoirement ses reprises et ses gains de survie; qu'il importait aussi qu'elle ne pût pas être arrachée à ses habitudes, à ses affections, pour l'intérêt d'héritiers collatéraux; que le sort de la femme serait trop affligeant si l'absence de son mari lui faisait perdre les avantages de leur union, et ne laissait subsister que les chaînes du mariage dans toutes leur nudité. Nous ne savons pas trouver les motifs pour lesquels la femme commune seule a obtenu la faculté de conserver ou de prendre l'administration des biens de son mari. Lorsque la proposition de donner l'administration à la femme fut faite, les motifs de cette proposition étant appréciés par tout le Conseil d'Etat, on trouvait cependant inconvenant de laisser à la femme le droit de continuer la communauté; mais on répondit que dès qu'elle devait administrer, il fallait qu'elle administrât tout ce qui pouvait appartenir au mari. C'était sous ce rapport seulement que la communauté avait été envisagée; il est assez précieux de remarquer que le cas qui paraissait devoir être exclu de la règle, est devenu seul la règle adoptée.

558. Ce fut M. de Maleville, qui mit en avant le système consacré. Né et élevé dans le pays de droit écrit, il devait tenir à des maximes qui s'étaient gravées dans son esprit. Il pensait sans doute qu'il était dangereux de donner aux femmes une administration que les lois romaines, que la jurisprudence des pays de droit écrit, leur refusait pour toutes les hypothèses. La possibilité d'un danger, dans cette administration, venait d'être indiquée par le premier Consul; M. de Maleville profita de cet à propos, pour empêcher du moins l'innovation proposée, et qu'il croyait dangereuse, de venir porter son influence dans la partie de la France où la com-

munauté, presque inconnue, serait peu adoptée pendant très-long-temps.

559. Il faudra sans doute se conformer à la loi. L'époux commun sera seul admis à prendre ou conserver l'administration des biens de son conjoint absent, s'il opte pour la continuation de la communauté. Mais appelons de tous nos vœux une disposition qui étende cette faveur à tous les époux, sans considération des conditions de leur contrat de mariage. Quel est, en effet, le seul but de l'envoi en possession provisoire? C'est, nous ne cesserons de le répéter, c'est, uniquement, d'assurer la conservation des biens de l'absent. Le législateur a bien donné la préférence pour cet envoi aux héritiers de la volonté, ou à ceux de la loi, mais seulement parce qu'il a pensé que ces héritiers auraient un intérêt personnel à la conservation des biens, et que cet intérêt compléterait l'efficacité des mesures, minutieuses même, qu'il a prises pour cette conservation.

La préférence donnée à l'époux présent pour l'administration des biens de son conjoint absent, assure également les intérêts de ce dernier. Dès-lors, l'époux ne mérite-t-il pas la préférence sur les autres appelés à la possession provisoire? Qu'importe ici la loi de son contrat de mariage? Toujours la vie commune a dû être la suite de son union; toujours les époux ont dû être certains que chacun d'eux serait entretenu sur les revenus des biens respectifs ; toujours chacun a dû espérer jouir du nom, du rang, des avantages de son mariage, tant qu'il subsisterait. Pourquoi détruire ces espérances dans un moment aussi cruel, alors que l'époux présent tremble pour les jours de son conjoint ; alors que sa tendresse le porte à toute sorte de sacrifices pour le découvrir ; alors où il l'aide peut-être à échapper à des poursuites, fruit de l'erreur de la justice trompée par la calomnie ?

560. Les conséquences du système adopté par l'art. 124 seront d'autant plus funestes, que l'époux dont le conjoint, poursuivi par une accusation capitale, aura cru devoir se soustraire, pour quelque temps du moins, aux poursuites dont il est l'objet, se verra également chassé de la maison de cet époux ; car nous pensons que les biens des contumaces doivent être régis comme ceux des absents, ce que nous établirons au chapitre 6.

561. Mais nous sommes forcés de nous courber devant la loi, du moins devons-nous en restreindre, autant que possible, les mauvais effets. C'est dans cette vue que nous proposerons d'admettre que toute communauté, soit légale, soit conventionnelle et modifiée par quelles stipulations que ce soit, suffira pour donner à l'époux présent le droit de prendre ou conser-

ver l'administration des biens de son conjoint absent.

Pourquoi la loi veut-elle que l'époux qui opte pour la continuation de la communauté puisse conserver ou prendre l'administration des biens de l'absent? parce qu'il a été reconnu que l'on ne pouvait pas forcer le conjoint présent à livrer les biens de la communauté, et leur administration, aux héritiers. Les héritiers, a-t-on dit, ne doivent être que les dépositaires des biens de l'absent; par quel renversement d'idées nommerait-on un dépositaire aux biens d'une société, alors que l'un des associés est là pour les régir?

Qu'importe que cet associé soit une femme? les femmes sont tellement considérées par la loi comme capables d'administrer, qu'elle leur défère la tutelle de leurs enfants. Et sans doute, on ne prétendra pas que la loi s'occupe plus des intérêts des héritiers de l'absent, que de ceux de l'absent lui-même.

M. Delvincourt partage certainement notre opinion à cet égard, puisqu'il pense que (1) « quand les époux seraient mariés sous le régime dotal, s'il y avait entre eux une société d'acquêts, cette société étant, d'après l'article 1581,

---

(1) Ibid., p. 347, n° 11.

régie par les mêmes règles que la communauté réduite aux acquêts qui n'est elle-même qu'une communauté modifiée, il y a même raison de lui appliquer la disposition dont il s'agit. »

562. Quant aux époux qui seront exclus de la faculté de demander la possession provisoire, du moins leur accordera-t-on le droit de demander, sur les biens de leur conjoint absent, une pension proportionnée au rang que leur nom les appelle à tenir. Ce droit est incontestable; mais il pourra grever les immeubles ; et cela, lorsque le temps sera venu où tous les fruits appartiendront au possesseur provisoire? Ce motif ne peut dégager l'époux qui a de la fortune, de l'obligation de fournir à l'entretien de son conjoint. Si ce conjoint avait eu la possession provisoire, il n'aurait pu demander des aliments; cette possession lui étant refusée, faut-il toujours que les devoirs du mariage s'accomplissent autant que les circonstances le permettent.

563. Passons maintenant aux conséquences de l'option faite par l'époux présent entre la continuation et la dissolution de la communauté, et disons 1° celles pour le cas où le mari présent opte pour la continuation; 2° celles qui s'appliquent au cas où cette option est faite par la femme; 3° celles qui découlent dans les deux cas de l'option pour la dissolution de la communauté.

N° Ier.

Des conséquences de l'option faite par le mari présent, pour la continuation de la communauté.

564. Le mari est, tant que le mariage subsiste, non-seulement l'administrateur, mais encore, à quelques modifications près, le propriétaire des biens de la communauté (art. 1421); et comme l'absence de la femme n'est pas mise au nombre des causes qui dissolvent (1) la communauté, cette absence paraîtrait ne pas devoir changer les droits du mari.

565. Mais, une fois déclarée, l'absence donne à ceux qui ont sur les biens de l'absent des droits subordonnés à la condition de son décès, la faculté de les exercer provisoirement. Il s'est agi de savoir s'ils pourraient demander la dissolution de la communauté. Cette conséquence paraissait devoir résulter des effets de l'envoi en possession provisoire.

566. Cependant, comme nous l'avons déjà expliqué, d'un côté, tous les effets de l'absence doivent cesser soit par le retour de l'absent, soit aussitôt que l'on en aura des nouvelles, soit

(1) Art. 1441, Code Civil.

par la preuve acquise de son décès; de l'autre, le législateur a combiné les effets de l'absence dans le seul intérêt de l'absent, au moins pendant les deux premières périodes, et il ne s'occupe que de la conservation des biens.

567. Partant de ces deux points, le législateur a pensé qu'il convenait de donner à l'époux présent, commun en biens, la faculté d'empêcher l'exercice provisoire des droits subordonnés à la condition du décès de l'époux absent; et d'accorder cette faculté au mari aussi bien qu'à la femme, quoique, lorsque la communauté est dissoute réellement, le mari ne puisse pas y renoncer.

Les biens du conjoint absent seront administrés et conservés également par l'époux présent; et dès lors, les motifs que nous avons déjà développés, commandaient de préférer, pour cette administration, le conjoint présent, à tous autres ayant droit à l'envoi provisoire.

568. Si le mari opte pour la continuation de la communauté, il conserve sur les biens qui la composent tous les droits qui résultent de sa qualité de mari; et ces droits s'étendent sur tout ce qui a dû entrer dans la communauté depuis la disparition de la femme.

Comme tous les fruits, revenus, intérêts et arrérages, de quelque nature qu'ils soient, perçus ou échus pendant le mariage, soit sur les biens de la communauté, soit sur les propres des deux époux, entrent dans la communauté, si elle est légale (1), le mari devient propriétaire de tous ceux qui sont échus pendant l'absence (2).

569. Mais il n'a cette propriété qu'en qualité de maître de la communauté; et, lorsqu'elle est dissoute, si elle est acceptée, tous les biens dont le mari n'a pas disposé pendant qu'elle existait, sont partagés entre le survivant des deux époux et les héritiers de celui qui est décédé.

En un mot, si la communauté a continué, elle est régie, pendant sa durée et à sa dissolution postérieure, par les mêmes règles que si les deux conjoints n'avaient été séparés que par la dissolution réelle du mariage.

570. Dans l'hypothèse de l'absence de la femme, le mari, lorsqu'il s'agira de partager la communauté pour la continuation de laquelle il avait opté, soit parce qu'on aura acquis la preuve de la mort de son épouse, soit parce que l'absence de cette épouse aura duré le temps nécessaire pour l'envoi définitif, prélèvera les portions de revenu sur tout ce qui formera l'hérédité de la femme, telles qu'elles sont accordées au possesseur provisoire par l'article 127: c'est le sen-

---

(1) Art. 1401, Code Civil.

(2) Delvincourt, ibid., p. 347, n° 13.

timent de M. Delvincourt, qu'il justifie, en même temps qu'il combat les raisons (1) qui militent en faveur de l'opinion contraire.

571. Quoique le mari soit le maître absolu des biens de la communauté, nous pensons qu'il doit comprendre dans l'inventaire qui sera dressé, les meubles et titres dépendant de cette communauté. Cet acte ne modifiera pas ses droits, et il est indispensable pour donner les moyens de distraire, le cas y échéant, les fruits qui doivent revenir au mari.

572. Dès qu'il a le droit de disposer de tout ce qui compose la communauté, la caution qu'il devra fournir ne s'étendra pas jusque sur les biens de cette communauté (2).

Nous disons *la caution qu'il devra fournir*; car nous pensons que l'époux qui opte pour la continuation de la communauté, doit en donner une tout aussi bien que celui qui en préfère la dissolution; ce que nous allons établir plus particulièrement au numéro suivant.

N° II.

Des conséquences de l'option faite par la femme, pour la continuation de la communauté.

573. La femme, en optant pour la continua-

(1) Ibid., p. 353.

(2) Ibid., p. 347, n° 13.

tion de la communauté, n'acquiert pas sur les biens qui la composent plus de droits qu'elle n'en avait pendant que son mari était présent; elle ne devient donc, à proprement parler, que l'administrateur des biens de cette communauté, tout comme de ceux propres à son mari, et sans aucune différence.

Elle a, quant aux biens soit de la communauté, soit propres à son mari, les mêmes droits, et elle est chargée des mêmes devoirs, que tout envoyé en possession provisoire. Les biens de la communauté sont considérés comme s'ils étaient la propriété du mari, puisqu'ils peuvent le devenir en dernière analyse, si la communauté est répudiée, l'épouse aura donc sur les fruits et revenus de tous ces biens, la même portion de fruits, que tout envoyé en possession provisoire. On objectera, contre cette manière de voir, dit M. Delvincourt (1), que si le mari revient, la communauté n'est pas censée avoir été dissoute, et l'on dira par conséquent que tous les fruits ont dû s'y confondre; notre auteur répond: et avec raison, que la loi donne expressément une portion des fruits à ceux qui ont l'*administration légale*, termes qui ne peuvent s'appliquer qu'au conjoint présent.

---

(1) Ibid., et suiv.

574. Lorsque la loi a permis à l'époux présent commun en biens de prendre lui-même la possession provisoire en acceptant la communauté, elle a, dans cette occasion, envisagé l'intérêt de celui qui allait se charger de l'administration des biens de l'absent; elle n'a pas voulu rompre un contrat synallagmatique sans le consentement des deux parties.

575. Mais elle a dû ne pas faire un présent funeste. Il ne le sera jamais au mari, qui, ayant pu apprécier les forces de la communauté, se conduira en connaissance de cause. La femme, au contraire, n'est pas censée connaître l'importance de la communauté; la loi n'a pas voulu qu'elle fût la victime d'une acceptation qui a pu même être dictée par la tendresse conjugale, mais qui du moins, n'aura pas été souvent basé sur des données certaines.

Dans le cas de la dissolution réelle de la communauté, la femme ne peut plus y renoncer lorsqu'elle l'a acceptée; mais, avant de l'accepter, elle fait procéder à un inventaire qui la met à même de prendre son parti en connaissance de cause. Dans le cas de l'absence au contraire, l'inventaire ne sera fait qu'après l'option (1).

Il pourrait même arriver que la femme a trop espéré de ses connaissances en administration,

(1) Delvincourt, ibid., p. 349, n° 3.

ou survenir des affaires qu'elle n'ose ou ne veut pas suivre ; la loi devait, dans ces cas aussi, donner à la femme le moyen de se tirer d'une position qui joindrait au malheur de la viduité anticipée, celui de l'anéantissement de sa fortune.

Il était surtout de toute justice, que la femme conservât la faculté de renoncer à la communauté par la considération, qu'en apprenant la mort du mari, on peut apprendre aussi qu'il a contracté beaucoup de dettes qui deviendront une charge de la communauté. Il était donc nécessaire de fournir à la femme les moyens de ne pas se voir obligée à des dettes qu'elle n'avait pu prévoir.

Par tous ces motifs la loi dispose, article 124, que :

> La femme, en optant pour la continuation de la communauté, conservera le droit d'y renoncer ensuite.

576. Les auteurs des Pandectes croient voir dans cette faculté accordée à la femme une disposition qui peut entraîner les plus graves conséquences ; ils proposent de la modifier : voici leurs propres expressions.

« Dans le cas du § 1er de l'article 124, c'est la femme demandant la continuation de la communauté qui en obtient l'administration ; c'est elle qui va la régir et gouverner à sa volonté : pourra-t-elle donc, soit par une administration imprudente, ou même à dessein, en faisant, par exemple, de gros emprunts, absorber, consumer les biens de son mari; et, renonçant ensuite à cette communauté qu'elle a obérée, retirer franchement sa fortune, et rejeter toutes les dettes qu'elle aura contractées sur les biens de son mari, en profitant des sommes qu'elle se sera procurées?

« L'affirmative résulte certainement du texte de la loi, disent ces auteurs; mais, ajoutent-ils, la conséquence nous semble d'une injustice telle que nous osons affirmer qu'elle n'a jamais été dans l'intention du législateur.

« C'est ici, continuent-ils, une de ces occasions où il faut accorder nécessairement l'équité avec la rigueur des termes.

« La loi veut-elle dire que la femme, qui demande la continuation de la communauté, conservera la faculté d'y renoncer, dans l'état où elle se trouvera après son administration, et indistinctement? Sûrement, non! Il s'en suivrait que la femme aurait le pouvoir de ruiner son mari, et de faire sa propre fortune à ses dépens. »

Ces auteurs proposent le remède suivant : « Il nous semble donc que la femme, dans ce cas, conserve la faculté de renoncer à la communauté, seulement dans l'état où elle était lorsqu'elle en a demandé la continuation, parce que, jusque-là, elle n'a eu aucune propriété, aucun pouvoir, et que l'état de la communauté, jusqu'à ce moment, n'a pas dépendu d'elle.

« Mais depuis cette époque, la situation de la femme a changé, c'est elle qui est devenue la maîtresse, l'arbitre de la gestion de la communauté. En conséquence, par la raison que le mari, précisément à cause de son pouvoir exclusif, ne peut pas renoncer à la communauté, la femme nous paraît être dans la même impuissance; et comme les héritiers du mari se trouvent alors à l'égard de la femme, exactement dans la même position où elle était vis-à-vis de son mari, ce sont eux qui doivent avoir le droit de renoncer à cette continuation de communauté, sur l'administration de laquelle il n'ont eu aucune sorte d'influence ni de pouvoir. Il nous semble, disent, en terminant, ces auteurs, que par ce moyen, on concilie la loi avec l'équité, et que, en exécutant celle-là, on accorde à celle-ci ce qui lui est dû. »

Si le législateur a astreint à donner caution, aussi bien la femme qui opte pour la continuation de la communauté, que celle qui en a demandé la dissolution, aucun des inconvéniens signalés par les auteurs des Pandectes ne pourra se présenter. Ces auteurs n'ont pas traité cette dernière question. Cependant s'il est possible d'en établir l'affirmative, tous les dangers disparaîtront, sans qu'il soit nécessaire d'aller contre le vœu formel de la loi ; car elle donne à la femme, positivement et sans aucune exception, le droit de renoncer à la communauté qu'elle avait d'abord acceptée.

577. D'ailleurs, quand il serait vrai que la femme ne dût pas donner caution, le serait-il également qu'elle pourra ruiner la communauté, son mari, et s'enrichir aux dépens de leurs dépouilles?

578. On ne trouvera, d'abord, nulle part que la femme ait le droit d'aliéner, d'hypothéquer les biens de la communauté; car, outre la généralité de l'article 128, le 124me. ne donne à l'époux que le droit de *prendre* ou *conserver l'administration des biens de l'absent*. Or, l'administration ne confère, dans aucun cas, le pouvoir de vendre ni d'hypothéquer les biens à administrer.

Voilà donc la femme, par une conséquence évidente du droit en vertu duquel elle détient, dans l'impossibilité de dilapider les immeubles.

579. Pourra-t-elle dissiper davantage le mobilier? La possession provisoire donne à tous ceux qui l'ont obtenue le droit de disposer du mobilier; mais ils sont chargés, d'après l'inventaire, de le représenter en nature, ou bien sa valeur estimative; et la femme est formellement obligée par l'article 126, à faire inventaire. Tout au plus

donc, ne serait-elle tenue de représenter le mobilier qu'à concurrence de son avoir, dans le cas où elle aurait été dispensée d'en fournir caution. Elle ne pourra donc jamais s'enrichir aux dépens de ce mobilier, elle ne pourra donc jamais faire sa fortune en ruinant son mari.

Et c'est ce que les auteurs des Pandectes reconnaissent eux-mêmes, lorsqu'ils disent : « Il n'est pas douteux que si le mari revient, tout rentrera dans l'ordre, et que la communauté n'a pas cessé un seul instant d'exister; que le mari peut improuver les opérations que la femme a faites pendant son absence. Il sera néanmoins obligé, comme chef de la communauté, envers ceux qui ont contracté de bonne foi avec sa femme, *mais il lui sera dû récompense par celle-ci lors de sa dissolution.* » D'après tous ces motifs, M. Delvincourt, qui pense que la femme qui a opté pour la continuation de la communauté ne doit pas donner caution (1), reconnaît cependant : qu'elle a toujours le droit d'y renoncer, quoiqu'elle ait opté pour sa continuation (2).

580. Toutefois, pour garantir l'absent de toute perte, il faut que l'obligation de donner caution existe, et pour le cas où le conjoint pré-

(1) Ibid., p. 346, n° 9.

(2) Ibid., p. 349, n° 3.

sent opte pour la continuation, et pour celui où il opte pour la dissolution de la communauté.

L'article 124 contient-il quelque disposition exclusive de cette double obligation?

On pourrait induire de ce que l'obligation de donner caution ne résulte que des derniers mots du premier alinéa de cet article, qu'elle ne s'applique qu'au cas de l'option pour la dissolution.

Voici comment s'exprime M. de Maleville à ce sujet (1).

« L'article dit que si l'époux restant demande la dissolution provisoire de la communauté, il sera obligé de donner caution pour la restitution des droits qu'il reprendra; mais il ne dit point que si cet époux opte pour la continuation de la communauté, et qu'en conséquence il conserve l'administration, il serait obligé de donner caution comme les héritiers naturels, et je ne croyais pas en effet qu'il y fût tenu, parce qu'il ne fait en quelque sorte que gérer sa propre affaire, à la différence des héritiers présomptifs qui sont censés préposés à la garde des biens d'autrui. »

Voilà ce que dit M. de Maleville en faveur de l'opinion de ceux qui penseraient que l'époux présent n'est tenu de donner caution que lors-

(1) Ibid., p. 140.

qu'il a demandé la dissolution de la communauté.

Il est sensible que les motifs sur lesquels repose ce raisonnement, ne peuvent au moins s'appliquer à la femme; car les biens de la communauté ne peuvent jamais être considérés comme sa chose propre.

D'ailleurs, cet auteur ajoute tout de suite (1); « Cependant l'article 129 suppose le contraire, lorsqu'il dit qu'après trente ans écoulés depuis que l'époux commun aura pris l'administration des biens de l'absent, les cautions seront déchargées : *il est donc obligé d'en donner.* »

Et M. de Maleville a cru justifier suffisamment cette disposition en disant : (2) « Cette caution est même nécessaire sous un autre rapport, afin de répondre de la dilapidation que la femme pourra faire des biens de la communauté pour y renoncer ensuite comme notre article lui en donne le droit; et ce droit lui est justement accordé : il faut bien en effet venir au secours de celle qui, trop légèrement, se serait chargée du fardeau d'une administration qui se trouverait ensuite au-dessus de ses forces, et lui deviendrait préjudiciable. »

581. Voilà donc l'obligation de donner cau-

(1) Ibid., p. 140.

(2) Ibid.

tion dans le cas même de l'option pour la continuation de la communauté, établie par les termes de la loi, et justifiée par un auteur dont l'opinion a d'autant plus de poids, qu'aux plus grandes lumières, il joint d'avoir assisté à toute la discussion au Conseil d'Etat.

Cette opinion ne devrait donc pas souffrir de difficulté. Cependant, comme nous venons de l'annoncer, M. Delvincourt dit qu'il pense que cette obligation n'existe pas. « Je me fonde, ajoute-t-il, sur ce que le même article a prévu les deux cas de la continuation et de la dissolution de la communauté, et qu'il n'astreint l'époux à donner caution que dans le dernier cas. D'ailleurs, il pourrait souvent arriver que la difficulté de trouver une caution, privât l'époux présent de l'avantage que la loi a voulu lui procurer (1)..... »

La dernière raison est mauvaise ; car elle pourrait être invoquée en faveur de tous les envoyés en possession provisoire, des enfans de l'absent déclaré surtout.

La première est évidemment une pétition de principes ; puisque la question est de savoir si : précisément par ses termes mêmes, la loi n'a pas astreint l'époux à donner caution, quelle que soit l'option qu'il aura faite.

---

(1) Ibid., p. 347, n° 13.

Nous soutenons l'affirmative de cette proposition; et afin de l'établir de plus en plus, nous allons nous permettre d'ajouter aux raisons invoquées par M. de Maleville.

582. Nous avons cru devoir consulter d'abord la ponctuation de l'article 124. Nous avons vérifié le texte de l'imprimerie du Gouvernement intitulé : *Edition originale et seule officielle*, (an 12-1804), nous avons trouvé dans cette édition que les mots *des biens de l'absent*, étaient suivis *d'un point*. Nous avons vérifié ensuite le texte dans les procès-verbaux également imprimés à l'imprimerie du Gouvernement, (an 12-1804); là, après les mêmes mots, il y a *deux points*. Nous retrouvons cette dernière ponctuation dans une édition stéréotype d'après les procédés d'Herhan, (in-18, 1807), tandis que MM. de Maleville, Locré et Pailliet se sont conformés à la ponctuation de l'édition originale.

Cette différence d'ortographe dans deux éditions sorties de la même imprimerie, et de l'imprimerie du Gouvernement, laisse dans l'incertitude pour savoir quelle est la bonne. Remarquons toutefois, que celle que l'on trouve aux pages 58 et 59 du second volume des procès-verbaux, est intitulée *Rédaction définitive*; et que c'est celle qui a été arrêtée directement dans les discussions du Conseil d'Etat, et qui a été faite par le rapporteur lui-même.

583. Si un point sépare les mots, *des biens de l'absent,* du reste de l'article, ce qui précède le point formera une disposition complète, une phrase, renfermant toute la pensée de son auteur, et à laquelle les phrases suivantes ne peuvent se rapporter, sans une disposition formelle (1). Dans cette hypothèse, il serait possible de soutenir que les termes de l'article 124 ne soumettent pas au bail de caution pour le cas de la continuation de la communauté.

S'il y a au contraire *deux points* après les mots *des biens de l'absent*, cette ponctuation n'annonçant rien de plus que la fin d'une période, dont le sens est à la vérité complet, mais qui est suivie de quelque chose (2) qui s'y rattache, soit pour modifier, soit pour expliquer, soit pour étendre ce sens; nous serons fondés à soutenir que ce quelque chose, est le membre de phrase qui termine l'alinéa.

Dans cette hypothèse, la lettre même de l'article 124 contiendrait textuellement l'obligation du bail de caution, et pour le cas de la continuation, et pour celui de la dissolution de la communauté.

584. Nous aurons droit d'affirmer que la ponctuation conservée dans les procès-verbaux est certainement celle qui avait été adoptée au

(1) *V.* Dictionnaire de l'Académie, verb. *point.*

(2) Ibid.

Conseil d'Etat, lorsque nous aurons fait remarquer : que l'esprit dans lequel tout l'article 124 est rédigé, aussi bien que celui qui a présidé à l'ensemble de la loi, commandent l'obligation du bail-caution également pour les deux hypothèses prévues par cet article.

585. Il résulte de cet article, que l'époux commun en biens, s'il opte pour la continuation de la communauté, prend ou conserve l'administration des biens de son conjoint absent de préférence aux héritiers ou ayant-cause.

Quoique le législateur n'ait eu en vue, dans toutes les règles sur l'absence pendant les deux premières périodes, que les intérêts de l'absent, cependant il a voulu prendre en considération celui de l'époux de cet absent, afin qu'il ne fût pas chassé de la maison conjugale, et dépossédé par des collatéraux.

Mais certainement il n'a pas entendu aller plus loin ; il n'a pas entendu surtout, que la préférence donnée à l'époux pût être préjudiciable à l'absent, au point où elle pourrait le devenir si la femme n'était pas soumise au bail de caution. Aussi, comme l'a remarqué M. de Maleville, l'art. 129 suppose évidemment ce cautionnement.

586. De plus, si le législateur, en rédigeant l'article 124, n'avait voulu parler de la caution que pour le cas de la dissolution de la communauté, certainement il n'aurait pas écrit la dis-

position qui en consacre l'obligation, dans les termes qui terminent cet article.

On y lit : *A la charge de donner caution pour les choses susceptibles de restitution.* Mais à quoi bon les mots *pour les choses susceptibles de restitution*, si le bail de caution n'est obligé que dans le cas de la dissolution de la communauté? Dans ce cas, en effet, tout ce que l'époux présent recevra sur la succession anticipée de son conjoint absent, ne devra-t-il pas être rendu, si cet absent revient?

A quoi bon, par conséquent, ajouter: *pour les choses susceptibles de restitution?* alors que, dans l'hypothèse de la dissolution, le conjoint est dans la même position que tout possesseur provisoire? Car on ne prétendra pas, sans doute, que la femme a acquis par l'absence de son mari la libre disposition de ses biens propres, et que c'est là le motif pour lequel la loi a dit: *pour les choses susceptibles de restitution.* Nous prouverons ailleurs, que l'absence ne délivre pas la femme de la puissance maritale (1); nous soutenons en attendant que ces mots ne peuvent avoir en vue que de régler le mode de restitution des biens de l'absent.

Dans le cas, au contraire, où le cautionne-

---

(1) *V.* p. 736 et suiv.

ment doit avoir lieu pour l'hypothèse de la continuation de la communauté ; quoique la loi dise formellement que la communauté continue, comme elle met le conjoint à la place du possesseur provisoire, le législateur a pu craindre qu'on ne voulût conclure de ce que le possesseur provisoire n'est pas libre de disposer des biens, que le mari n'aurait plus la disposition de ceux composant la communauté ; et il a dû annoncer qu'il ne dérogeait pas aux autres règles du contrat de mariage : c'est le motif des expressions qui terminent l'art. 124.

587. Et il est évident que ces expressions ont été ajoutées parce qu'on donnait au conjoint présent le droit d'opter pour la continuation de la communauté ; car, elles n'étaient pas dans une première rédaction par laquelle ce droit n'était pas consacré.

L'article du projet qui est devenu le 124me du Code, était d'abord conçu ainsi :

« *Lorsque les héritiers présomptifs auront obtenu l'envoi en possession provisoire, l'époux de l'absent pourra demander la dissolution provisoire de la communauté, et exercer également à titre de provision tous les droits résultant de son contrat de mariage, à la charge de donner caution.* »

C'était la rédaction proposée par la Section, lorsqu'elle modifia celle de la Commission d'après les résultats de la première conférence sur cette matière (1). On voit, comme nous l'avions observé, que cet article imposait sans aucune modification, l'obligation de donner caution; mais qu'il n'accordait pas à l'époux le droit d'opter pour la continuation de la communauté.

Tout concourt donc à justifier l'opinion émise par M. de Maleville, pour l'obligation de donner caution dans les deux hypothèses qui font la matière de l'art. 124.

588. Cette manière d'entendre notre article est encore confirmée par l'ensemble de la loi du 13 janvier 1817 que nous transcrirons au chap. V. Cette loi s'est occupée de l'envoi en possession des biens des militaires, et elle s'exprime sur l'obligation du bail de caution, de manière à démontrer que le législateur pensait y avoir obligé l'époux, pour toutes les hypothèses.

589. Mais M. de Maleville a ajouté : « Je crois même, qu'en cas de dilapidation et nonobstant la caution, les héritiers présomptifs de l'époux absent pourraient demander la dissolution de la communauté; parce que, d'une part, il y a bien soupçon de mort après la déclaration d'absence, et que de l'autre, *satiùs est intacta jura servare, quàm post vulneratam causam remedium quærere* (2). »

---

(1) *V*. Procès-Verbaux, t. 1, p. 218.

(2) Ibid., p. 141.

Pourquoi les héritiers du mari absent auraient-ils le droit de faire dissoudre la communauté dans le cas où la femme la dilapiderait? N'est-il pas constant que leur intérêt n'est entré pour rien dans les règles sur les effets de l'absence pendant les deux premières époques? Dira-t-on qu'ils agiraient aussi pour le seul intérêt de l'absent? Mais cet intérêt est assuré par la responsabilité de la femme et par le bail de caution.

Il n'y a donc pas de motifs assez graves pour autoriser à ajouter à la loi une disposition qui placerait l'époux déjà assez malheureux, sous la tutelle de collatéraux, qui deviendraient plus exigeants, à mesure qu'ils verraient s'augmenter les probabilités de la disparition absolue de l'autre conjoint. Nous pouvons appuyer ici encore notre opinion sur celle de M. Delvincourt (1).

590. Nous ne partageons pas davantage le sentiment des auteurs des Pandectes lorsqu'ils disent que : si la femme a quitté son mari malgré lui et qu'il l'ait réclamée (2), elle est privée, dans le cas où elle reparaîtrait, de la faculté de demander part dans la communauté, parce que tel était l'ancien principe, et que cette règle leur paraît devoir être conservée, attendu qu'elle est conforme à l'équité et qu'elle est une juste

---

(1) Arg. de ce qu'il dit au n° 3 de la p. 349, ibid.

(1) Tom. 3, p. 28.

punition de l'oubli que la femme a fait de ses devoirs ; ni lorsqu'ils ajoutent : « nous pensons par la même raison que la femme, dans la même position, dont le mari viendrait à disparaître, ne devrait point être admise à user de la faculté portée par cet article. La communauté, disent-ils, étant rompue à son égard, par sa contumace, elle ne peut pas demander la continuation de ce qui n'existe plus. »

Puisque le principe invoqué par ces auteurs était professé par nos meilleurs juristes, il était certainement connu des rédacteurs du Code; dès-lors, il suffit qu'il n'ait pas été consacré par la loi nouvelle, pour qu'il ne puisse plus être invoqué; alors surtout qu'il établit une peine : le silence du législateur prouve qu'il n'a pas voulu consacrer l'ancienne règle.

N° III.

Des conséquences de l'option de l'époux présent, pour la dissolution de la communauté.

591. Lorsque l'époux présent opte pour la dissolution de la communauté, les règles ordinaires sur l'envoi en possession provisoire reprennent leur empire. Cet époux rentre dans la jouissance des biens qui lui sont propres, la communauté est régie par les mêmes règles que si elle était dissoute par la mort, et l'époux pré-

sent prend provisoirement tout ce à quoi il a droit sur les biens du conjoint absent, soit en vertu du contrat de mariage, soit en vertu du testament, soit en vertu de tous actes de donation ou autres.

Dès qu'on a admis tous ceux qui ont sur les biens de l'absent des droits subordonnés à la condition de son décès, à les exercer, il n'a pas paru possible de maintenir l'ancienne jurisprudence sur le cas où la femme était présente. Pourquoi aurait-on fait pour elle seule une exception à la règle générale? alors qu'elle est bien plus favorable que des collatéraux, que des héritiers, qui invoquent un testament peut-être caduc, ou révoqué, ou etc?

592. Si la femme opte pour la dissolution de la communauté, cette dissolution s'opère, et les biens passent provisoirement aux héritiers du mari. Mais la femme exerce ses reprises ; seulement, cet exercice ne lui donne que l'administration des biens qu'elle aurait eu à réclamer si son mari était décédé.

593. Toutefois, il n'en est pas de ce cas de dissolution de communauté, comme de celui où cette dissolution arrive par la mort du mari. Dans le dernier cas, la femme ne doit pas s'immiscer, si elle veut conserver le droit de renoncer ; elle ne doit pas non plus prendre la qualité de commune, et elle doit faire faire inventaire dans les

trois mois qui suivent la mort du mari, et faire au greffe du Tribunal sa rénonciation, dans trois mois et quarante jours (1). Sans toutes ces précautions, elle perdrait le droit de renoncer à la communauté.

Lors, au contraire, qu'un mari aura disparu, sa femme aura ou n'aura pas géré les biens de la communauté, aura pris le titre de commune depuis la disparition, etc., que tout cela ne lui enlèvera pas la faculté de renoncer.

594. Aussitôt le temps de la déclaration d'absence advenu, si la femme a intérêt à faire prononcer l'envoi provisoire, elle pourra poursuivre cette déclaration; et, lorsque l'absence aura été déclarée, la femme fera son option pour la dissolution de la communauté; après quoi elle acceptera ou répudiera cette communauté, exercera ses droits sur les biens de son mari, et fera faire inventaire de ceux de ces biens qu'elle appréhendera à titre de possession provisoire : car elle ne sera tenue de faire inventaire que de cette portion des biens.

595. Si les autres ayant-droit à la possession provisoire, prétendent que la femme a détourné des effets, soit de la communauté, soit du mari, qu'elle a dilapidé quelque chose depuis la dispa-

(1) Art. 1453 et suiv., Code Civil.

rition de son conjoint, ils agiront comme le dit l'art. 1442 du Code Civil en ces termes : « *Sauf les poursuites des parties intéressées, relativement à la consistance des biens et effets communs, dont la preuve pourra être faite tant par titre que par la commune renommée.*

596. Si ce sont les héritiers qui ont obtenu l'envoi provisoire, la femme pourra ne demander la dissolution de la communauté, et par conséquent ne l'accepter ou répudier, que lorsque les héritiers voudront se mettre en possession ou partager ; elle peut, dans ce cas, attendre que l'inventaire soit fait.

597. Lorsque le mari est présent, comme il administre ordinairement tous les biens de sa femme même présente, la disparition de celle-ci ne produira pas l'abandon de ses biens. Il n'y aura donc pas nécessité à l'envoi provisoire dans l'intérêt de la femme. La possession provisoire ne sera mise en pratique, que lorsqu'elle conviendra plus aux intérêts du mari, ou lorsque les héritiers ou ayant-cause de la femme voudront en faire leur profit, ou assurer les biens propres de la femme.

Le mari demandera presque toujours la continuation de la communauté ; car, étant le maître des biens qui la composent, cette communauté est toujours un avantage pour lui. Ainsi, lorsqu'il y aura communauté, l'absence de la femme n'entraînera presque jamais l'envoi en possession provisoire.

Lorsqu'il n'y en aura pas, les choses se passeront comme si l'absent n'avait pas de conjoint; celui-ci ne sera qu'un ayant-droit de plus.

598. Si le mari demandait la dissolution de la communauté, les héritiers présomptifs de la femme ou ses ayant-cause, auront la faculté de l'accepter ou de la répudier : en un mot, on appliquera les mêmes règles que si la communauté était dissoute par la mort; sauf que les héritiers ou ayant-cause devront faire inventaire de tout ce qu'ils appréhenderont, et donner caution pour assurer une restitution entière, le cas y échéant.

599. Si la femme était absente, et que le mari ait opté pour la dissolution de la communauté, la femme sera-t-elle liée par le choix qu'auront fait ses héritiers ou ayant-cause entre l'acceptation ou la répudiation de la communauté ? Nous le pensons, parce que le droit d'accepter ou de répudier fait partie des biens de l'absent, et que les envoyés en possession ont l'administration de tous. Seulement, comme ce droit est immobilier, les héritiers ne pourront l'exercer que d'après les formes qu'ils doivent suivre pour l'exercice de cette sorte de droits, et le partage devra toujours être fait en justice.

600. Dira-t-on qu'il est difficile de concevoir

comment le procureur du Roi pourra être appelé à surveiller un choix qui peut être si préjudiciable à la femme absente, et comment l'exercice de ce choix sera constaté quant aux biens qui adviendront en conséquence à la femme?

Nous répondrons : que le procureur du Roi pourra toujours évoquer la question de l'acceptation ou de la répudiation devant le juge, par cela seul que la loi veut que l'inventaire soit fait en sa présence. Car, comme cet inventaire doit comprendre tous les meubles de l'absent, le procureur du Roi sera dès-lors à même de voir par l'inventaire, ce que les héritiers ont fait quant à la communauté; et, s'il était nécessaire d'examiner la conduite des héritiers, il fera des insistances; et les insistances faites dans les inventaires doivent être soumises au président du Tribunal de première instance (1). Ainsi, voilà toujours qui garantit que les intérêts de l'absent seront défendus.

Peut-être même faudra-t-il décider que les héritiers ou ayant-cause envoyés en possession ne pouvant acquiescer à une demande relative à une action immobilière, et le droit de demander le partage de la commnnauté ou d'y renoncer, créant

(1) Art. 344 du Code de Procédure.

une action immobilière, ces héritiers devront se faire autoriser par le Tribunal à accepter ou à répudier, dans la même forme qu'ils ont demandé l'envoi en possession provisoire. Le tuteur, dans un cas semblable, se ferait autoriser par le conseil de famille (1); or, les Tribunaux sont pour les absents, le conseil de famille, et le procureur du Roi, le subrogé-tuteur.

601. Si l'époux qui était absent revient, la communauté, qu'elle eût été continuée ou dissoute, est censée n'avoir jamais cessé d'exister.

Mais si l'absent ne revient pas, ou si l'on n'acquiert que la preuve de la date de son décès, cette communauté sera-t-elle censée avoir continué jusques à l'envoi définitif ou jusques au moment où l'on a acquis la preuve du décès de l'absent?

Dans le premier cas, si l'époux présent a opté pour la continuation de la communauté, elle sera censée avoir continué jusques à l'envoi définitif. S'il avait opté pour la dissolution, elle n'aura plus existé depuis cette dissolution effectuée.

Dans le second, la loi faisant ouvrir la succession de l'absent au jour de son décès, n'importe l'époque à laquelle la preuve de la date de ce décès soit acquise, il semblerait que la communauté doit aussi être censée avoir été dis-

(1) Arg. des art. 461, 464 et 465 Code Civil combinés.

soute à la même date du décès. Mais alors il faudrait décider aussi que le mari n'est pas le maître de disposer de la part qu'il a appréhendée dans cette communauté. Et cela serait bien plus juste, car la femme ne sera pas autorisée non plus à disposer de sa part des biens de la communauté. Il nous semble, toutefois, qu'il serait tout aussi raisonnable d'ordonner : que lorsque l'époux présent a opté pour la dissolution de la communauté, cette dissolution donne à chaque conjoint, vis-à-vis de l'autre, le droit de disposer en maître de ce qu'il a appréhendé sur les biens de la communauté; laquelle, si l'absent revient ou si son existence est prouvée, recommencera seulement au jour du retour, ou de la preuve acquise de l'existence, tout comme si le mariage se célébrait ce jour-là (1).

602. L'article 140 porte :

Si l'époux absent n'a point laissé de parens habiles à lui succéder, l'autre époux pourra demander l'envoi en possession provisoire.

Dans ce cas, l'époux devient l'héritier légal de son conjoint (2), il demande donc la possession provisoire à titre d'héritier présomptif; on n'examine donc plus s'il y avait ou non commu-

---

(1) *V.* à cet égard M. Delvincourt, ibid , p. 348 et 349.

(2) Art. 767, Code Civil.

nauté. Cependant, s'il y en avait, il faut que l'époux présent déclare s'il veut ou ne veut pas que la communauté continue. Si la femme est présente, il faut, dans le cas où elle a opté pour la dissolution, qu'elle déclare encore si elle accepte ou répudie la communauté. Tout cela est nécessaire, soit dans l'intérêt de l'absent, soit parce qu'il peut se présenter des héritiers qui primeront la femme; et il faut bien que les droits de tous soient faciles à régler en dernière analyse.

603. L'inventaire à faire dans notre cas, doit comprendre tous les meubles de la communauté, même lorsque le mari est présent, et soit qu'il opte pour la continuation, soit qu'il opte pour la dissolution de la communauté; afin que, des héritiers de la femme se présentant, ils puissent l'accepter ou la répudier, et que l'acceptation les rétablisse dans tous les droits.

604. Pour appeler l'époux présent à l'envoi provisoire des biens du conjoint absent en qualité de son héritier présomptif, la loi ne demande pas qu'il n'y ait aucun héritier, mais seulement qu'il n'y en ait plus aucun d'habile à succéder à l'absent. Or, n'est pas habile, non-seulement celui qui est indigne, celui qui est incapable, le parent qui est au-delà du 12me degré, mais encore celui qui, pouvant se porter héritier, répudie la succession et qui n'est pas revenu en temps utile

contre cette répudiation (1); celui - là même qui ne fait pas acte d'héritier, qui ne s'annonce pas pour tel. Car, quoique la renonciation à une succession ne se présume point (2), faut-il du moins que l'héritier plus proche soit connu ou se fasse connaître? Ce qui prouve que la succession peut être appréhendée par l'époux alors même qu'il y aurait des héritiers habiles en droit, ce sont les précautions que prescrit la loi pour que ces héritiers puissent exercer leurs droits (3) postérieurement.

605. Nous pensons d'ailleurs que les conséquences de cette règle : *la renonciation à une succession ne se présume pas,* ne sont applicables, dans toute leur rigueur, que lorsqu'il s'agit d'une succession proprement dite, et non lorsqu'il est question des biens d'un individu qui a disparu. Dans le cas d'une succession, la loi s'occupant de l'héritier, a pu vouloir qu'il ne fût pas dépouillé sans son consentement formel. Lors, au contraire, qu'il est question de la possession provisoire des biens d'un absent, cette possession étant entièrement dans l'intérêt de l'absent, et celui des héritiers n'étant à peu près pour rien dans les calculs du législateur, leur si-

(1) Art. 790, Code Civil.

(2) Art. 784, *ibid.*

(3) Art. 769 et suiv., *ibid.*

lence suffira pour que l'héritier subséquent puisse demander, et obtienne cet envoi. Le législateur a tellement prévu que l'héritier le plus proche pourrait ne pas vouloir de la possession provisoire, qu'il entend que, lorsqu'il y aura lieu à l'envoi en possession définitif, tous les ayant-droit puissent demander le partage des biens, et se faire envoyer en possession définitive (1).

606. Mais si des héritiers présomptifs avaient, en cette qualité, fait déclarer l'absence, et qu'ils ne poursuivissent pas l'envoi provisoire, l'époux pourrait-il le demander ?

On dira pour la négative, qu'il y a ici des héritiers habiles, connus.

Nous répondrons toujours : que l'envoi provisoire est tout dans l'intérêt de l'absent ; que la loi entend que ses biens soit administrés, et que, dès que les héritiers plus proches ne veulent pas de cette administration, elle doit être dévolue aux subséquents. Nous estimons donc que, dans ce cas-là même, l'époux devra être reçu à demander l'envoi provisoire et devra l'obtenir. On pourrait tout au plus exiger que l'époux fît signifier à ces héritiers un acte pour qu'ils eussent à demander l'envoi provisoire dans tel délai, comme le voudrait M. Delvincourt au passage cité de lui, n° 415 ; et ce serait possible cette fois, puisque les héritiers seront en instance.

(1) Art 129, Code Civil.

607. Dès que le possesseur provisoire ne possède que pour l'absent, il ne peut jamais prescrire la propriété. Donc ce ne sera qu'après l'envoi définitif, que devront être exécutées les mesures auxquelles est soumis le conjoint qui appréhende comme héritier la succession de son conjoint (1).

608. L'article dont nous nous occupons spécialement dans ce moment, autorise l'époux présent à poursuivre la déclaration d'absence. En effet, cette déclaration doit toujours précéder l'envoi provisoire, et elle peut être poursuivie par toute *partie intéressée* (2). Or, dès que l'époux est appelé à succéder à son conjoint, il a bien intérêt à faire déclarer l'absence ; et le silence des héritiers présomptifs suffit pour lu donner le droit d'agir.

§. III.

Des résultats de l'envoi en possession des biens relativement aux enfants de l'absent.

609. Nous avons expliqué ailleurs (3), quelles étaient les conséquences de la disparition d'un individu, relativement à l'administration de la

(1) Art. 771, Code Civil.

(2) Art. 115, Code Civil.

(3) *V. suprà*, p. 99 et suiv.

personne et des biens de ses enfants mineurs. Les mesures qui doivent être prises alors, continueront-elles pendant l'envoi définitif?

La rubrique du chapitre au titre des absents dans lequel sont comprises les règles sur la surveillance des enfants mineurs, annonce que ces règles ne sont applicables qu'au temps de la première période. On y lit, en effet, *De la surveillance des enfants mineurs du père qui a disparu.*

Les termes des articles viennent ajouter à cette première présomption; car on n'y parle jamais d'un absent, mais toujours de celui qui a disparu.

Enfin toute difficulté, à cet égard, est levée par la rédaction de l'article 142, qui porte : « *Six mois après la disparition du père, si la mère était décédée lors de cette disparition, ou si elle vient à décéder avant que l'absence du père ait été déclarée, la surveillance, etc.* » Or, il résulte bien clairement de cet article, qu'il n'y a lieu à la nomination d'un tuteur provisoire, que dans deux cas, ou lorsque la mère était morte lors de la disparition du père, ou lorsque la mère décède avant que l'absence du père ait été déclarée.

610. Il est cependant d'autres cas, par exemple, celui où la mort de la mère serait postérieure à la déclaration d'absence du père. Certes, on ne supposera pas que le législateur n'ait pas prévu ces cas? mais il posait ici des règles exceptionnelles;

il n'a voulu les étendre qu'aux deux premiers, laissant les autres régis par les règles générales.

611. Nous pensons en conséquence; que lorsque l'absence de l'époux qui aura disparu sera déclarée, l'autre, s'il vit et est présent, deviendra tuteur proprement dit; s'il est mort ou absent lui-même, il y aura lieu à la nomination d'un tuteur dans les formes ordinaires.

612. Cette interprétation reçoit un nouveau degré d'évidence des termes de l'article 424 du Code Civil, au titre de la tutelle, qui porte :

Le subrogé-tuteur ne remplacera pas de plein droit le tuteur, lorsque la tutelle deviendra vacante, ou qu'elle sera abandonnée par absence; mais il devra en ce cas, et sous peine des dommages-intérêts qui pourraient en résulter pour le mineur, provoquer la nomination d'un nouveau tuteur.

613. D'après cette disposition, aussitôt que le père ou la mère d'un enfant mineur seront *absents*, et ils ne sont qualifiés tels que lorsque leur absence est déclarée, le mineur devra être pourvu d'un tuteur.

614. Et ces expressions, *ou qu'elle sera abandonnée par absence*, s'appliquent à toutes les hypothèses.

Supposons par exemple 1°, que l'un des deux, du père ou de la mère, disparaisse alors qu'il était déjà tuteur par suite du décès de l'autre; les enfants mineurs seront d'abord pourvus d'un tuteur et subrogé-tuteur provisoires.

Mais lorsque l'absence aura été déclarée, on donnera aux mineurs un tuteur et un subrogé-tuteur proprement dits.

2°. Si, au moment où l'un des conjoints disparaît, l'autre vit encore, celui-ci continue d'être si c'est le père, et devient si c'est la mère, l'administrateur des biens et de la personne de ses enfants mineurs, jusqu'à la déclaration d'absence de son conjoint. Après cette déclaration, il deviendra tuteur proprement dit. Mais s'il disparaît aussi, soit avant la déclaration d'absence de son conjoint, soit après, dans les deux cas il y aura lieu à la tutelle proprement dite, aussitôt que le conjoint premier disparu aura été déclaré absent. Si le conjoint eût été présent lorsque l'autre s'est éloigné, il serait devenu tuteur dès l'instant où son conjoint aurait été déclaré absent; car, dès cet instant, la tutelle est *abandonnée par absence.*

615. Nous ne concevrions pas trop pourquoi le législateur n'aurait pas appelé les ascendants à la tutelle de leurs descendants, dans le cas où le père ou la mère tuteur de ses enfants mineurs, est déclaré absent. Il a bien voulu que la tutelle provisoire fût déférée à ces ascendants, pourquoi ne les aurait-il pas appelés aussi à la tutelle définitive? L'absence d'un fils ne peut enlever à son père la tutelle de ses petits-enfants? Ce père n'est-il pas assez malheureux par la disparition du premier objet de sesaffections,

sans se voir encore sequestré de ses descendants qui, seuls, peuvent adoucir sa douleur!

Nous estimons en conséquence, que lorsqu'une tutelle est abandonnée par absence, il y a lieu à y suppléer de la même manière que si elle était déserte pour cause de mort; d'où résultera, que les ascendants seront tuteurs de plein droit, toutes les fois qu'ils l'auraient été si la tutelle s'était ouverte par décès. Si le législateur a dit que, dans le cas *d'abandon* de la tutelle par absence, le subrogé-tuteur ferait nommer un autre tuteur, c'est qu'il n'a pensé qu'à la nécessité de ne pas laisser le mineur sans protecteur; mais il n'a certainement pas voulu déroger aux règles sur la tutelle légitime.

616. Quant aux droits et aux devoirs des enfants sur les biens de leur père ou de leur mère absents, ils sont régis par les règles applicables à tout héritier présomptif.

DEUXIÈME DIVISION.

Des effets de l'absence relativement aux biens advenus à l'absent depuis sa disparition.

617. Rappelons d'abord : que le législateur considère toujours la vie et la mort de tout individu qui a disparu comme également incertaines, quelque long temps qu'ait duré l'absence.

618. Ce principe est le motif de toutes les dispositions que nous allons déduire, et qui ne

sont que l'application des deux règles suivantes.

1re; Lorsque quelqu'un se présente pour exercer un droit qui ne peut naître que par suite de la mort d'un individu, il est obligé de prouver que celui dont la mort seule a pu donner ouverture au droit, est réellement décédé.

2e; Si au contraire le droit à exercer ne peut naître que de la vie d'un tel, le demandeur doit prouver que celui dont la vie peut seule donner ouverture au droit, existe, ou existait du moins lorsque le droit a dû naître.

619. Le législateur a fait dans le titre des absents une section particulière, dans laquelle il traite: *Des effets de l'absence relativement aux droits éventuels qui peuvent compéter à l'absent.* Nous avons cru devoir porter nos regards sur généralement tout ce qui est venu augmenter le patrimoine de l'absent. Ainsi nous embrassons non-seulement les droits qu'il aurait pu utiliser s'il avait été présent, mais encore ceux que son absence n'a pas empêché de se confondre dans son patrimoine : nous traiterons séparément de ces deux sortes de droits.

PREMIÈRE SECTION.

Des effets de l'absence relativement aux droits éventuels qui peuvent compéter à l'absent.

620. L'article 135 au Code Civil est conçu en ces termes :

Quiconque réclamera un droit échu à un individu dont l'existence ne sera pas reconnue, devra prouver que ledit individu existait quand le droit a été ouvert; jusqu'à cette preuve, il sera déclaré non recevable dans sa demande.

621. La première chose que l'on exige de celui qui veut exercer un droit, c'est d'établir la qualité en laquelle il procède. Donc; si je prétends à quelque chose au nom d'un autre, il faut que je prouve d'abord, que cet autre aurait qualité pour élever la prétention.

La règle renfermée dans l'article dont nous venons de rapporter les expressions, n'est donc pas particulière à l'absent soit déclaré, soit présumé. Aussi cet article est-il, par la généralité de ses expressions, applicable à tout individu qui agit pour un autre, ou pour lui-même en excipant des droits d'un autre.

622. Mais, toutes les fois qu'il s'agit d'intérêts privés, chacun est le maître d'user des facultés accordées par la loi pour le cas dans lequel il se trouve placé; d'où suit que, si celui contre qui on agit n'exige pas la justification de la qualité en laquelle on agit, la demande doit être écoutée. C'est le principe consacré par ces expressions de l'article déjà rapporté : Quiconque réclamera un droit échu à un individu *dont l'existence ne sera pas reconnue...*

Il faut donc contestation sur l'existence,

pour qu'elle ne soit pas reconnue; si l'on procède sans contestation, on est censé reconnaître la vie de celui au nom duquel l'action a été intentée, ou de qui on la fait procéder.

Lors donc que quelqu'un réclamera un droit échu à un individu, l'existence de cet individu pourra être contestée, sans examiner s'il doit même être qualifié d'absent présumé. En aurait-on eu des nouvelles au moment de l'introduction de l'instance, que celui qui est actionné, ou celui à qui l'exercice du droit porterait quelque préjudice, n'en pourraient pas moins contester l'existence de cet individu; et la simple contestation suffira, pour que le demandeur soit obligé de prouver l'existence. A moins que le juge ne pût s'apercevoir facilement, que la contestation sur l'existence n'est qu'une chicane, et qu'il est évident que l'individu dont s'agit existe, soit parce que personne n'en doute, soit parce que les nouvelles qu'on en a eues sont récentes, ou sont la suite d'une correspondance non interrompue avec un homme dont on connaît dès long-temps la demeure, et qui n'a pas caché la cause de la translation de cette demeure (1). Mais dans tous les cas, le défendeur n'a autre chose à dire, à faire, qu'à dénier la vie

(1) Delvincourt, ibid., p. 355, n° 6.

de celui auquel le droit serait échu ; le juge apprécie cette dénégation; et si elle ne lui paraît pas évidemment mal fondée, ce sera au demandeur à justifier l'existence.

623. Toutefois, on n'est obligé de rapporter la preuve de l'existence de celui au nom duquel on agit, que lorsque le droit dont on excipe lui était personnel, ou lorsque son existence a été indispensable pour que le droit prît naissance.

Ainsi, le mariage contracté sans le consentement des pères et mères ne pouvant être attaqué que par ceux dont le consentement était requis (1), celui qui voudra exercer ce droit pour l'ascendant dont le consentement nécessaire n'a pas été demandé, devra prouver que cet ascendant existe.

Ainsi, celui qui réclamera un legs échu à un individu, devra prouver que cet individu existait lors du décès de l'auteur du legs, si son existence, à cette époque, est contestée; parce que, pour pouvoir recueillir un legs, il faut être capable de succéder (2), et que, pour pouvoir succéder, il faut nécessairement exister lors de l'ouverture de la succession (3).

624. La règle posée par l'article 135 aurait

(1) Art. 182, Code Civil.
(2) Art. 1043, id.
(3) Art. 725, id.

suffi pour toutes les hypothèses; cependant, et sans doute dans le dessein d'en rendre l'application plus facile, le législateur a prévu expressément l'hypothèse des successions.

L'article 126 dispose à cet égard comme suit :

S'il s'ouvre une succession à laquelle soit appelé un individu dont l'existence n'est pas reconnue, elle sera dévolue exclusivement à ceux avec lesquels il aurait eu le droit de concourir, ou à ceux qui l'auraient recueillie à son défaut. (*pour partie ou pour le tout*, pouvons-nous ajouter.)

625. Cet article établit une règle bien différente de celle qui était en vigueur sous l'ancienne jurisprudence.

Autrefois, lorsque des créanciers réclamaient une succession échue à un individu qui avait disparu, on la leur accordait, pourvu que cet individu n'eût pas atteint cent ans (1). Si la succession était réclamée par les héritiers présomptifs de celui à qui elle était échue, ils n'étaient éconduits que lorsque l'absence avait été déclarée.

On demanda au Conseil d'Etat, si l'absent déclaré serait seul exclu des successions, ou si l'exclusion s'étendrait aussi à l'absent présumé. M. Locré atteste, qu'après une très-longue discussion qu'il rapporte (2), il fut décidé que tout

---

(1) Maleville, ibid., p. 151, 152 et 153.

(2) *V.* Locré, ibid., p. 497 et suiv.

individu qui réclamerait une succession au nom de quelqu'un dont l'existence ne serait pas reconnue, serait déclaré non recevable jusqu'à ce qu'il eût rapporté la preuve de l'existence de ce quelqu'un au moment de l'ouverture de la succession : on ne crut pas devoir faire d'exception à la règle générale.

Cependant M. de Maleville professe le contraire. « Je crois, dit-il, que notre article ne s'applique pas aux individus dont l'absence n'a pas été déclarée ; toutes les dispositions de ce titre portent en effet sur deux hypothèses, l'une de ceux qui n'ont pas été encore déclarés absents, l'autre de ceux qui l'ont été, et c'est à ces dernières seulement que s'applique notre article. Je pense donc qu'à l'égard de ceux qui n'ont pas été déclarés absents, il faut se conformer aux dispositions du chapitre premier; d'autant mieux que n'ayant, dans la supposition, rempli aucune formalité, fait aucune enquête pour trouver l'individu, on ne doit pas facilement le réputer mort (1). »

Les auteurs des Pandectes professent la même opinion (2); MM. Delvincourt et Thoulier, au contraire, suivent l'opinion de M. Locré; et ils rap-

(1) Ibid., p. 154

(2) T. 3, p. 55 et suiv.

pellent que le Conseil d'Etat voulut tellement consacrer celle-là, qu'il fit disparaître de la rédaction proposée le mot *absent*, et y substitua cette périphrase : *l'individu dont l'existence n'est pas reconnue* (1).

626. Il est incontestable que cette dernière opinion est la seule conforme à la loi. Il faut toutefois la modifier en ce sens, comme l'enseignent les mêmes auteurs (2): que les héritiers présents ne peuvent méconnaître l'existence de celui qui a le droit de concourir avec eux, ou de les exclure, s'il n'est pas dans le cas de l'absence présumée, c'est-à-dire si son existence n'est pas devenue incertaine par le défaut de nouvelles. Ils ne pourraient nier l'existence de ceux que l'article 840 qualifie de non présents (c'est le résumé de ce que nous avons dit en posant la règle générale). Le Code ne permet d'écarter que les absents présumés; et parce que, leur existence étant incertaine, il est possible de croire à leur décès.

Cette question fut toutefois controversée dans le principe de la mise en activité du Code.

Nous trouvons, au tome 4 de la Jurisprudence du Code Civil, page 443, un arrêt de la Cour

---

(1) Delvincourt, ibid., p. 355, n° 6; Thoulier, ibid., p. 401 et suiv.

(2) *Locis citatis.*

de Cassation, du 1er prairial an 13, qui « attendu que dans l'espèce Marc-Paul Perron avait expressément conclu à ce que, avant de soumettre au partage la portion de Jean-Roch Perron, son absence fût déclarée légalement, et que la Cour d'Appel s'est refusée à ce préliminaire indiqué par la loi, casse et annulle, etc. », d'où les auteurs de ce recueil avaient conclu; que la Cour de Cassation professait que « les mots, *un individu dont l'existence ne sera pas reconnue*, qui se trouvent dans l'article 126, ne doivent s'entendre que des personnes dont l'absence aura été *déclarée*; c'est-à-dire, que la présomption d'absence n'est point suffisante pour autoriser les co-héritiers de l'absent à obtenir le partage de la succession échue à l'absent. »

Dans l'espèce de cet arrêt, l'individu avait disparu depuis plus de vingt ans; il fut rendu sous la présidence de M. de Maleville, nous ne savons pas jusqu'à quel point cette circonstance influa sur son prononcé.

Quoi qu'il en soit, la Cour de Cassation a changé depuis sa jurisprudence; car M. Pailliet, dans ses notes sur l'art. 135 (1), rapporte un autre arrêt de cette Cour, qui a maintenu un jugement du tribunal d'Aurillac, par lequel la

(1) Manuel du Droit Français, 4e édit.

régie avait été déclarée non recevable à réclamer les droits de mutation des co-héritiers d'un absent, pour la part qui aurait dû lui revenir dans la succession à partager; cet arrêt est du 18 avril 1809.

On trouve dans le Code Civil annoté par Sirey, à la page 69 édition in-4°, une foule d'arrêts de Cours royales, qui sont tous conformes au dernier de la Cour de Cassation. La jurisprudence s'est donc enfin fixée à l'opinion que nous venons d'embrasser.

627. On avait attaqué au Conseil d'Etat l'article 136, principalement parce qu'on le croyait en opposition avec le 113e.

On répondit que : lorsqu'une succession était réclamée au nom d'un individu non présent, l'existence de cet individu pouvait être ou reconnue ou contestée; que l'article 113 s'appli-pliquait au cas où l'existence n'était pas contestée. On aurait pu ajouter que, comme il peut être échu une succession à l'individu qui a disparu, et avant sa disparition, l'article 113 était encore utile pour régler le mode à suivre pour qu'elle fût appréhendée au nom de cet individu, afin qu'il ne fût pas lésé. Nous avons d'ailleurs vu (1) que cet article est applicable à d'autres droits que ceux résultant de successions

---

(1) *Suprà* p. 43 et suiv.

628. On avait encore observé au Conseil d'Etat, que lorsqu'une succession se serait ouverte en faveur d'un individu avant qu'il fût déclaré absent, et qu'elle aurait été appréhendée en son nom, ses héritiers devraient être tenus de la rendre après la déclaration d'absence; parce que, disait-on, la déclaration d'absence fait réputer l'individu mort depuis sa disparition: on proposait une disposition formelle à cet égard.

Mais, dès qu'on reconnut que la vie et la mort de l'absent étaient toujours incertaines à dater du moment de sa disparition, au moins tant qu'il n'avait pas acquis sa centième année, on dut décider que la déclaration d'absence ne faisait pas réputer l'absent mort du jour de sa disparition, et qu'ainsi il n'y avait pas lieu à prendre la proposition en considération (1).

629. Et nous avons été étonnés de voir M. Delvincourt professer que la loi répute l'absent mort du jour de sa disparition. Cette proposition est sans doute vraie, si l'on considère ceux à qui les biens de l'absent, qui ne reparaît plus et dont on n'a plus de nouvelles, doivent être confiés ; mais elle ne l'est pas lorsqu'il s'agit de la dirposition de ces biens, de la tutelle des enfants mineurs, et autres cas; l'opinion d'un

(1) M. Locré, ibid., p. 49.

auteur aussi recommandable pourrait entraîner d'autres suffrages, et la loi serait dénaturée.

630. Dans l'hypothèse proposée au numéro antécédent, les biens provenus de la succession appréhendée pour l'absent, doivent rester dans son patrimoine jusqu'à l'envoi en possession définitif.

Jusque-là, celui qui voudrait les réclamer, serait éconduit en conséquence des règles que nous avons posées; car, pour pouvoir agir, il faudrait qu'il établît que l'individu à qui la succession a été attribuée, était décédé lors de l'ouverture de cette succession. Mais lorsque le temps de l'envoi définitif est arrivé, comme la succession de l'absent déclaré est censée s'être ouverte au jour de la disparition ou à celui des dernières nouvelles, cette succession ne peut embrasser des droits successifs échus postérieurement au moment où remonte l'absence. Ces droits doivent donc revenir à ceux qui avaient droit de les appréhender à cause du decès de l'absent; car, les biens ne peuvent rester sans maître, et les héritiers de l'absent ne peuvent les retenir. C'est le sentiment de M. de Maleville. « Ce cas, dit-il (1), n'est pas prévu par le Code; mais j'opinerais pour la restitution, sans qu'on puisse opposer aucune prescription aux réclamants dans cet intervalle, parce que jusqu'à

(1) Ibid., p. 153 et 154.

l'envoi définitif, ou jusqu'au moment où l'absent a atteint sa centième année, ils n'ont pu agir une fois que les biens ont été appréhendés pour l'absent; car, s'ils avaient agi, on les eût repoussés en leur demandant la preuve du décès de l'absent. » Ils n'ont pas contesté dans le principe l'existence de l'absent, sans doute parce qu'ils n'ont pas voulu profiter de sa position; les punirait-on de leur bonne foi?

631. M. Delvincourt professe une opinion qui devrait faire décider la question que nous venons de poser, contrairement à ce que dit M. de Maleville. Partant toujours de la supposition que la loi présume l'absent mort du jour de sa disparition (1), il ajoute : la loi a bien dit que celui qui argumenterait de la vie devrait la prouver, mais elle ne dit nulle part qu'il faudra rapporter la preuve du décès. Nous croyons, au contraire, avoir démontré que la vie et la mort de l'absent sont également incertaines aux yeux de la loi. Et c'est sur le fondement de ce principe que le législateur a dit, que si la preuve du décès n'était pas rapportée il serait censé avoir eu lieu au jour de la disparition. Mais il n'a fait de ce principe qu'une présomption, et il a voulu qu'elle ne produisît tous

(1) Ibid., p. 355, n° 5.

ses effets qu'après trente ans à dater de la déclaration d'absence, ou bien lorsque l'absent serait parvenu à sa centième année. Alors seulement la loi fait prédominer la présomption de mort.

632. M. Thoulier rappelle que l'on avait écarté certains des arguments à l'aide desquels on voulait établir qu'il ne fallait exclure des successions que les absents déclarés, par le motif que les individus non admis à recueillir ne perdraient rien puisque la loi leur réserve la pétition d'hérédité. Et il remarque à ce sujet, dans une note au bas de la page 403 (1), que cette réponse est insuffisante : « car, si celui qui s'est emparé de la succession devient insolvable, la pétition d'hérédité devient illusoire, si la succession ne consiste qu'en meubles, ou si les immeubles ont été vendus à un acquéreur qui a possédé pendant dix ou vingt ans.

« On ne peut se dissimuler, dit plus loin (2) le même auteur, qu'en ceci la loi a manqué de prévoyance. L'ancienne jurisprudence n'accordait la dévolution aux héritiers présents, qu'à la charge de faire inventaire et de donner caution; cette mesure sage, ajoute-t-il, est aussi dans l'esprit du Code. Il observe qu'elle est adoptée pour tous les

(1) Ibid., t. 1.
(2) Ibid., n° 481.

cas où celui qui appréhende une succession peut devoir la restituer à un héritier appelé avant lui. « Pourquoi, se demande-t-il, les héritiers présents qui s'emparent d'une succession à l'exclusion de l'absent présumé, et en vertu d'une dévolution qui n'est que provisoire, seraient-ils seuls dispensés de toute mesure conservatoire? il répond : c'est une lacune qu'il faut remarquer, afin d'avertir le législateur de la réparer. »

Mais en attendant, comment seront garantis des droits évidemment compromis? Qu'est l'héritier présent qui, en ne reconnaissant pas l'existence d'un individu non présent, appréhende une succession en tout ou en partie, alors qu'elle était échue à cet individu? N'est-il pas un de *ceux qui ont sur les biens de l'absent des droits subordonnés à la condition de son décès?* car, aussitôt que la succession à laquelle il a droit s'est ouverte, l'absent a eu dans ses biens l'action pour la réclamer, puisque le mort saisit le vif. S'il est exclu de cette succession par un autre héritier, c'est parce que cet héritier exerce un droit subordonné à la condition du décès de l'absent antérieur à l'ouverture du droit.

Ainsi, par analogie d'un cas à l'autre, l'héritier qui exclut l'absent, doit faire inventaire et donner caution.

633. La loi, pour garantir celui qui s'est éloigné de toute perte, autorise le juge à prendre

les mesures nécessaires à la conservation de tout ou partie de ses biens, aussitôt pour ainsi dire après sa disparition; et lorsque tous les biens de cet individu consisteront en un droit à une succession, aucune précaution ne pourrait être prise! « Il y a tant de gens, dit M. de Maleville (1), d'enfants de famille surtout qui, ne laissant aucun bien dans le pays qu'ils abandonnent, n'obligent à aucune précaution pour la régie de leur fortune, ni, par voie de suite, à aucune enquête pour s'assurer de leur existence : la règle enseignée par notre article s'appliquera-t-elle à ces individus? Leurs frères, leurs créanciers qui voudront réclamer la part qui leur serait revenue dans une succession, seront-ils éconduits? » Car, leur demander la preuve de l'existence de l'absent, c'est leur demander l'impossible.

Si nous sommes forcés de reconnaître que la loi veut, pour ces cas-là même, que la preuve de l'existence de l'absent soit rapportée, devons-nous décider encore que celui qui exclut l'absent ne sera pas obligé à donner des sûretés? Ainsi donc le fils de famille, absent présumé à la mort de son père, serait exclu du partage par ses autres frères, qui, maîtres absolus de toute la succession,

(1) Ibid., p. 152 et 153.

sauront bien se mettre à l'abri de l'action en pétition d'hérédité. Est-ce ainsi que la loi aurait veillé pour ce fils de famille, absent peut-être par suite des volontés paternelles, ou pour avoir obéi aux lois de sa patrie?

634. Remarquons d'ailleurs qu'il résulte de l'art. 838 au Code Civil, que si tous les héritiers ne sont pas présents, le partage doit être fait en justice.

Que l'article 819 veut que, dans ce cas, le scellé soit apposé dans le plus bref délai, soit à la requête des héritiers, soit à la diligence du procureur du Roi, soit d'office par le juge de paix; même sur la réquisition des personnes qui demeuraient avec le défunt et de ses serviteurs et domestiques, ajoute l'art. 910 au Code de procédure.

Que les articles 930 et 941 de ce dernier Code établissent encore pour ce cas, la nécessité d'un inventaire.

Qu'il suit certainement de l'art. 113 au Code Civil, que dans l'hypothèse sur laquelle nous raisonnons, le Tribunal devra commettre un notaire pour représenter le non préseut à l'inventaire, ainsi qu'aux comptes et au partage relatifs à la succession de laquelle il est exclu. Cet article veut en effet que cette mesure soit employée toutes les fois qu'un absent présumé est intéressé à ces sortes d'actes. Or, l'héritier exclu est bien intéressé à ce que tous ces actes soient faits sans fraude, afin de lui ménager les moyens d'exercer tout son droit lorsqu'il pourra établir sa qualité.

L'obligation de faire représenter les absents déclarés ou présumés dans tout inventaire, résulte d'ailleurs des articles 928 et 942 du Code de procédure, et nous avons prouvé plus haut (1) qu'il fallait un notaire pour chaque absent présumé ou déclaré.

635. La loi donne donc les moyens de faire connaître à l'héritier exclu la consistance de l'hérédité. Mais cela ne suffit pas pour le garantir de toute perte, il faudrait de plus, que celui qui l'a exclu fût obligé de donner caution. La loi en impose l'obligation à l'enfant naturel (2), à l'époux survivant, à l'Etat (3), lorsqu'une succession leur est dévolue par la déshérence de tout autre héritier; celui qui appréhendera une succession, quelquefois au moyen d'une exception de mauvaise foi, serait donc le seul dispensé de donner caution?

Si les magistrats, malgré l'esprit général de la législation civile, et celui surtout qui a présidé à la loi sur les absents, ne croyaient pas pouvoir astreindre tout héritier qui exclut d'une succession

---

(1) *V. suprà*, p. 90 et suiv..

(2) Art. 773, Code Civil.

(3) Art. 769, 770, 771, id.

un absent présumé ou déclaré, à donner caution, appelons une disposition formelle pour combler la lacune de la loi dans une circonstance si importante. En attendant, et afin que le mal soit le moindre possible, souhaitons que les magistrats soient très-difficiles dans l'admission de l'exception prise de la non reconnaissance de l'existence de l'héritier non présent.

636. Mais d'ailleurs voici sur le même sujet, d'autres observations qui découlent d'un autre article du titre des absents du cent trente septième ; il est ainsi conçu.

> Les dispositions des deux articles précédents auront lieu sans préjudice des actions en pétition d'hérédité et d'autres droits, lesquels compéteront à l'absent ou à ses représentants ou ayant-cause, et ne s'éteindront que par le laps de temps établi pour la prescription.

637. Quoique cette disposition semble ne s'appliquer qu'aux successions, le principe sur lequel elle repose embrassera tous les droits de l'exercice desquels un absent aurait été exclu. C'est ce qu'enseigne M. Delvincourt en ces termes : « ce principe s'applique sans exception, à tous les droits qui peuvent s'ouvrir depuis la disparition de l'absent, et auxquels il eût participé, s'il eût été présent (1). »

---

(1) Ibid., p. 50.

638. Que résulte-t-il de cette disposition? Cette question mérite toute notre attention.

Nous avons dit combien il était extraordinaire que le législateur n'eût pas soumis à faire inventaire et à donner caution celui qui exclut un absent de tout ou partie d'une succession à laquelle cet absent était appelé.

Le législateur aurait-il gardé le silence à cet égard, parce qu'il donnait à l'absent *l'action en pétition d'hérédité?*

Si, en se servant de ces expressions, le législateur leur a conservé la signification qu'elles avaient dans le droit romain, il n'a pas eu besoin d'obliger ceux qui se sont mis au lieu et place de l'absent, à donner caution. En effet, l'action en pétition d'hérédité pouvait être exercée non-seulement contre ces individus, mais encore contre tous tiers détenteurs à quel titre que ce fût. Seulement ces tiers pouvaient prescrire les choses mobilières par trois ans et les immobiliaires par dix ans entre présents, et vingt entre absents (1); et le droit nouveau aurait rendu la prescription des immeubles encore plus difficile, car il n'admet plus la prescription de vingt ans contre ceux qu'il appelle *absents* (2).

---

(1) Ferrière, Dictionnaire de pratique; *Verbo* Pétition d'hérédité.

(2) Arg. de l'art. 2266, Code Civil.

Si telle a été l'intention du législateur, et nous devrons le croire, si nous admettons qu'il n'a pas astreint les excluants au bail de caution; remarquons la différence énorme qu'il aura mise entre la restitution du propre patrimoine de l'absent après l'envoi définitif, et celle d'une succession que cet absent vient réclamer par l'action en petition d'hérédité.

L'absent ne peut, pour son propre patrimoine, quereller aucune vente, aucune aliénation des biens qu'il a laissés, faites de bonne foi; tandis que, pour une succession à laquelle il aurait été appelé depuis sa disparition, il pourrait, pendant trente ans, faire annuller toutes les aliénations.

Et cependant le droit à cette succession n'est autre chose qu'une portion de son patrimoine. En voulant faire la condition de ceux qui excluent l'absent d'une succession, meilleure que celle des envoyés en possession, on l'aurait rendue pire.

639. Appelons donc de tous nos vœux une loi qui, en assurant les droits des absents, ne nuise pas à ceux des tiers. Il suffirait pour cela de dire que *ceux qui doivent exclure d'un droit quelconque un individu dont ils croient pouvoir nier l'existence, seront mis, quant à l'exercice de ce droit, au lieu et place des envoyés en possession provisoire; en ce sens qu'ils devront faire inventaire et donner caution*

pour la sûreté des droits de l'exclu pendant le temps voulu pour la prescription.

Cette disposition seule pourra assurer, 1°, les intérêts des absents qui, s'ils étaient trop bien traités par l'exercice du droit indiqué par les mots *action en pétition d'hérédité*, seraient cependant exposés à perdre, soit par le défaut d'inventaire, soit toutes les fois que la succession ne serait que mobilière, et presque toujours cette portion des successions ;

2°, Les intérêts des tiers, qui pourront facilement connaître la qualité de celui avec lequel ils traiteront, et par conséquent ne pas s'exposer à être recherchés ; car ils ne sauraient ignorer que cet individu n'a, pendant trente ans à dater du jour où il a appréhendé les biens, qu'une propriété résoluble.

Nous disons *pendant trente ans à dater du jour où il a appréhendé les biens*, quoique M. Delvincourt fasse, dans cette hypothèse, courir la prescription contre l'absent, du jour de l'ouverture de la succession à laquelle il était appelé (1). Il nous paraît, en effet, impossible d'admettre cette opinion. Pour prescrire, il faut posséder. La prescription a été introduite pour mettre un terme à l'incertitude de la propriété; mais, pour que le

(1) Ibid., p. 759, n° 3.

temps de la prescription puisse courir, il faut que quelqu'un détienne les biens *animo domini.*

3°, L'intérêt public; qui veut que la source des procès, et surtout celle des actions redondantes, soit de plus en plus tarie, et qui réclame la plus grande liberté possible dans les transactions.

640. Lorsqu'un absent sera exclu parce que son existence sera contestée, ses représentans seront-ils exclus aussi?

M. Locré professe l'affirmative de cette question, il la suppose résolue dans ce sens par les termes même de l'article 136.

« Si les personnes envoyées en possession, dit-il (1), se présentaient pour recueillir une succession du chef de l'absent, qu'on leur demandât la preuve de son existence au temps de l'ouverture de la succession, qu'elles ne pussent réussir dans cette preuve, à qui devrait passer l'hérédité? Serait-ce à ceux qui se trouvaient après lui les plus proches en degré dans l'ordre de succéder?

« L'article 136 défère la succession à ceux qui, à défaut de l'absent, sont appelés à succéder. Si l'absent devait concourir avec des co-héritiers, la succession est partagée entre ceux-ci; s'il était seul de son degré, elle est dévolue aux héritiers du degré subséquent.

(1) Ibid., p. 504 et 506.

« Les représentans de l'absent se trouvent donc exclus, ils ne peuvent venir que de leur chef.

« Par cette disposition, continue M. Locré, l'article 136 confirme de nouveau ce principe que, même après la déclaration d'absence, la vie et la mort de l'absent demeurent également incertaines; paroles qu'il met dans la bouche de M. Portalis (1), et il ajoute : Car, si la présomption de la mort de l'absent eût été la cause de son exclusion, point de doute que ses représentans n'eussent dû prendre sa place. »

Nous ne pouvons adopter cette interprétation.

Si la présomption de mort eût été la cause de l'exclusion de l'absent, dit M. Locré; ses représentans auraient dû prendre sa place. Mais en vertu de quelle présomption l'absent est-il donc exclu? Quelle preuve exige la loi pour que l'exclusion n'ait pas lieu? Celle de l'existence de l'absent; donc l'absent est exclu par la présomption de sa mort.

Les termes de l'article 136 ne refusent nullement, dans notre hypothèse, la succession aux représentans de l'absent; cet article défère

---

(1) *V.* la note au bas de la page 506 de l'ouvrage de M. Locré, au t. 2.

cette succession à ceux *qui l'auraient recueillie à son défaut*. Or, le représentant ne recueille-t-il pas, dans la véritable acception du mot, *au défaut* du représenté, quoiqu'il soit mis par la loi en son lieu et place?

M. Locré dit encore, Qu'admettre les représentans serait reconnaître la présomption de mort; mais les exclure, n'est-ce pas partir de la presomption de vie (1)?

Dans cette circonstance encore, le législateur a fait prédominer la présomption de la mort; nous sommes donc fondés à soutenir que la succession sera dévolue au représentant de l'absent.

C'est au reste ce que prouve M. Delvincourt, avec cette logique de principes et de sentiment à laquelle il est impossible de résister, lorsqu'il dit, entre autres en réfutant M. Prudon qui a professé l'opinion contraire (2) : « certainement il est difficile de trouver une décision plus contraire, je ne dirai pas seulement à la droite raison, mais même à l'humanité, et s'il était possible que la loi parût la favoriser, ce serait bien plutôt le cas de chercher dans les règles générales d'interprétation, le moyen d'écarter une

(1) Arg. de l'art. 744, Code Civil.

(2) Ibid., p 506 et suiv.

pareille doctrine. Mais rassurons-nous, non seulement cette décision n'est pas dans la loi, mais encore elle en donne une toute contraire. » Et M. Delvincourt établit de la manière la plus évidente cette proposition par une suite de raisonnements qui l'amènent à conclure que, dans l'hypothèse proposée, la représentation doit avoir certainement lieu.

641. Nous avons vu que tout possesseur provisoire ne fait d'abord sienne, qu'une portion des fruits. Mais celui qui est mis au lieu et place d'un absent parce que la vie de cet absent n'est pas établie, est plus que possesseur provisoire. Il est, sous le rapport du titre auquel il possède, dans la même position que le possesseur définitif; il devait donc comme lui, gagner tous les fruits. Toutefois, la loi ne les lui accorde, que lorsqu'il a possédé de bonne foi (1); ce qui est une conséquence des principes consacrés par les articles 549 et 550 au Code Civil.

642. Ainsi donc, s'il était prouvé que ceux qui ont recueilli la succession, avaient la certitude de l'existence du non présent, lorsqu'ils l'ont contestée, ils devront restituer même les fruits.

On aurait pu soutenir que puisque *nemo tenetur edere contra se*, quoique l'héritier présent eût

(1) Art. 138.

devers lui la preuve de l'existence du non present, il n'était pas obligé de la produire, et qu'il a pu ne pas reconnaître cette existence; le législateur a voulu prévenir cette difficulté, en exigeant formellement la bonne foi.

643. Cet article, comme le précédent, embrassé tous les cas où la contestation de l'existence d'un absent l'exclura de l'exercice d'un droit.

DEUXIÈME SECTION.

Des effets de l'absence relativement aux biens qui augmenteront le patrimoine de l'absent depuis sa disparition.

644. L'article 112 au titre des absents du Code Civil semblerait annoncer, que ce titre ne se rapporte qu'aux biens possédés par l'absent présumé ou déclaré au moment de sa disparition, ou au jour des dernières nouvelles; les termes de l'art. 120 seraient encore plus positifs à cet égard.

Il est cependant vrai que les règles tracées pour ces biens, s'étendent à tous ceux qui viendront augmenter le patrimoine de l'absent depuis sa disparition. Tout ce patrimoine sera administré d'abord, et cédé ensuite aux possesseurs provisoires; et cela, pour tous les biens qui le composeront, sans distinguer le moment où ils seront échus en partage à l'absent.

645. Aussi, avons-nous déjà vu, que si l'on n'opposait pas à celui qui agirait au nom de l'absent, le défaut de preuve de l'existence de cet absent, il recueillerait pour l'absent, tout comme s'il eût été présent.

646. Il n'y aura lieu à distinguer dans le patrimoine de l'absent, ce qu'il possédait déjà au moment de sa disparition, de ce qui lui est advenu depuis, qu'après l'envoi définitif.

Alors tous les ayant-droits peuvent demander le partage des biens de l'absent (1), et se faire envoyer en possession définitive. Et, comme nous l'avons déjà dit, alors aussi celui qui n'aura pas voulu contester l'existence de l'absent lorsqu'une succession lui est advenue, ou qui n'aura pas été admis à contester cette existence, pourra reprendre dans le patrimoine de cet absent, les biens dépendants de la succession à laquelle il a droit, parce que le décès de l'absent se trouvera fixé à une époque antérieure à l'ouverture de cette succession.

(1) Art. 130.

CHAPITRE TROISIÈME.

TROISIÈME PÉRIODE.

Des effets de l'absence, lorsqu'elle continue au-delà de trente ans à dater de l'envoi provisoire.

647. Quoique tout le monde reconnût que la vie et la mort de l'absent devaient être, en principe, également incertaines aux yeux de la loi (1), on discuta souvent sur l'application de ce principe.

648. On ne fut, surtout, pas d'accord lorsqu'il fut question de faire cesser l'envoi provisoire, et de déterminer les effets de la continuation de l'absence après cette cessation.

(1) Nous avons déja remarqué qu'il ne faut pas s'arrêter à ce que M. Delvincourt dit de contraire à ce principe; car, si la loi y a fait quelques exceptions, elles servent à le faire ressortir davantage; exemple : La représentation admise pour le cas de l'absence de l'héritier le plus proche. *V.* encore ce que nous disons plus bas, p. 404, 412, etc.

On ne s'accordait que sur la nécessité de mettre un terme à la possession provisoire.

Tout le monde reconnaissait, qu'il en est un au-delà duquel il n'aurait été ni juste ni conforme à l'intérêt public de laisser les possesseurs provisoires dans un état précaire.

Que, lorsqu'un long temps s'est écoulé depuis la disparition, d'une part le retour serait l'événement le plus extraordinaire; de l'autre le sort des héritiers ou ayant cause de l'absent doit être enfin fixé, l'état de leur famille peut avoir éprouvé de grands changemens par des mariages, par des décès, ou par tous les événements qui se succèdent dans un long intervalle de temps. Il faut aussi que les biens de l'absent rentrent enfin dans le commerce; que toute comptabilité cesse pour les possesseurs provisoires; que les cautions soient déchargées.

649. Il s'est agi, à cet égard: 1°, de fixer le délai après lequel la possession provisoire pourrait prendre fin; 2°. de déterminer ce que deviendrait le patrimoine de l'absent, lorsque la possession provisoire aurait pu cesser. Nous allons retracer dans deux sections les règles posées sur ces deux points.

PREMIÈRE SECTION.

A quelle époque peut finir la possession provisoire?

650. En fixant l'époque à laquelle la posses-

sion provisoire des biens de l'absent déclaré pourrait cesser, on a dû chercher à concilier ce qu'exigeait l'intérêt de l'absent, avec ce que commandaient tous les autres intérêts.

651. « Dans l'ancienne jurisprudence, dit M. de Maleville (1), il suffisait de trente ans pour autoriser l'envoi en possession définitif; les arrêtés de M de Lamoignon déchargeaient même les cautions après vingt ans, et dans la Jurisprudence du Parlement de Toulouse, le substitué à l'absent était mis en possession après la même époque..... »

652. La Commission proposa: De ne permettre l'envoi définitif qu'après trente ans écoulés depuis l'envoi provisoire (2).

La Cour de cassation demanda : Que le délai de trente ans courût du jour où l'absence serait devenue légale. Les héritiers présomptifs, disait-elle, ont la *faculté*, et non l'obligation de se faire envoyer en possession provisoire ; par conséquent, cet envoi provisoire pouvant être plus ou moins différé, il paraît convenable, dans cette matière, de faire partir les divers délais d'un point fixe, plutôt que du point incertain d'un envoi provisoire.

---

(1) Ibid., p. 145.

(2) Projet de Code Civil, tit. 4, art. 14.

M. Locré, qui relève cette observation, ajoute (1) : « Cette proposition n'a pas été adoptée; elle était dans l'intérêt des héritiers, et non dans celui de l'absent. »

653. Cette fixation de délai devait s'adapter aux conséquences du principe qne nous avons rappelé au commencement de ce chapitre, et dont nous retrouvons l'application à chaque pas: que la vie et la mort de l'absent sont également incertaines.

Mais, devait-on étendre ces conséquences au-delà de toute probabilité, même relativement à la disposition des biens de l'absent? N'est-il pas un terme où la mort de cet individu est plus que probable; un terme, que ne dépasse presque jamais la plus grande longévité?

654. Autrefois, et en partant des principes consacrés par les lois romaines, on réputait l'absent mort du jour où il était parvenu à sa centième année accomplie.

La Commission proposa de conserver cet usage (2), et cette proposition ne fut la matière d'aucune discussion. Voici la disposition du Code civil qui la consacre, ainsi que les résultats des délibérations précédentes :

Si l'absence a continué pendant trente ans depuis l'envoi provisoire, ou depuis l'époque à laquelle l'époux com-

(1) Ibid., p. 476.

(2) Projet de Code Civil, liv. 4, art. 18.

mun aura pris l'administration des biens de l'absent, ou s'il s'est écoulé cent ans révolus depuis la naissance de l'absent, les cautions seront déchargées; tous les ayant-droit pourront demander le partage des biens de l'absent, et faire prononcer l'envoi en possession définitif par le tribunal de première instance. (1)

655. La Commission avait proposé de ne faire courir le délai de trente ans contre l'absent mineur, que du jour où il aurait atteint sa majorité. Cette proposition n'a pas été consacrée par la loi, et nulle part dans le Code, nous ne trouvons la prescription trentenaire arrêtée par l'absence (2). Le délai courra donc, dans tous les cas, *du jour de l'envoi provisoire;* ce qui signifie, du jour *de la prononciation du jugement qui a accordé l'envoi provisoire.*

DEUXIÈME SECTION.

Quels sont les effets de l'accomplissement du délai après lequel la possession provisoire peut prendre fin?

656. Le principe de tous les effets de l'accomplissement du délai après lequel la possession provisoire peut cesser, se trouve dans ce passage de l'article 129 que nous venons de transcrire:

---

(1) Art. 129, Code Civil.

(2) *V.* surtout les art. 2262 et 2265, Code Civil.

Les cautions seront déchargées; tous les ayant-droit pourront demander le partage des biens de l'absent, et faire prononcer l'envoi en possession définitif par le Tribunal de première instance.

657. La loi donne à l'accomplissement du délai, pour premier effet, de mettre fin aux obligations des cautions.

Cet effet est-il produit de plein droit? Ou bien, ne peut-il résulter que de l'envoi définitif; ou tout au plus, d'une ordonnance du juge?

658. M. Locré semble résoudre la première de ces questions négativement, puisqu'il n'admet la décharge des cautions que comme résultat de l'envoi définitif.

« Leur engagement, dit-il, ne peut pas se prolonger au-delà de l'administration dont il est la garantie; or, par l'envoi définitif, les administrateurs deviennent propriétaires et ne sont plus soumis à aucun (1). »

659. La manière d'entendre la loi sur le cas proposé, telle que nous la supposons indiquée dans le passage de M. Locré que nous venons de rapporter, serait certainement contraire à sa lettre et à son esprit.

A sa lettre; remarquons en effet que l'art. 129,

---

(1) Ibid., p. 480.

après avoir fixé les délais après lesquels l'envoi provisoire peut cesser, dit d'abord : *les cautions seront déchargées;* et cette disposition est séparée de ce qui suit par un point et une virgule. Ce qui suit, au contraire, quoique divisé en deux membres, n'est disjoint que par une virgule, et est d'ailleurs réuni par la conjonctive *et*, ce qui annonce que les mots *et faire prononcer l'envoi en possession définitif,* ne se rapportent qu'à tous les ayant-droit.

A son esprit ; car la loi n'a jamais assis sur la tête d'un individu, d'obligation civile dont il lui serait impossible de se libérer. Mais si la caution ne devait être déchargée que par l'envoi définitif, ne pouvant demander cet envoi, il lui serait impossible d'acquérir sa liberté.

660. De plus, le législateur a voulu fixer un délai après lequel les biens rentreraient dans le commerce; or ceux de l'absent ne sont pas les seuls qui en sont distraits pendant l'envoi provisoire. Les biens des cautions le sont aussi ; car, grevés d'un cautionnement indéterminé, leur aliénation doit être bien difficile, puisque celui qui les acquerrait, peut craindre d'être recherché par suite de ce cautionnement. Il ne faut donc pas faire durer cette gène dans leur transmission, au-delà du terme pour lequel la caution a pu croire s'engager; il faut s'empresser de rendre à ces biens leur libre circulation.

661. Enfin, nous remarquerons que si nous nous en tenions aux termes de l'article 129, nous devrions décider que, dès que le moment de l'envoi définitif est arrivé, les possesseurs provisoires deviennent possesseurs définitifs, sans l'intervention de la justice; en ce sens, qu'ils peuvent disposer des biens : et c'est ainsi que cela se pratiquait autrefois dans presque toute la France.

Cependant, nous verrons qu'il faut induire de ce que le législateur a parlé d'un jugement d'envoi en possession définitif, que le possesseur provisoire ne voit changer le titre de sa possession qu'après ce jugement, parce que, dans cette matière, tout est en faveur de l'absent.

662. Mais le législateur n'a dit nulle part, que les cautions auraient besoin de faire prononcer un jugement, et il ne les admet pas à poursuivre celui d'envoi définitif. Elles ne sont libérées que lorsque les délais pour la demande de cet envoi sont bien réellement expirés. Ainsi donc, aucun tort n'est fait à l'absent. Il aurait pu en souffrir au contraire un, si l'on n'avait pas vérifié, avec les possesseurs provisoires, si ces délais sont réellement accomplis. Si ces possesseurs n'ont pas demandé l'envoi définitif, ils ne peuvent se l'attribuer qu'à eux-mêmes; les cautions au contraire n'auraient aucun moyen pour se libérer.

663. Tout concourt donc à prouver que les cautions sont déchargées de plein droit.

C'est ce qu'enseigne Pigeau, lorsqu'il dit : « Ce terme de trente ans ou de cent ans arrivé, trois effets s'opèrent ; le *premier* est, que *les cautions sont déchargées;* la loi *n'exige pas que l'envoi définitif soit prononcé;* ainsi *elles le seraient de plein droit, quand même on négligerait* de demander cet envoi (1). »

M. Thoulier dit aussi : « Dans l'un et l'autre cas, les cautions données par les héritiers ou autres envoyés en possession provisoire, *sont déchargées de plein droit* (2). »

664. Les deux autres effets de l'accomplissement des délais pour l'envoi définitif sont:

1° Que tous les ayant-droit pourront demander le partage des biens de l'absent.

2° Et faire prononcer l'envoi en possession définitif par le Tribunal de première instance.

665. Ces deux effets n'en constituent, à proprement parler, qu'un ; car le second n'est que le moyen légal d'utiliser le premier. Aussi, comme nous l'avons déjà observé, les deux membres de phrase, séparés dans le texte seulement par une virgule, sont liés par la particule conjonctive *et*.

666. Nous allous voir, 1°, ce que c'est que l'envoi définitif; 2°, dans quels cas il peut être demandé; 3°, par qui la demande peut en être

(1) Ibid., t. 2, p. 344.
(2) Ibid., 28 oct. suiv.

formée; 4°, quel est le tribunal compétent pour prononcer cet envoi.

§. Ier.

Qu'est-ce que l'envoi définitif, et quels sont ses effets?

667. L'envoi provisoire consistait dans l'administration et la jouissance, en tout ou en partie, du patrimoine de l'absent *déclaré*. Le possesseur provisoire devait administrer en bon père de famille, et conserver par conséquent pour rendre, le cas y échéant. L'envoi définitif au contraire, transfère non seulement l'administration et la jouissance, mais encore la libre et entière disposition du patrimoine de l'absent *définitif*; attribue, en un mot, la pleine propriété; de telle sorte, que celui qui l'a obtenu, peut aliéner, hypothéquer, échanger, détruire même le patrimoine dont l'envoi définitif lui a été accordé, de la même manière que si ce patrimoine lui eût toujours appartenu ou lui fût advenu par acquisition, donation, etc., etc.

668. L'envoyé définitif n'est donc plus tenu à faire faire inventaire, à donner caution; enfin, à aucune des obligations imposées au possesseur provisoire.

669. Le patrimoine de l'absent définitif est une véritable hérédité; il est partagé comme une

hérédité; et son partage a le même résultat que celui d'une hérédité.

670. Mais quoiqu'il soit à peu près certain que l'absent ne reviendra plus, son retour n'est pas impossible. Cette considération ne devait-elle apporter aucune modification aux effets de l'envoi définitif?

Cette question a été le sujet de discussions très-longues et très-animées, soit dans les observations des Cours du royaume, soit au Conseil d'Etat (1).

671. La Commission avait proposé à cet égard une disposition ainsi conçue : « Néanmoins, après trente ans révolus, depuis l'envoi provisoire, ils peuvent demander l'envoi en possession définitif, et ils seront rendus *propriétaires incommutables* en vertu du jugement qui le leur accorde (2)...... »

Ce système fut attaqué; il n'avait, observa-t-on, aucun point d'appui dans la législation existante. On ne pouvait donc l'introduire qu'en créant des principes nouveaux; et il fut reconnu qu'il ne pourrait être appuyé que sur des principes qui auraient blessé à la fois le respect dû

(1) *V*. l'analyse de ces discussions dans Locré, ibid., p. 463 et suiv.

(2) Projet de Code Civil, tit. 4, art. 14. § 2.

à la propriété, la justice, l'esprit de la législation sur les absents et les sentiments de l'humanité.

672. D'après les principes de la législation existante, les héritiers n'auraient pu devenir propriétaires incommutables, que dans le cas où le législateur aurait admis la présomption de mort, ou bien si les héritiers avaient pu invoquer la prescription.

673. Quant au premier motif, la Commission elle-même proposait une disposition formelle où le principe sur l'incertitude de la vie et de la mort de l'absent était consacré et ne devait souffrir d'exception que pour le cas où l'absent aurait atteint sa centième année accomplie (1).

Beaucoup de Cours relevèrent cette discordance. Si l'absent est présumé vivre jusqu'à cent ans, disaient-elles, pourquoi le présumer mort après trente ans d'absence?

674. Une seule, celle de Paris, pensait que la présomption de mort devait résulter de l'absence trentenaire.

La présomption résultant des cent années d'âge de l'absent, disait-elle, est établie sur toutes les lois romaines; mais cette présomption très-juste, est-elle la seule?

(1) Ibid., art. 6.

Il ne s'agit pas d'examiner, dans un point de vue général, jusqu'où il est possible que s'étende la vie humaine, mais à quel terme il est probable qu'elle finit, en partant d'un point donné.

A ce propos, elle argumentait encore des lois romaines sur la computation de la falcidie, des rentes d'aliments, des pensions annuelles, des rentes viagères, d'usufruit et autres matières analogues. Dans tous ces cas, disait-elle, quel que soit l'âge du légataire, les lois ne présument pas qu'il vive plus de trente ans. Il faut même avouer que l'expérience des tables de mortalité devrait faire trouver cette appréciation trop forte; ces tables démontrent qu'un homme ne peut, quel que soit son âge, sa santé, se promettre plus de dix à douze ans de vie en partant d'un point quelconque de sa vie; et c'est sur ces calculs qu'est fondée la théorie des fonds perdus.

La loi fera donc, continuait cette Cour, plus qu'elle ne doit pour les absents, en fixant à trente ans la durée présumable de leur vie; alors surtout qu'il ne s'agit pas ici d'un homme qui existait il y a trente ans, mais d'un homme qui, depuis trente ans, n'a pas paru et dont on n'a eu aucune nouvelle depuis la même époque.

Il importe que les biens ne soient pas frappés d'une trop longue inaliénabilité; voilà pourquoi la plus longue prescription est fixée à trente ans.

La Cour de Paris n'entendait cependant pas dispenser l'envoyé en possession définitif des biens d'un absent, de les lui rendre s'il reparaissait. Son système, au contraire, était : qu'à quelle époque que l'absent se représentât, même après l'envoi définitif, ceux qui avaient appréhendé ses biens fussent tenus, sur sa demande, de lui rendre tout ce qu'ils en avaient encore dans leurs mains.

Cette disposition est, disait cette Cour, de toute justice ; car enfin, la présomption quelle qu'elle soit, doit céder à la vérité ; et les héritiers, s'ils sont dispensés de rendre ce qu'ils n'ont plus, ne peuvent être autorisés à garder ce qu'ils ont encore. Elle voulait même, que si tous les biens avaient été aliénés, l'absent de retour eût l'action en aliments contre ceux qui les avaient appréhendés.

675. De toutes ces propositions, celle de faire réputer l'absent mort après trente ans d'absence fut la seule écartée formellement au Conseil d'Etat ; l'on y arrêta au contraire, que l'absent serait toujours censé vivre jusqu'à cent années accomplies. Des autres propositions, celles qui n'ont pas dû disparaître par une conséquence nécessaire du rejet de celle-là, ont été consacrées par la loi.

676. On ne voulut donc pas admettre la présomption de la mort.

677. *L'incommutabilité* de la propriété accordée aux envoyés en possession définitive, pouvait-elle être assise sur la prescription?

Pour prescrire, il faut posséder *animo domini;* or, l'envoyé en possession provisoire ne possède que pour l'absent, sa possession n'est donc pas *animo domini.*

La possession ne peut exister *animo domini* qu'à dater de l'envoi définitif. Mais elle ne peut créer la prescription que par une certaine durée. Donc l'envoi en possession définitif ne pourrait autoriser la translation d'une propriété incommutable; car cette sorte de propriété ne saurait être basée sur une prescription entièrement à venir.

678. Mais au moins les envoyés en possession définitive paraissaient avoir le droit de prescrire contre l'absent définitif.

Admettre cette règle, c'était ajouter aux malheurs qui ont pu entraîner l'absent loin de sa patrie, l'empêcher de donner de ses nouvelles, s'opposer même à ce qu'on pût en avoir par aucune voie. On s'exposait à dépouiller de sa fortune un homme qui, entraîné dans des voyages lointains par des spéculations, par la soif des découvertes, se serait vu réduit en esclavage chez un peuple barbare, ou naufragé sur une île déserte (1).

Il n'est pas possible que, lorsque cet infortuné trouve enfin les moyens de retourner dans sa patrie, ceux qui ont appréhendé ses biens puissent lui opposer la prescription ; ni que, s'il est enfin découvert, mais réduit en esclavage et ne pouvant être rendu à la liberté qu'avec rançon, ou bien livré à la misère et dans l'impossibilité de revoir les lieux vers lesquels l'homme tourne toujours ses vœux, ses biens lui soient ravis à jamais, et qu'il soit par conséquent privé de tout moyen de revoir sa patrie : il est un principe éternel qu'aucune circonstance ne peut affaiblir, *viventis nullus hœres.*

679. D'ailleurs, on se serait écarté des principes de la législation sur les absents. Le motif dominant de cette législation est de venir au secours des absents autant que le permettent les lois conservatrices de la société. La préférence absolue donnée, dans quelque hypothèse que ce fût, aux intérêts des tiers, n'étant pas commandée par ces lois générales, aurait contrarié l'économie de la loi qui régit les intérêts des absents.

680. La préférence donnée aux représentants ou ayant-cause de l'absent définitif, eût blessé de

---

(1) *V.* l'exemple d'un tel événement, rapporté ci-dessus dans la note qui est à la fin du n° 535.

plus tous les sentiments de la nature. L'absent se serait trouvé dépouillé par ceux-là même qui devaient conserver son patrimoine. Et si ces personnes étaient les enfants ou descendants de l'absent, la loi les eût autorisés à prescrire contre l'auteur de leurs jours !

681. D'après de si judicieuses observations, il fut arrêté, et la loi décide (1) : que la propriété transférée par l'envoi définitif, sera résoluble par le retour de l'absent, ou par la certitude acquise de son existence, à quelle époque que ce retour ou cette certitude aient lieu.

682. Ce qui devait être pour l'absent, pouvait-il être étendu à ses représentants ou ayant-cause ?

On observait à cet égard : que l'absent pouvait s'être marié dans la terre d'exil, y avoir eu des enfants qui n'auraient pu venir réclamer les biens qui lui avaient appartenu que, long-temps après son décès, parce que, privés de bonne heure de l'auteur de leurs jours, ils auraient ignoré jusque-là dans quels lieux il était né.

683. La Commission ne voulait admettre les enfants à réclamer le patrimoine de leur père absent définitif, que dans le cas où ils pouvaient :

1°. Prouver la mort de leur père, et l'époque certaine de cette mort ;

(1) Art. 132, Code Civil.

2°. Justifier* qu'à cette époque ils étaient mineurs ;

3°. Réclamer dans les trente ans à dater de l'envoi définitif (1).

Plusieurs Cours trouvèrent ces dispositions beaucoup trop rigoureuses (2), et la loi n'a admis que la troisième (3) ; d'où résulte que : si les enfants de l'absent ne se présentent qu'après trente ans écoulés depuis l'envoi définitif, les envoyés en possession sont admis à leur opposer la prescription.

684. Mais, quoique résoluble, la propriété des biens de l'absent définitif n'en réside pas moins, jusques à sa résolution, sur la tête de ceux qui en ont été envoyés en possession. Il était donc nécessaire, si l'on ne voulait pas rendre cette propriété illusoire, de décider : que tous les contrats passés de bonne foi par des tiers avec les possesseurs définitifs, pendant tout le temps que ces possesseurs avaient pu être considérés comme propriétaires, ne seraient pas anéantis par la résolution de la propriété des possesseurs.

Aussi la loi a-t-elle déclaré que l'absent qui

(1) Projet de Code Civil, liv. 4, art. 17.

(2) *V.* à cet égard Locré, ibid., p. 488 et suiv.

(3) Art. 133, Code Civil.

reparaît ou dont l'existence est prouvée après l'envoi définitif, ne recouvre ses biens que dans l'état où ils se trouvent dans les mains de ceux qui avaient la possession définitive.

685. Quoiqu'elle ne dépouille jamais l'absent qu'à regret quel que soit le temps qui s'est écoulé depuis la disparition, forcée de céder aux besoins des intérêts privés et publics, elle a permis : qu'après trente ans de possession provisoire, cette possession pût devenir définitive. L'intérêt de la société entière, celui des cautions, celui des tiers, enfin celui des familles des envoyés en possession, commandaient cette mesure.

Elle a satisfait l'intérêt public, en rendant les biens de l'absent au commerce ; elle a eu égard à celui des cautions en les déclarant libérées de plein droit. L'intérêt des tiers est rassuré, dès que tous les actes qu'ils passeront de bonne foi avec les envoyés définitifs, sont maintenus.

Quant à celui des envoyés et de leurs familles, la loi laisse toujours les individus les maîtres d'exercer, quand et comme il leur convient, leurs droits et actions : *vigilantibus jura sucurrunt*. Aussi s'est-elle contentée de dire, que la posesssion définitive pouvait être demandée.

686. Devait-elle aller plus loin? surtout maintenir l'ancien usage qui voulait, qu'à une certaine époque l'envoi provisoire fût transforme

de plein droit en envoi définitif? Une semblable disposition mettait en péril les intérêts des tiers qui pouvaient être trompés sur la date de l'envoi provisoire; ceux de l'absent surtout, qui pouvait avoir été découvert depuis l'envoi provisoire, sans que cette découverte fût publique.

687. Et non-seulement on pouvait avoir retrouvé l'absent, mais les héritiers les plus proches pouvaient n'avoir pas voulu de la possession provisoire; ils pouvaient avoir été éconduits par l'époux; un testament pouvait être mis au jour; l'on pouvait, enfin, rapporter la preuve du jour du décès de l'absent. Dans tous ces cas, ceux qui avaient obtenu l'envoi provisoire n'avaient aucun droit à l'envoi définitif. Par toutes ces considérations, la loi exige que l'envoi définitif soit prononcé par le juge.

Il résulte de la nécessité d'un jugement, et de la faculté que chacun a d'exercer ses droits à sa volonté, que: tant que le jugement n'est pas rendu, quoique les cautions soient déchargées, le possesseur provisoire n'est encore que possesseur provisoire, et qu'il ne verra changer le titre de sa possession, que du jour de la prononciation du jugement d'envoi définitif.

688. L'envoi définitif doit encore avoir été précédé de l'envoi provisoire; telle est la marche indispensable. Elle ne l'est toutefois que dans

les cas où le premier de ces envois est demandé par la raison que le second remonte à trente ans. Si au contraire, l'absent a atteint sa centième année accomplie, l'envoi définitif de ses biens peut être poursuivi, et doit être accordé, aussitôt après la déclaration d'absence. Nous disons aussitôt après la déclaration d'absence, car, quoique le législateur ait admis la présomption de la mort de l'individu qui est arrivé à sa centième année, cependant il faut qu'il y ait absence pour donner lieu à l'application de cette présomption (1).

689. Examinons maintenant les dispositions de l'art. 133.

> Les enfants et descendants directs de l'absent, *porte cet article*, pourront également, dans les trente ans, à compter de l'envoi définitif, demander la restitution de ses biens, comme il est dit en l'article précédent.

Cet article ne nomme que *les enfants et descendants directs.* Le législateur a-t-il voulu exclure tous les autres héritiers de l'exercice du droit qu'il consacre?

Sur quels motifs auraient-ils été exclus?

Ce ne pourrait être que sur le fondement de la prescription; mais nous avons déjà prouvé que la prescription ne peut courir pendant l'envoi provisoire; non-seulement parce que très-souvent celui qui aura obtenu l'envoi définitif

---

(1) Delvincourt, ibid., p. 354, n° 6.

ne sera pas celui qui avait eu l'envoi provisoire, mais surtout, parce que l'envoyé provisoire ne jouit que pour l'absent (1).

Il nous semble, en conséquence, impossible de ne pas faire jouir tous les héritiers légaux ou testamentaires et tous ayant-droit, des effets de la disposition de l'art. 133.

Cependant M. Thoulier enseigne (2) que la conséquence naturelle de la disposition limitative de cet article est: que *les collatéraux n'ont pas la même faculté.*

Nous croyons que l'opinion contraire doit être préférée, parce qu'elle nous paraît plus conforme aux règles générales du droit, et plus en harmonie avec les autres dispositions du titre des absents.

690. Avant de pousser plus avant notre argumentation sur cette difficulté, observons que M. de Maleville, sur le même art. 133, dit (3) ;

« Je crois au moins que, lorsque notre article parle de trente ans, il entend que ce soit trente ans utiles, et qu'il n'exclut pas les interpellations de droit ; par exemple, si l'enfant de l'absent n'avait pas cinquante et un ans, lorsqu'il reparaît, et qu'il ne se fût pas écoulé trente ans depuis sa majorité, maintenant fixée à vingt et un

---

(1) *V.* Procès-Verbaux, t. 1, p. 196 et suiv.

(2) Ibid., p. 385.

(3) Ibid., p. 149.

ans, la prescription ne pourrait pas lui être opposée. »

691. Voilà donc aussi un autre cas pour lequel il s'agit de rappeler l'article 133 aux principes généraux.

L'avis de M. de Maleville sera sans doute adopté; car, comme l'observe cet auteur, avec sa profondeur ordinaire : « Qu'un enfant n'ait pas le même droit que son père dont il partage peut-être les malheurs; qu'il ne puisse pas réclamer des biens qui n'ont été dans l'origine confiés à des collatéraux que pour les remettre au vrai propriétaire, lorsqu'il reparaîtrait, voilà qui peut être rigoureusement juste, mais qui froisse un peu l'équité. »

Or, si la disposition que nous examinons froisse déjà l'équité, nous devons la renfermer dans son application la plus étroite. Rappelons aussi que la loi des absents n'est qu'une loi de continuelles exceptions au droit commun, et disons en conséquence: que l'on ne doit pas appliquer aux dispositions qu'elle renferme, l'axiôme *inclusio unius est exclusio alterius.*

Et remarquons quant au cas qui nous occupe, qu'en le décidant autrement que M. de Maleville, on arriverait à une bien grande injustice. Un fils de famille peut avoir quitté le toit paternel pour aller, comme on dit, chercher fortune, dans l'Inde par exemple. Il se sera marié dans ce pays lointain, où il sera décédé, laissant sa femme enceinte. Ce ne sera qu'au bout d'un très-long temps que l'enfant de ce fils de famille pourra découvrir le domicile d'origine de son père, et venir réclamer sa part dans la succession de ses parents. Si ce fils de famille a été considéré et traité comme absent, l'enfant sera-t-il exclus aussi des successions qui étaient échues pendant l'absence, et dès l'instant qu'il se sera écoulé trente ans depuis l'envoi définitif? quoique cet enfant puisse n'être majeur que depuis un très-petit nombre d'années.

692. Outre les considérations de justice, nous invoquerons à l'appui de l'opinion de M. de Maleville les dispositions de l'art. 2252 au Code Civil qui porte :

> La prescription ne court pas contre les mineurs et les interdits, sauf ce qui est dit à l'article 2278, et à l'exception des autres cas déterminés par la loi.

Or, l'article 133 ne disant pas que la prescription qu'il introduit court également contre le mineur, la règle générale posée par le 2252me lui est applicable; car nous ne pensons pas que l'on puisse soutenir que l'article 133 n'établit pas une prescription.

693. C'est cependant ce que ferait M. Delvincourt, lorsqu'il enseigne que les enfants de l'absent ne peuvent réclamer ses biens, que dans les

trente ans à dater de l'envoi définitif. Voici ce qu'il dit à cet égard (1).

« La minorité des enfants suspendrait-elle cette espèce de prescription? Je ne le pense pas, l'article ne dit pas que l'action des enfants sera prescrite par trente ans ; ce qui supposerait que l'on doit appliquer les règles de la prescription ; mais il dit que les enfants ne pourront réclamer que dans les trente ans, ce qui n'admet point de distinction. Il ajoute ; d'ailleurs il s'agit ici d'enfants qui, le plus souvent, seront nés depuis la disparition ; s'il fallait donc ajouter avec trente ans écoulés depuis l'envoi définitif, le temps des minorités, qui peuvent même se succéder, il en résulterait que le délai serait indéfini ; ce qui est contraire au sens et à la lettre de l'article. »

694. Le second motif sur lequel M. Delvincourt appuie son opinion ne nous paraît pas particulier au cas d'absence. Toutes les fois, que la loi établit une prescription, elle veut mettre un terme à l'incertitude d'un droit. Mais elle entend que la prescription ne puisse pas courir contre les mineurs, or les minorités peuvent se succéder dans tous les cas comme dans celui de l'absence ; et cependant le législateur n'en a pas moins admis l'exception de minorité.

(1) Ibid., p. 354, n° 2.

695. Reste donc le premier motif qui consiste à dire : que l'article 133 n'établit pas une prescription. Quelle raison M. Delvincourt donne-t-il pour justifier son opinion à cet égard? *Parce que*, dit-il, *l'article ne dit pas que l'action des enfants sera prescrite par trente ans.*

Mais qu'est-ce qu'une prescription? D'après, M. Delvincourt lui-même : « Un moyen d'acquérir ou de se libérer par un certain laps de temps, et sous les conditions déterminées par la loi (1). Or, le droit qui découle pour les possesseurs définitifs de l'article 133, n'est-il pas de ceux auxquels s'applique cette définition de la prescription? Et, dans l'usage constant, ne dit-on pas de celui qui n'a pas usé de son droit dans le délai voulu, qu'il l'a laissé prescrire?

696. Nous ne pouvons donc voir dans notre article autre chose, qu'une prescription introduite en faveur des possesseurs définitifs. Qu'importent les termes dans lesquels est conçu l'art.! De ce que le 1662me. au même Code ne dit pas que, *faute par le vendeur d'avoir exercé la faculté de rachat dans les cinq ans, cette action est prescrite*, pourrait-on soutenir que cet article n'introduit pas une prescription de cinq ans contre cette action? Le législateur n'en a

(1) Ibid, p. 386.

pas pensé ainsi, puisqu'il a cru nécessaire de dire formellement, que la minorité n'empêcherait pas cette prescription de courir (art. 1663.) Mêmes observations pour les articles relatifs à l'action en lésion (article 1676.) On voit donc que dans beaucoup d'autres cas où il introduisait une prescription, le législateur s'est exprimé comme dans le 133me. Nous persistons en conséquence à penser que, dès qu'il n'a pas dit, comme pour les actions en rachat, en lésion, que le délai courrait également contre les mineurs, celui de l'art. 133 ne peut courir contre eux.

697. Passons à de nouvelles considérations; et, pour cela, supposons que les enfants de l'absent définitif apportent la preuve que leur père n'est décédé qu'après l'envoi définitif. Seront-ils éconduits s'ils ne se présentent que trente ans après cet envoi, quoiqu'il ne se fût pas écoulé le même espace de temps depuis la mort du père?

L'affirmative résulterait de l'article 133 si nous l'interprétions comme M. Delvincourt; mais alors cet article sera en opposition formelle avec le 130me, qui porte:

> La succession de l'absent sera ouverte du jour de son décès prouvé, au profit des héritiers les plus proches à cette époque; et ceux qui auront joui des biens de l'absent seront tenus de les restituer, sous la réserve des fruits par eux acquis en vertu de l'art. 127.

698. Et qu'on ne dise pas que la contexture de ce dernier article annonce qu'il ne se rapporte qu'au temps de la possession provisoire.

M. Thoulier remarque avec sa sagacité habituelle que : « cet article ne paraît pas limité au cas de l'envoi en possession provisoire, puisqu'il est placé à la suite de l'article 129 qui parle de l'envoi définitif. Il y a dans l'un et l'autre cas même raison de décider (1). » M. Delvincourt dit aussi à cet égard : « A la charge, toutefois, s'il venait à être prouvé que l'absent est décédé postérieurement, de rendre sa succession à ceux qui étaient ses héritiers au moment du décès effectif (2). »

Pourquoi d'ailleurs prétendrait-on que notre article ne s'applique qu'à l'envoi provisoire? ce ne pourrait être que parce qu'on y lit : ceux qui auront *joui* des biens; et surtout, parce que cet article n'autorise ceux qui ont joui, qu'à retenir les fruits.

Mais que peuvent retenir les possesseurs après l'envoi définitif? Rien de plus que les envoyés provisoires! car, s'il est possible que l'absent ne rentre pas, après l'envoi définitif, dans tous ses biens, ce ne sera que de la partie de ces biens

(1) Ibid., p. 46.
(2) Arg. des art. 132 et 133.

qui aura passé en d'autres mains (1). Donc l'article 130 pose la règle générale applicable à tous les cas; sauf qu'elle est ensuite modifiée pour les cas particuliers, suivant ce qui a paru le plus convenable.

699. D'ailleurs, d'après l'article 132, dès que l'on acquiert la preuve de l'existence de l'absent définitif, tout son patrimoine lui revient de plein droit, sauf les droits des tiers. Mais lorsque la date précise du décès de cet absent sera rapportée, n'en résultera-t-il pas, par une conséquence forcée, que cet absent a existé jusqu'à cette époque?

Et qu'importe qu'il vienne redemander lui-même ses biens, ou qu'ils soient réclamés par ses représentants?

Sans doute, s'il avait donné pouvoir d'en demander la restitution, on n'exigerait pas que le procureur fondé rapportât la preuve qu'au moment où il actionne, l'absent existe. Mais l'absent a conservé jusqu'à sa mort le droit de reprendre ses biens; ou, pour mieux dire, il n'en a jamais perdu la propriété que les Romains appelaient *longæ manûs*. Ses biens se trouvent donc dans sa succession lorsqu'il décède, et ses héritiers, qui sont la continuation de sa personne, ont le droit de venir les redemander tout comme l'aurait

(1) Ibid., t. 2, p. 77.

pu l'absent lui-même. Telle devait être la règle ; l'art. 133 la modifie à la vérité, mais seulement en ce sens, qu'il ne donne aux héritiers, pour réclamer les biens, que trente ans à dater de l'envoi définitif.

700. S'il s'agissait d'une succession à laquelle un absent, soit présumé, soit déclaré, soit définitif, serait appelé, lui ou ses représentants ou ayant-cause seraient admis pendant trente ans à la réclamer, pourvu qu'il fût établi qu'il vivait lorsque la succession s'est ouverte (1); et l'on pourrait prétendre que les représentants ou ayant-droit n'ont pas le même droit pour la propre succession de l'absent !

La seule différence qu'il y aura entre l'absent définitif et ses représentants, c'est que l'absent pourra redemander ses biens à toujours, tandis que ses représentants ne le pourront que tant que durera l'action en pétition d'hérédité. C'est toute la conséquence que l'on peut tirer dans notre hypothèse de l'article 133 ; laquelle ne met plus cet article en opposition avec le 130e.

M. Thoulier lui-même, qui vient de dire que l'article 133 ne s'applique qu'aux enfants et descendants directs, ajoute plus bas (2) : « Mais, si, même après l'envoi définitif, on recevait des

(1) Arg. des art. 135, 136 et 137.

(2) Ibid., p. 455.

nouvelles de l'absent, ou si son existence était prouvée, la propriété des personnes envoyées en possession s'évanouirait avec leur titre......... Sa succession ne s'ouvrirait qu'au jour de son décès ; ou, *s'il ne reparaissait pas*, au jour de ses dernières nouvelles, en faveur *des héritiers les plus proches à ces époques ;* et ceux qui auraient joui des biens de l'absent, seraient tenus de les restituer........

» *Il en serait de même*, ajoute encore cet auteur, si, *avant trente ans requis pour opérer la prescription, au lieu de recevoir des nouvelles de l'existence de l'absent, on recevait la nouvelle de son décès, avec l'époque précise à laquelle il est arrivé.* »

Ainsi donc, d'après M. Thoulier lui-même, la règle contenue en l'article 133 recevrait de nombreuses exceptions.

701. Il suivrait de ces exceptions, que les autres représentants ou ayant-cause de l'absent, ne seraient exclus du droit de réclamer sa succession, que dans le cas où ils ne pourraient pas rapporter la preuve de l'époque précise de son décès.

Mais, pour ce cas, l'article 135 suffisait ; car celui qui voudra hériter d'un absent, devra prouver, d'abord, qu'il a été son héritier au moment de son décès, et par conséquent il devra rapporter la preuve de l'époque précise de ce décès.

702. D'un autre côté, d'après l'art. 135, les héritiers et ayant-droit de l'absent, auraient l'action en pétition d'hérédité pour réclamer les successions dont il aurait été exclu par l'absence. Le droit à ces successions fait bien partie du patrimoine de l'absent; il devrait donc en suivre le sort; et cependant il passerait seul aux ayant-droit!

703. Disons donc que l'article 133 ne pourra être opposé à aucun des héritiers ou ayant-cause de l'absent; et que ces individus pourront venir réclamer la succession de cet absent, même après l'envoi définitif et dans les trente ans de cet envoi, pourvu qu'ils établissent leur qualité.

M. Delvincourt lui-même admet cette règle, lorsqu'il dit (1) : « Mais les collatéraux de l'absent, autres que les envoyés en possession, pourront-ils réclamer sa succession postérieurement à l'envoi définitif, en prouvant qu'il était décédé à cette époque, et qu'ils étaient alors ses héritiers? Je pense que oui! c'est ici une action en pétition d'hérédité, qui ne se prescrit que par trente ans à compter du décès. L'on oppose l'article 133, qui paraît n'accorder ce droit qu'aux héritiers directs. Mais je réponds que cet article a établi un droit tout particulier en faveur

(1) Ibid., p. 355.

de ces héritiers ; car d'abord, ils n'ont pas besoin de prouver le décès ni l'époque du décès, tandis que cette charge est imposée aux collatéraux. En second lieu, les descendants ont trente ans, à compter de l'envoi définitif; les autres héritiers n'ont que trente ans, à compter du décès prouvé. L'on ne peut donc argumenter de l'article 133, pour prétendre que le législateur a entendu exclure les collateraux du droit de réclamer sa succession, même après l'envoi définitif. »

Toutefois nous ne pouvons pas relever le passage de notre auteur où il insinue que les collatéraux n'ont, pour demander la succession de l'absent, que trente ans à dater de son décès. Nous pensons qu'ils ont trente ans en partant du jour de l'envoi définitif, parce que, de ce jour-là seul les envoyés en possession ont pu prescrire, et que la prescription ne peut courir tant que personne ne possède avec qualité pour prescrire; car un droit ne se prescrit pas, abstraction faite de celui qui doit le prescrire.

704. Les auteurs des Pandectes françaises professent (1) que : lorsque des individus viennent réclamer l'envoi définitif des biens dont ils n'étaient pas en possession provisoire, ils doi-

(1) Ibid., p. 48 et 49.

vent prouver qu'ils étaient les héritiers immédiats de l'absent à l'époque où la loi fixe son décès ; et que, s'ils n'étaient que les représentants ou ayant-cause de ces héritiers, ils devaient rapporter encore la preuve que l'absent était mort avant leur auteur ; car s'ils ne rapportaient pas cette preuve, la vie et la mort de l'absent étant également incertaines, on devrait s'en tenir à l'axiome de droit *melior est conditio possidentis*, et les envoyés en possession obtiendraient seuls, ou conserveraient les effets de l'envoi définitif.

Ces auteurs rapportent les autorités les plus imposantes pour prouver que telle était l'ancienne jurisprudence ; ils auraient pu ajouter, que cette jurisprudence a été convertie en loi par les articles 135 et 136 du Code civil. Il suit en effet de ces articles, que lorsque l'on veut exercer un droit échu à un individu, il faut prouver d'abord que cet individu aurait capacité pour exercer lui-même ce droit.

§. II.

Dans quels cas l'envoi définitif peut être demandé?

705. L'envoi définitif peut, d'après l'art. 129 du Code civil, déjà rapporté (1), être demandé dans deux cas :

(1) *V. suprà* n° 654.

1°. Lorsque l'envoi provisoire dure depuis trente ans;

2°. Lorsque l'absent aurait atteint la centième année accomplie de son âge.

706. Remarquons que la loi ne fait aucuns frais pour emmener la demande de l'envoi définitif, et qu'elle se contente de permettre que cette demande soit formée aux époques désignées.

C'est avec regret, nous le répétons, que le législateur permet de dépouiller enfin l'absent; il n'a cédé qu'à la nécessité de ne pas froisser absolument l'intérêt public, l'intérêt particulier, celui des familles surtout.

Mais, si les appelés à l'envoi définitif se taisent, il n'a pas cru devoir aller au-devant de leurs prétentions. Leur silence prouve que les intérêts principaux ne sont pas blessés par la continuation de la possession provisoire. Celui des cautions, seul, aurait pu souffrir; aussi sont-elles dégagées de plein droit, aussitôt que le moment de l'envoi définitif est arrivé.

707. Toutefois, cette liberté accordée de plein droit aux cautions, ne leur est acquise que lorsque les circonstances qui auraient permis l'envoi définitif existent réellement.

Or, nous verrons bientôt, que si cet envoi est fondé sur l'accomplissement de la trentième année depuis l'envoi provisoire, il ne peut être accordé qu'après vérification faite de la continuation de l'absence. Comme il importera aux cautions d'assurer leur libération, nous pensons qu'elles devraient être admises à contraindre les possesseurs provisoires à faire prononcer l'envoi définitif. Elles ne peuvent évidemment être déchargées qu'à l'accomplissement de toutes les conditions auxquelles l'envoi définitif peut avoir lieu ; et l'envoi définitif seul, prouvant que toutes les conditions sont remplies, il semble que lui seul opère la décharge des cautions ; au moins lui seul rend cette libératiou incontestable et certaine. Or il doit être possible aux cautions d'acquérir la certitude de leur libération.

§. III.

Par quelles personnes la demande d'envoi définitif peut-elle être introduite, dans quelles formes doit-elle l'être, et quel tribunal ordonnera cet envoi ?

N° Ier.

Par qui la demande d'envoi définitif peut-elle être formée ?

708. Lorsqu'il s'agit de l'envoi en possession définitif, le législateur, pour désigner les personnes qui ont le droit d'en former la demande, ne dit plus, comme lorsqu'il a voulu indiquer celles qui auraient la faculté de demander l'envoi provisoire, *les héritiers présomptifs ;* il dit, *tous les ayant-droit* ; ce qui lève toute difficulté.

709. Il suffira donc, que celui qui formera la demande d'envoi définitif, justifie qu'il a droit à tout ou partie des biens de l'absent définitif.

710. Mais de quels droits a entendu parler ici le législateur? Les seules lumières de la raison suffiront pour faire sentir, qu'il s'agit de droits dont l'exercice est subordonné à la condition du décès de celui sur les biens duquel on veut les exercer; et non de ceux qui peuvent être utilisés même pendant la vie de l'absent.

711. Les droits en vertu desquels l'envoi définitif pourra être demandé, devront être assis: ou sur la qualité d'héritier présomptif; ou sur celle d'héritier testamentaire; ou sur celle de donataire entre vifs ou à cause de mort; en un mot sur la qualité d'exerçant une action qui était subordonnée à la condition du décès de l'absent.

Les créanciers, les acquéreurs, les tiers enfin, sont donc absolument exclus du droit de demander l'envoi définitif, tout comme ils n'avaient pas celui de prétendre à l'envoi provisoire.

712. 1° *Sur la qualité d'héritier présomptif;*

Comment cette qualité sera-t-elle justifiée? d'après l'article 120, en prouvant que l'on était le plus proche parent de l'absent au moment où *l'absence* a commencé. Ce fait constaté, l'on sera admis à demander l'envoi définitif, alors même que l'on n'aurait pas demandé l'envoi provisoire.

Sera-t-on obligé de prouver aussi l'époque

du décès de l'absent? Oui, si l'on veut la placer à un moment autre que celui où l'absence a dû commencer; non, dans le cas contraire. Cette preuve devra être encore rapportée, dans le cas où celui qui demande l'envoi définitif n'est que le représentant de l'héritier qui n'avait pas obtenu l'envoi provisoire, à moins qu'il n'eût obtenu cet envoi de son chef (1).

713. 2° *Sur la qualité de donataire entre-vifs ou testamentaire ;*

Les donataires n'auront qu'à rapporter l'acte de donation. Mais s'il s'agit d'une donation à cause de mort, et que les réclamants soient simplement les représentants ou ayant-droit du donataire, alors que ni eux ni le donataire n'avaient obtenu l'envoi provisoire, ils devront prouver de plus, que leur auteur a survécu aussi au donateur.

714. 3° *Sur la qualité d'héritier testamentaire ;*

Cette qualité résultera du rapport d'un testament, quelle que soit d'ailleurs sa forme. Mais il faudra, s'il est mystique, clos ou olographe, remplir les formalités voulues par la loi pour que ces sortes de testamens puissent être produits en justice.

Du reste, même observation que dessus (2), si

---

(1) *V.* à cet égard le n° 704.

(2) *V.* dernier alinéa, p. 437.

les réclamans ne sont que les représentans ou ayant-cause des héritiers testamentaires.

715. Mais, celui qui forme la demande d'envoi définitif, doit-il prouver qu'il était l'héritier le plus proche de l'absent au moment de la disparition ou des dernières nouvelles?

Distinguons; ou ce demandeur est en possession provisoire, ou il ne l'est pas.

S'il est en possession provisoire, distinguons encore entre le cas où il a, et celui où il n'a pas de contradicteur.

S'il n'a pas de contradicteur, c'est-à-dire si personne n'a formé la même demande que lui, sa qualité de possesseur provisoire lui suffit.

S'il a un contradicteur, il devra prouver qu'il est plus proche parent de l'absent que ce contradicteur; et cette preuve lui suffira, sans qu'il aie besoin d'établir qu'il est d'ailleurs et absolument le plus proche parent.

Si celui qui demande l'envoi définitif n'avait pas obtenu l'envoi provisoire, ou bien encore il a un contradicteur, ou il n'en a pas. S'il en a un, pour lui être préféré, il devra prouver qu'il est héritier plus proche; s'il n'en a pas, il obtiendra sans aucune difficulté l'envoi définitif.

716. Mais ici se montre le contradicteur né dans toutes les causes qui intéressent les absents, le ministère public. Le magistrat qui en remplira les fonctions, pourra, toutes les fois qu'il s'agira

de l'envoi définitif, et dans toutes les hypothèses, opposer au demandeur qu'il n'est pas l'héritier le plus proche. Seulement, comme *ei incumbit onus probandi qui dicit, non ei qui negat*, le ministère public devra joindre à l'allégation de l'existence d'un héritier plus proche, la preuve de cette existence. S'il rapporte cette preuve, le demandeur sera éconduit, tant qu'il ne viendra pas avec la renonciation expresse de l'héritier plus proche, parce que la renonciation à une succession ne se présume pas (1).

717. De plus; si celui qui demande l'envoi définitif est un enfant naturel, l'époux, l'état, les formalités tracées par la loi pour que ces sortes d'héritiers puissent appréhender une succession, devront être observées lors de l'envoi définitif (2).

N° II.

Dans quelles formes l'envoi définitif sera demandé?

718. Le code de procédure civile a tracé la marche à suivre pour demander l'emploi des mesures que la loi a introduites pour la conservation des biens pendant les deux premières périodes, il est muet relativement à la forme dans lequel sera provoqué l'envoi définitif.

---

(1) Art. 784, Code Civil.

(2) *V.* le chap. 4 du tit. 1 du liv. 3 du Code Civil.

Les conséquences de cet envoi étant des plus graves même contre l'absent, le législateur a voulu laisser les formalités à suivre pour le faire ordonner dans le domaine des règles ordinaires. Ainsi, la demande devra en être introduite, instruite et jugée, comme toute demande relative à l'envoi en possession de tout ou partie d'une succession.

719. Si l'envoi définitif est demandé en vertu d'un testament, d'une donation, et qu'il y ait des héritiers à réserve, le demandeur devra-t-il obtenir préalablement la délivrance des legs ou de la donation, dans les cas où il aurait dû demander cette délivrance, s'il s'agissait d'une succession?

Il faut distinguer ; ou celui qui demande l'envoi définitif est en possession, ou il ne l'est pas ; il n'est soumis à obtenir la délivrance, que dans le dernier cas. Mais alors même que la délivrance doit être demandée, nous estimons que la demande ne doit en être formée qu'après le jugement qui aura prononcé l'envoi définitif.

Jusque-là, à quel titre agirait-on? Il ne peut y avoir lieu à délivrance, que lorsque la succession est ouverte. Lorsqu'elle l'est par décès, l'acte mortuaire suffit pour autoriser la demande en délivrance ; mais, lorsqu'il s'agit d'une absence, le jugement d'envoi définitif opère seul l'ouverture de la succession, et peut seul contraindre les héritiers à réserve à reconnaître dans l'héritier testamentaire, etc., qualité pour demander la délivrance. C'est du reste ce qu'enseigne explicitement Pigeau, lorsqu'il ne soumet (1) tout demandeur d'envoi définitif qu'à présenter requête à MM. les président et juges.

720. Si l'envoi définitif est demandé parce que l'absent a atteint sa centième année révolue, le demandeur n'a qu'à joindre à la requête dont parle Pigeau, l'acte de naissance de l'absent. Sur le vu de cette pièce, l'envoi définitif sera de suite prononcé, pourvu que celui qui y conclut ait qualité pour l'obtenir.

721. Si l'envoi est demandé parce qu'il s'est écoulé trente ans depuis l'envoi provisoire, il faudra joindre à la requête, expédition du jugement qui avait prononcé l'envoi provisoire.

722. Mais, pour que l'envoi définitif puisse être prononcé dans ce cas, il est absolument nécessaire que l'absence ait continué sans la moindre interruption.

Sans doute tout demandeur d'envoi définitif alléguera cette continuation ; mais le juge ne devra pas y croire sur cette seule assertion. Aussi l'orateur du Gouvernement a-t-il enseigné que : « Le tribunal constatera, dans la forme ordinaire, qui est celle d'une enquête contradictoire

(1) Ibid., p. 344 et 345.

avec le procureur du Roi, que depuis le premier envoi, l'absence a continué, sans qu'on ait eu des nouvelles » (1).

M. Thoulier ajoute : « L'article 129 suppose qu'il y aura de nouvelles enquêtes, puisqu'il exige, pour accorder l'envoi définitif, que *l'absence ait continué*; fait qui, par conséquent, doit être prouvé par le demandeur » (2).

Le même auteur demande que l'enquête soit faite : « tant dans l'arrondissement du domicile de l'absent, que dans celui de sa dernière résidence, s'ils sont distincts l'un de l'autre » (3).

M. Pigeau dit à ce même sujet: « Quand l'orateur du Gouvernement ne se serait pas exprimé ainsi, tout tribunal, avant de prononcer en matière quelconque, peut ordonner toutes les voies d'instruction qu'il estime convenables. »

Donc, le tribunal pourra faire faire l'enquête de la manière qu'il croira la plus propre à manifester toute la vérité. Il ne la considérera jamais comme une formalité superflue ou de peu d'importance. Toutefois l'enquête ne devra plus être envoyée au ministre de la justice, ni publiée ; le tribunal ne sera pas non plus le maître de diffé-

(1) Procès-Verbaux, t. 2, p. 483.

(2) Ibid., p. 378.

(3) Ibid.

rer l'envoi définitif. Il devra prononcer cet envoi; s'il lui paraît que l'absence n'a pas discontinué; en rejeter la demande si l'absence a discontinué; ordonner une continuation d'enquête, si celle rapportée offre quelque adminicule de preuve de nouvelles reçues de l'absent depuis l'envoi provisoire; enfin le juge devra prononcer sur cette enquête d'une manière précise et absolue.

723. La marche que nous venons de tracer, sera celle qui devra être suivie toutes les fois que le demandeur d'envoi définitif n'aura pas d'adversaire. S'il en avait un, la cause devra être instruite et jugée comme toute demande relative à une succession.

724. Lorsque le jugement d'envoi définitif aura été prononcé, celui qui l'aura obtenu n'aura aucune autre formalité à remplir s'il était en possession provisoire; il pourra même, tant qu'il ne sera pas troublé, ne pas faire expédier le jugement. S'il n'était pas en possession, il devra procéder comme tout individu qui veut obtenir le délaissement de tout ou partie d'une succession, contre celui qui détient cette même succession.

725. Nous n'avons sans doute pas besoin d'observer que: tant que l'envoi définitif n'a pas été prononcé, l'envoi provisoire se prolonge quant à ses effets, et relativement aux possesseurs provisoires, et relativement aux tiers. Les premiers

continuent à n'avoir sur les biens de l'absent que les droits d'un administrateur comptable ; les seconds ne peuvent contracter valablement avec les possesseurs, que pour ce qui concerne la simple administration. Les cautions seules sont déchargées par le seul accomplissement de la condition à laquelle l'envoi définitif peut être ordonné, comme nous l'avons dit *suprà* n° 657; à quoi il faut joindre ce que nous disons au n° 707.

N° III.

Quel est le tribunal compétent pour prononcer l'envoi en possession définitif.

726. Sans recommencer les discussions auxquelles nous nous sommes livrés afin de signaler le tribunal compétent pour prononcer sur les mesures à prendre pendant les deux premières périodes (1), nous dirons : que le même juge qui a prononcé l'envoi provisoire, devra prononcer aussi l'envoi définitif.

(1) *V.* nos 148 et suiv., et 284 et suiv.

CHAPITRE QUATRIÈME.

De quelques autres règles qui se rapportent à plusieurs des périodes de l'absence, ou à toutes.

727. Nous avons voulu donner, autant que nous l'avons pu, dans un chapitre différent, les règles particulières à chaque période de l'absence; maintenant nous allons en tracer quelques-unes qui sont applicables à plusieurs, ou pendant la durée de chacune.

728. Nous dirons d'abord, qu'il résulte de l'article 130 : que la succession de l'absent sera ouverte du jour de son décès prouvé, au profit des héritiers les plus proches à cette époque : et que ceux qui auront joui des biens de l'absent, seront tenus de les restituer, sous la réserve des fruits par eux acquis en vertu de l'article 127.

Nous avons vu plus haut (1), que la restitution

(1) *V.* n° 697 et suiv.

dont parle cet article serait modifiée par le 132e, si l'on n'acquérait la preuve du décès de l'absent qu'après l'envoi définitif. Nous avons expliqué en même temps quelques-uns des effets de cette disposition.

729. Si la preuve du décès de l'absent était rapportée pendant la première période, personne n'ayant été envoyé en possession provisoire, personne ne pourrait se prévaloir de cette disposition pour retenir les fruits ni en tout, ni même en partie.

730. L'art. 134 consacre une autre règle générale, quoiqu'il ne paraisse s'appliquer qu'au temps de la seconde période.

Si l'envoi provisoire a suffi pour faire diriger contre le possesseur provisoire toutes les actions qui doivent être exercées contre l'absent, à plus forte raison l'envoi définitif doit-il rendre ceux qui l'ont obtenu, seuls capables de défendre aux actions à exercer contre l'absent définitif.

731. Mais notre article ne règle pas l'exercice de ces actions pendant la première période.

La personne qui a disparu peut avoir des dettes; elle peut avoir contracté des obligations.

Sa disparition paralysera-t-elle l'exercice de ces droits et de tous autres ? ou bien, l'absent présumé restera-t-il, sans défense, exposé à toutes les attaques, et à se voir ruiné? car tout jugement par défaut signifié dans les formes voulues acquiert l'autorité de la chose jugée, pourvu qu'il soit exécuté dans les délais prescrits, comme nous l'avons prouvé plus haut.

732. Pour proportionner aux circonstances les secours à accorder à l'individu qui a disparu, il a fallu le considérer dans tous les rapports qu'il pouvait avoir avec d'autres personnes.

On n'a pas eu besoin de faire des règles particulières pour tous ces rapports; souvent la règle qui pourvoit à ce qu'exige tel de ces rapports, garantit en même temps tous les intérêts auxquels il touche.

Mais lorsqu'il fallait des règles et pour secourir l'absent, et pour prévenir tout préjudice causé à des tiers, le législateur les a tracées.

Sous l'empire de l'ordonnance de 1667, s'il s'agissait d'actions à exercer contre l'absent présumé, on obtenait contre lui des jugements par défaut, sans qu'il fût besoin de lui faire nommer un curateur. Si des tiers voulaient exercer des droits qui leur étaient communs avec l'absent présumé, on lui donnait un curateur spécial.

La loi nouvelle ne contient pas, comme l'ancienne, la défense de nommer des curateurs *ad lites;* le législateur, nous l'avons déjà observé, a voulu laisser aux juges le pouvoir d'ordonner ce qu'ils croiront nécessaire.

Pour le temps de la première période, elle dispose en termes généraux que: *s'il y a né-*

cessité de pourvoir à l'administration de tout ou partie des biens d'un absent présumé, *le tribunal y statuera* sur la demande des parties intéressées.

Nous avons vu ailleurs que les parties intéressées étaient principalement celles qui auraient des droits à exercer contre l'absent présumé, ou avec lui. Mais nous avons remarqué aussi que lorsqu'un tiers aura des droits à faire valoir contre un individu qui aura disparu, il n'est pas trop probable qu'il provoque des mesures dans l'intérêt de cet individu, car ce serait forger des armes contre lui-même. Qu'il fallait donc que ces mesures pussent être provoquées par d'autres parties intéressées; que ce ne pouvait être que celles qui avaient sur les biens de l'absent présumé des droits subordonnés à la condition de son décès, parce que ces personnes avaient évidemment intérêt à conserver le patrimoine de l'absent présumé.

« Le Tribunat, dit M. Locré (1), avait proposé en outre de faire diriger les actions contre un curateur *ad hoc*, toutes les fois qu'il n'y aurait pas d'administration légale. Cependant il n'exigeait pas, dans tous les cas, la nomination d'un curateur, mais seulement lorsqu'il en serait besoin. »

(1) Ibid., t. 2, p. 494.

Cet auteur ajoute que cette disposition fut jugée inutile.

Le Tribunat avait senti que la loi, ne contenant pas une disposition de laquelle il résultât que la possession provisoire suivrait de plein droit la déclaration d'absence, il pourrait arriver qu'il y eût un intervalle entre ces deux actes, et la disposition qu'il proposait était destinée à régler comment les actions seraient intentées pour, avec ou contre l'absent, pendant cet intervalle.

Cette proposition n'ayant pas été accueillie, il faut supposer avec M. Locré, que l'art. 112 a été rédigé dans le même esprit, et, en conséquence, qu'il conserve son empire jusqu'à l'envoi provisoire (1); ce qui s'induit d'ailleurs de l'art. 131.

733. Après l'envoi provisoire, c'est contre ceux qui l'ont obtenu, que toute personne ayant des droits à exercer contre l'absent, doit diriger son action. Elle devra donc faire ses significations, non plus au domicile de l'absent, mais bien à celui des possesseurs provisoires; tandis que, jusqu'après l'envoi provisoire, c'est l'absent qui doit être cité, et qu'il doit par conséquent l'être à son dernier domicile.

734. Devra-t-on citer tous les envoyés en possession? Les dettes devront-elles être payées

(1) Ibid.

conformément aux règles portées au titre des successions?

Quoique le partage des biens de l'absent déclaré ne soit pas celui d'une succession proprement dite, la seule différence qui existe entre le premier et le second, est dans le titre auquel les biens sont appréhendés et possédés ; c'est la même chose pour tout le reste.

Nous pensons en conséquence, que les règles sur la marche que doivent suivre les tiers qui ont une action à intenter contre un absent déclaré, seront celles relatives à l'exercice des actions après le décès de l'individu à actionner.

Aussitôt que l'absence aura été déclarée, et jusqu'à ce que l'envoi en possession ait été ordonné, on agira comme contre une succession vacante, parce que personne n'est forcé de demander la possession.

Lorsque l'envoi en possession aura été ordonné, si le partage n'est pas encore fait, on suivra la même marche, que pour l'exercice des actions avant le partage des successions. Lorsque les envoyés en possession se seront divisé les biens, on agira comme après le partage d'une succession.

Lorsqu'il y aura envoi définitif, on suivra les deux dernières voies; la première, tant que les envoyés en possession n'auront pas fait le partage ; la seconde, lorsque chacun jouira de ce qui a dû lui advenir.

Les dettes seront payées et toutes les obligations accomplies comme s'il s'agissait de dettes, d'obligations d'un défunt.

735. Les auteurs des Pandectes Françaises, dans leurs notes sur l'article 124 au Code Civil, traitent une question importante, dont nous croyons devoir placer ici la discussion.

« L'absence d'un associé, se demandent-ils, (1) rompt-elle la société? ou bien les autres associés peuvent-ils invoquer le bénéfice de cet article ?

« On peut dire, pour l'affirmative, que les lois ne mettent point l'absence au nombre des causes qui dissolvent la société; que la communauté entre mari et femme est une espèce de société qui a beaucoup d'analogie avec la société proprement dite, et qui reçoit beaucoup de ses règles ; qu'en conséquence, ce qui est statué pour le cas de la communauté doit s'appliquer à celui de la société.

« Pour la négative, au contraire, on dira : que la société est de sa nature personnelle, qu'elle ne passe point aux héritiers ; que le principe des lois romaines était à cet égard si sévère, qu'on ne pouvait pas même stipuler qu'elle continue-

(1) Tom. 3, p. 27 et 28.

raît avec eux (loi 59, § *pro socio*); que la déclaration d'absence est une présomption de mort : qu'on ne peut pas plus, en conséquence, forcer les héritiers présomptifs à demeurer en société, que l'associé à la continuer avec eux; que dans tous les cas et sous tous les rapports, elle doit être dissoute.

« La raison de décider est : que la mort de l'absent, supposé associé, est incertaine, qu'on ne peut pas dire, d'après cela, que l'associé présent reste en société avec les héritiers; que c'est véritablement avec l'absent que la société continue. Il faut donc tenir qu'elle n'est pas dissoute de plein droit par l'absence; mais, comme la présence de l'associé absent, ses soins, son industrie, peuvent être essentiels au bien de la société, l'absent présent n'est pas tenu de la continuer, et il peut en demander la dissolution. Il doit donc jouir de la faculté d'option accordée par cet article. Mais en optant pour la continuation de la société, il ne pourra empêcher ni retarder l'envoi provisoire ou l'exercice des droits éventuels, que tout autant qu'ils iraient contre le pacte social. Aussi, dans le cas où il y aurait société générale, il devra en être de même que dans la communauté, car c'est identique. »

Cette opinion nous paraît devoir être adoptée L'absence n'est réellement pas un des cas de dissolution des sociétés (1); elle ne peut donc le devenir que par la volonté des associés. Or, l'exercice de cette volonté est réglé par la loi (2): on devra donc se conformer aux règles qu'elle a posées à cet égard.

756. Quant à la manière dont elles seront gérées après l'envoi en possession, aux droits des possesseurs, etc., voyez ce que nous avons dit *suprà*, n° 470.

Si la société contractée avec un absent était de nature à durer autant que la vie des associés, l'absence déclarée, définitive, pourra-t-elle la faire cesser?

La vie et la mort de l'absent étant toujours également incertaines, et celui qui veut exercer un droit subordonné à la condition du décès de la personne au nom ou au lieu et place de laquelle il veut agir, devant prouver préalablement le décès de cette personne, la société dont nous parlons ne pourra être dissoute, que dans les mêmes cas où elle aurait pu l'être avec la présence de l'absent.

757. Des questions tout aussi importantes, sont celles de savoir: si les héritiers ou ayant-cause d'un conjoint absent peuvent, le conjoint présent venant à décéder:

---

(1) Art. 1865, Code Civil.

(2) Art. 1869, 1870 et 1871. ibid.

1° Reprendre dans la succession du conjoint décédé les biens dépendants du patrimoine du conjoint absent, et dont le décédé avait obtenu la possession en vertu de l'envoi provisoire ou définitif?

2° Réclamer sur cette même succession les gains de survie du conjoint absent; en un mot, tout ce à quoi sa survivance lui aurait donné droit?

Ces deux questions nous semblent devoir être résolues contre les héritiers de l'absent, par une conséquence évidente des dispositions de l'article 135 du Code civil. En élevant leurs prétentions, ces héritiers seront forcés d'argumenter de la vie de l'absent; et dès-lors les héritiers du décédé pourront les éconduire, en ne reconnaissant pas cette existence. Les héritiers de l'absent sont ici dans la position de tout représentant ou ayant-cause d'un héritier d'absent qui n'avait pas la possession provisoire (1).

738. La femme est-elle affranchie de la puissance maritale par la disparition de son mari?

> Si le mari est interdit ou absent, *porte l'article* 222 *du Code Civil, au titre du mariage*, le juge peut, en connaissance de cause, autoriser la femme, soit pour ester en jugement, soit pour contracter.

Cet article tranche-t-il la question que nous

---

(1) *V.* ce que nous disons, *suprà*, n° 704.

venons de proposer? Oui, si le mot *absent* qui s'y trouve a été employé par le législateur dans le sens restreint attribué à ce même mot au titre des absents.

739. Il serait bien à souhaiter que, lorsque le législateur a voulu détourner un mot de sa signification vulgaire, il ne l'eût plus employé que dans l'acception qu'il a entendu lui attribuer; car, s'il s'en sert pour rendre des idées différentes, comment pourra-t-on reconnaître celle qu'il a voulu émettre dans tel cas donné?

Il eût été, par exemple, bien à propos que le mot *absent* ne se trouvât jamais dans la loi, que pour désigner la classe d'individus auxquels s'applique le titre des absents; car il a fallu bien des discussions pour restreindre ce mot de sa signification usuelle à celle que voulait lui attribuer dans ce titre le législateur.

Le titre du mariage suit, au Code civil, immédiatement celui des absents; et cependant, nous allons être forcés de reconnaître que le législateur a déjà oublié, en traçant l'article 222, la signification qu'il avait si péniblement attachée au mot *absent*.

Nous lisons en effet dans le procès-verbal de la séance du Conseil-d'Etat du 5 vendémiaire an 10: « Le *premier consul* demande si la section veut parler (on discutait l'article qui est devenu le 222e) d'un mari *seulement absent du lieu où se trouve* sa femme, ou si elle parle d'un mari déclaré absent.

« Le C. *Berlier* dit que la femme serait trop long-temps dans l'impuissance d'agir, si elle ne pouvait obtenir l'autorisation du juge avant que son mari eût été déclaré absent; qu'au surplus, le Tribunal ne donne l'autorisation qu'en connaissance de cause.

« Le C. *Tronchet* dit que cette dernière raison dissipe toute crainte, et permet de donner plus d'étendue à la disposition. Autrefois on accordait l'autorisation sur simple requête : les lieutenants civils d'Argougues et Angran ont voulu qu'elle ne le fût qu'en connaissance de cause; ce qui sauve tous les inconvénients et permet de laisser subsister un usage nécessaire ; car il est possible que, quoiqu'un mari ne soit pas éloigné, il y ait cependant tellement urgence, que la femme n'ait pas le temps de prendre son autorisation. »

740. Ainsi donc, dans l'opinion du Conseil-d'Etat, le mot *absent* à l'article 222, embrasserait et les absents déclarés, et les absents présumés, et les non présents.

C'est aussi ce qu'enseigne M. de Maleville sur cet article : « On voit donc, dit cet auteur (1), que le mot *absent* n'est pas pris ici dans la significa-

(1) Ibid., p. 232.

tion qu'il a au titre 4 (le titre des absents); il se prend dans l'acception ordinaire, c'est-à-dire, que si le mari n'est pas à portée d'autoriser sa femme, et qu'il s'agisse d'une affaire urgente, le juge peut l'autoriser. »

741. Si le législateur, après avoir dit *absent*, eût ajouté ou *non présent*, il aurait rempli son but, et il eût conservé aux mots leur signification technique.

742. Toutefois, cette addition n'était nécessaire que dans le cas où il était absolument dans l'intention du législateur de permettre au juge d'autoriser, non-seulement la femme de l'absent présumé ou déclaré, mais aussi celle dont le mari serait seulement éloigné du lieu où elle demanderait à être autorisée. La discussion du Conseil-d'Etat et M. de Maleville sembleraient nous dire que telle fut l'intention des rédacteurs de l'article 222.

Si le législateur eut ce dessein en sanctionnant cet article, il en a changé lorsqu'il a décrété le Code de procédure.

Ce Code porte, article 863 :

Dans le cas de l'absence présumée du mari, ou lorsqu'elle aura été déclarée, la femme qui voudra se faire autoriser à la poursuite de ses droits, présentera également requête au président du tribunal, qui ordonnera la communication au ministère public, et commettra un juge pour faire son rapport au jour indiqué.

Il est évident que cette disposition, postéieure à la promulgation de l'article 222 au Code civil, modifie cet article. Car on ne prétendra sans doute pas, qu'elle doit être entendue seulement dans ce sens, qu'elle trace la marche que devra suivre pour se faire autoriser, la femme dont le mari est absent ou présumé, ou déclaré, mais qu'elle ne modifie en rien le principe résultant de l'article du Code civil.

Si l'on prétend que le Code Civil a posé le principe, et que celui de pocédure donne seulement les formes de son application, nous demanderons, quelle marche suivra, pour se faire autoriser, la femme dont le mari n'est que non présent?

743. Le législateur, après avoir mûrement réfléchi sur son article 222 au Code civil, aura sans doute reconnu : qu'il pouvait devenir fort dangereux qu'une femme pût obtenir l'autorisation de la justice sous prétexte que son mari n'était pas là pour l'autoriser; que le juge ne pouvait savoir que ce qu'on lui apprenait, et que lorsque la femme viendrait demander à être autorisée, il serait difficile au juge de savoir au juste, par tout autre que par le mari, si cette autorisation devait être accordée; que le juge, s'il n'entendait pas le mari, pourrait être souvent trompé par la femme, qui, sachant que le mari ne l'autoriserait pas, profiterait du premier voyage qu'il ferait, pour surprendre au juge cette autorisation.

Frappé de ces considérations, mais remarquant que l'article 222 pouvait, pris à la lettre, ne s'appliquer qu'à la femme du mari absent présumé ou déclaré, le législateur aura reconnu que, pour fixer toute incertitude sur la signification des termes de cet article 222, il lui suffisait, en traçant la marche que devait suivre la femme pour se faire autoriser, de ne parler que de la femme dont le mari serait absent.

744. Si telle a été son intention, il l'a parfaitement remplie par l'article 863 au Code de procédure; or, elle est manifeste, si l'on rapproche cet article des deux qui le précèdent.

Le premier de ces deux articles pose la règle générale, et il dispose :

« *La femme qui voudra se faire autoriser à la poursuite de ses droits, après avoir fait une sommation à son mari, et sur le refus par lui fait, présentera requête au président, qui rendra ordonnance portant permission de citer le mari à jour indiqué à la chambre du conseil pour déduire les causes de son refus.* »

« *Le mari entendu, ou faute par lui de se présenter,* porte l'article suivant, *il sera rendu, sur les conclusions du ministère public, jugement qui statuera sur la demande de la femme.* ».

745. Ainsi donc, toute femme qui voudra se faire autoriser, devra sommer son mari de l'autoriser, et ce ne sera que sur son refus qu'elle pourra s'adresser au juge; et le juge ne pourra

prononcer sur la demande de la femme, qu'après avoir entendu le mari ; ou tout au moins, que lorsqu'il aura été mis à même de venir déduire les motifs qu'il a pour ne pas autoriser sa femme.

Mais si le mari est absent ou déclaré ou présumé, la femme ne peut le sommer de l'autoriser; aussi le législateur a-t-il fait exception, pour ce cas, à la règle générale.

746. Il est donc évident que l'article 222 est expliqué par le Code de procédure, et que cet article doit être, pour son application, rapproché des 861, 862 et 863mes art. de ce dernier Code.

747. Et remarquons que ce rapprochement doit être fait, soit que la femme demande l'autorisation pour ester en jugement, soit qu'elle la demande pour contracter. Dans l'un et l'autre cas, il s'agit de la poursuite de ses droits, et nulle part on ne trouve une forme de procéder particulière au cas où la femme veut se faire autoriser à contracter.

748. Revenant plus spécialement à la matière que nous traitons, nous disons : que la disparition du mari n'affranchit nullement la femme de la puissance maritale, quant à la nécessité de l'autorisation.

Mais la femme d'un mari qui a disparu doit-elle se faire autoriser pour vendre, hypothéquer, acquérir à titre onéreux ou gratuit, comme le prescrit l'article 217 du Code civil?

Nous pensons que l'envoi en possession provisoire donne à la femme la capacité de faire sans autorisation ces sortes d'actes relativement aux meubles, soit qu'ils lui appartiennent, soit qu'ils dépendent du patrimoine du mari.

Si elle veut contracter relativement aux immeubles, qu'ils lui appartiennent ou non, elle devra recourir au Tribunal pour se faire autoriser. *Secus* lorsqu'il s'agit d'actionner ou de défendre.

749. Pigeau dit que : « si l'absence n'est pas déclarée, la femme prend un acte de notoriété qui atteste l'absence du mari ; ensuite elle présente requête au président du Tribunal, elle y expose, que l'absence de son mari la mettant dans l'impossibilité d'en obtenir l'autorisation exigée par la loi, elle a recours à la justice pour en être autorisée (1). » M. Thoulier trace la même marche (2).

Si l'absence est déclarée, l'acte de notoriété sera remplacé, d'après les mêmes auteurs, par l'extrait du jugement de déclaration d'absence.

Il est sensible qu'il doit être procédé de même lorsque la femme veut être autorisée à contracter; seulement, dans ce dernier cas, la requête doit être adressée, comme en règle générale, à MM. les Président et Juges.

---

(1) Ibid., t. 1, p. 89.
(2) Ibid., t. 2, p. 28.

Quant à l'acte de notoriété, Pigeau le mentionne souvent, et il est évident qu'il a été, à cet égard, influencé par sa mémoire, qui lui rappelait la procédure devant le Châtelet de Paris. Nous nous sommes déjà expliqués sur l'opportunité de ces actes sous le nouveau droit, nous persistons à penser qu'ils ne sont plus commandés. Les parties pourront sans doute en apporter, mais le juge y aura tel égard qu'il croira convenable, et il n'en fera jamais faire de son autorité.

750. Sur la requête présentée par la femme, le ministère public, chargé de veiller et aux intérêts des absens et à ceux des femmes mariées, examinera si le mari est réellement disparu ou absent, et il cherchera en même temps à connaître quelles pourraient être les conséquences de l'autorisation demandée. Ses conclusions seront assises sur le résultat de ses informations sur ces deux points.

Si la femme veut joindre à sa requête un acte de notoriété, il devra être fait dans la forme tracée par l'article 155 au Code civil.

751. Tout ce que nous venons de dire s'applique-t-il aussi au temps de la troisième période? Dès que l'article 222 veut que la femme se fasse autoriser par le juge tant que son mari est *absent*, l'autorisation est nécessaire même après l'envoi définitif.

De plus, la femme est soumise à la nécessité de se faire autoriser tant que le mariage subsiste; or, l'envoi définitif ne rompt pas le mariage ; il ne peut être dissous que par la mort naturelle ou par la mort civile.

CHAPITRE CINQUIÈME.

Règles particulières à la disparition des militaires des troupes de terre et de mer, et aux marins.

752. Les règles que nous avons exposées jusqu'ici s'appliquent à toute sorte de personnes, quels que soient leur sexe, leur âge et leur rang dans la société. Les militaires des troupes de terre et de mer et les marins sont toutefois exceptés par des lois spéciales rendues dans l'intérêt particulier de ces classes d'individus.

Ces lois sont celles des 11 ventôse, 16 fructidor an 2, 6 brumaire an 6 et 13 janvier 1817.

Comme ces lois modifient les règles du Code civil et qu'elles doivent être suivies, nous allons les transcrire ici. Il a été en effet universellement reconnu que celles qui sont antérieures au Code civil n'avaient pas été abrogées par lui.

753. La loi du 11 ventôse ordonne (art. 1er)

au juge-de-paix qui a mis les scellés sur les effets et papiers d'une succession à laquelle un militaire est appelé, de lui en donner immédiatement avis s'il sait à quel corps ou armée il est attaché; il doit également en instruire le ministre de la guerre, et le double de ces lettres doit être copié à la suite de son procès-verbal, avant de le présenter à l'enregistrement.

754. Article 2. Si dans le délai d'un mois le militaire ne donne pas de ses nouvelles et n'envoie point de procuration, l'agent national, aujourd'hui remplacé par le maire de la commune dans laquelle la succession s'est ouverte, doit convoquer sans frais le conseil de famille, pour nommer un curateur à l'absent.

755. Article 3. Le curateur peut provoquer la levée des scellés, assister à leur reconnaissance, et faire procéder à l'inventaire et à la vente des meubles et en recevoir le prix, à la charge d'en rendre compte soit au militaire, soit à son fondé de pouvoir.

756. Article 4. Il administre les immeubles en bon père de famille.

757. La loi du 16 fructidor an 2 étend (art. 1er) les dispositions de la précédente aux officiers de santé et à tous les citoyens attachés au service des armées; et elle donne au conseil d'administration du corps auquel les militaires appartiennent, le pouvoir de rapporter leurs procurations,

dans le cas où, se trouvant au bivouac ou en pays ennemi, ils ne pourraient avoir des notaires.

758. Celle du 6 brumaire an 5 ajoute à ces dispositions des mesures pour la conservation des propriétés des défenseurs de la patrie. Elle veut 1° qu'il soit nommé par les tribunaux civils trois citoyens qui formeraient un conseil officieux chargé de consulter et de défendre gratuitement les affaires des défenseurs de la patrie et des autres citoyens absents pour le service des armées de terre et de mer;

759. 2°. Qu'aucune prescription ni péremption d'instance ne puisse s'acquérir contre les défenseurs de la patrie, etc., depuis leur départ jusqu'à l'expiration d'un mois après la paix générale, ou après la signature du congé absolu qui leur serait délivré avant cette époque;

760. Le délai est de trois mois; si au moment de la paix ou de l'obtention du congé absolu, ces citoyens font leur service hors de la république, mais en Europe; de huit mois dans les colonies, en deçà du Cap de Bonne-Espérance; et de deux ans au-delà de ce cap.

761. Art. 4. Les jugements prononcés contre eux ne peuvent donner lieu au décret, ni à la dépossession d'aucun immeuble pendant les délais ci-dessus énoncés.

762. Art. 5. Aucun de ces jugements ne peut être mis à exécution qu'autant que la partie

poursuivante aura présenté et fait recevoir, par le tribunal qui aura rendu le jugement, une caution solvable de rapporter le cas y échéant.

763. Cette dernière loi ne devant être exécutée que jusqu'à la paix générale, et cette paix ayant été enfin rendue à la France depuis 1815, l'application de ses dispositions ne pourrait sans doute plus être invoquée.

764. Les dispositions que nous venons de transcrire, si favorables aux militaires, n'empêchaient pas qu'on ne pût provoquer la déclaration de leur absence; mais dans le cas seulement où ils avaient disparu du corps auquel ils étaient attachés. Il fallait donc commencer par s'assurer que le militaire avait disparu de son corps, et qu'il ne se trouvait plus sous le drapeau. Le procureur du Roi était chargé de demander préalablement et par écrit au ministre de la guerre ou de la marine, des renseignements sur le militaire présumé absent; et il devait être fait mention des renseignements obtenus dans les jugements, soit préparatoires, soit définitifs, suivant une circulaire du ministre de la justice, du 16 décembre 1806, dit M. Thoullier (1), et qu'il annonce être rapportée dans le recueil de Sirey, en 1808, 2e partie, page 20.

765. Nous trouvons aussi dans la jurisprudence

(1) Ibid., p. 354.

du Code Civil, à la page 444 du tome 4, une décision du Conseil d'Etat du 12 germinal an 12, approuvée le 17 suivant, par laquelle il est décidé que le décès des militaires absents ne peut être prouvé que de la même manière que celui de tout individu.

766. Il s'était encore élevé des difficultés sur les moyens de constater le sort des militaires ou marins qui étaient en activité pendant les guerres qui ont eu lieu depuis le commencement de la révolution jusqu'au traité qui, le 20 novembre 1815, nous a enfin rendu la paix ; surtout à cause des campagnes si désastreuses de 1812, 1813 et 1814. Ces difficultés ont été levées par la loi du 13 janvier 1817, dont voici les dispositions :

767. Art. 1er. « Lorsqu'un militaire ou marin en activité pendant les guerres qui ont eu lieu depuis le 11 avril 1791 jusqu'au traité de paix du 20 novembre 1815, aura cessé de paraître avant cette dernière époque, à son corps et au lieu de son domicile et de sa résidence, ses héritiers présomptifs ou son épouse pourront dès à présent se pourvoir au tribunal de son dernier domicile, soit pour faire déclarer son absence, soit pour faire constater son décès, soit pour une de ces fins au défaut de l'autre. »

768. Art. 2. « Leur requête et les pièces justificatives seront communiquées au procureur du

Roi, et par lui adressées au ministre de la justice, qui les transmettra au ministre de la guerre ou au ministre de la marine, selon que l'individu appartiendra au service de terre ou à celui de mer, lequel rendra publique la demande, ainsi qu'il est prescrit à l'égard des jugements d'absence par l'art. 118 du Code Civil.

769 « Art 3. La requête, les extraits d'actes, pièces et renseignements recueillis au ministère de la guerre ou de la marine, sur l'individu dénommé dans ladite requête, seront renvoyés, par l'intermédiaire du ministre de la justice, au procureur du Roi.

770. « Si l'acte de décès a été transmis au procureur du Roi, il en fera immédiatement le renvoi à l'officier de l'état civil, qui sera tenu de se conformer à l'article 98 du Code Civil.

771. « Le procureur du Roi remettra le surplus des pièces au greffe, après en avoir prévenu l'avoué des parties requérantes; et, à défaut d'acte de décès, il donnera ses conclusions.

Art. 4. « Sur le vu du tout, le tribunal prononcera :

772. « S'il résulte des pièces et des renseignements fournis par le ministre, que l'individu existe, la demande sera rejetée.

« S'il y a lieu seulement de présumer son existence, l'instruction pourra être ajournée pendant un délai qui n'excédera pas une année.

« Le tribunal pourra aussi ordonner les enquêtes prescrites par l'art. 116 du Code Civil, pour confirmer les présomptions d'absence résultant desdites pièces et renseignements.

« Enfin l'absence pourra être déclarée, ou sans autre instruction, ou après ajournement et enquêtes, s'il est prouvé que l'individu a disparu sans qu'on ait eu de ses nouvelles, savoir : depuis deux ans, quand le corps, le détachement ou l'équipage dont il faisait partie servait en Europe; et depuis quatre ans, quand le corps, le détachement ou l'équipage se trouvait hors de l'Europe.

773. Art. 5. « La preuve testimoniale du décès pourra être ordonnée, conformément à l'article 46 du Code Civil, s'il est prouvé, soit par l'attestation du ministre de la guerre ou de la marine, soit par toute autre voie légale, qu'il n'y a pas eu de registres, ou qu'ils ont été perdus ou détruits en tout ou en partie, ou que leur tenue a éprouvé des interruptions.

« Dans le cas du présent article, il sera procédé aux enquêtes contradictoirement avec le procureur du Roi. »

774. Art. 6. « Dans aucun cas, le jugement définitif portant déclaration d'absence ou de décès ne pourra intervenir qu'après le délai d'un an, à compter de l'annonce officielle prescrite par l'art. 2. »

775. Art. 7. « Lorsqu'il s'agira de déclarer l'absence ou de constater en justice le décès des personnes mentionnées en l'art. 1er de la présente loi, les jugements contiendront uniquement les conclusions, le sommaire des motifs et le dispositif, sans que la requête puisse y être insérée; les parties pourront même se faire délivrer, par simple extrait, le dispositif des jugements interlocutoires; et, s'il y a lieu à enquête, elles seront mises en minute sous les yeux des juges. »

776. Art. 8. « Le procureur du Roi et les parties requérantes pourront interjeter appel des jugements, soit interlocutoires, soit définitifs.

« L'appel du procureur du Roi sera, dans le délai d'un mois, à dater du jugement, signifié à la partie au domicile de son avoué.

« Les appels seront portés à l'audience sur simple acte, et sans aucune procédure. »

777. Art. 9. « Dans le cas d'absence déclarée en vertu de la présente loi, si le présumé absent a laissé une procuration, l'envoi en possession provisoire sous caution pourra être demandé, sans attendre le délai prescrit par les articles 121 et 122 du Code Civil; mais à la charge de restituer, en cas de retour, sous les déductions de droit, la totalité des fruits perçus pendant les dix premières années de l'absence. »

778. « Les parties requérantes qui possède-

ront des immeubles reconnus suffisants pour répondre de la valeur des objets susceptibles de restitution en cas de retour, pourront être admises par le tribunal à se cautionner sur leurs propres biens. »

779. Art. 10. Feront preuve en justice, dans les cas prévus par la présente loi, les registres et actes de décès des militaires, tenus conformément aux articles 88 et suivants du Code Civil, bien que lesdits militaires soient décédés sur le territoire français, s'ils faisaient partie des corps ou détachements d'une armée active ou de la garnison d'une ville assiégée. »

780. Art. 11. « Si les héritiers présomptifs ou l'épouse négligent d'user du bénéfice de la présente loi, les créanciers ou autres personnes intéressées pourront, un mois après l'interpellation qu'ils seront tenus de leur faire signifier, se pourvoir eux-mêmes en déclaration d'absence ou de décès. »

781. Art. 12. « Les dispositions de la présente loi sont applicables à l'absence ou au décès de toutes personnes inscrites au bureau des classes de la marine, à celles attachées par brevets ou commissions aux services de santé, aux services administratifs des armées de terre ou de mer, ou portées sur les contrôles réguliers des administrations militaires.

« Elles pourront être appliquées par nos tribunaux à l'absence et au décès des domestiques, vivandiers et autres personnes à la suite des armées, s'il résulte des rôles d'équipage, des pièces produites et des registres de police, permissions, passeports, feuilles de route et autres registres, déposés aux ministères de la guerre ou de la marine, ou dans les bureaux en dépendants, des preuves ou des documents suffisants sur la profession desdites personnes et sur leur sort. »

782. Art. 13. « Les dispositions du Code Civil relatives aux absents, auxquelles il n'est pas dérogé par la présente loi, continueront d'être exécutées. »

CHAPITRE SIXIÈME.

De l'absence civile.

783. Nous entendons par absence civile, comme nous l'avons déjà annoncé ailleurs (1), l'état de celui qui, poursuivi par une accusation criminelle, s'est laissé condamner par contumace.

Cette définition est toutefois subordonnée à la solution que nous devrons donner de la question de savoir comment et par qui doivent être administrés les biens des contumaces? l'examen de cette question est le sujet de ce chapitre.

784. Voici, d'abord, ce que porte, à cet égard, l'art. 28 du Code Civil :

> Les condamnés par contumace seront, pendant les cinq ans, ou jusqu'à ce qu'ils se représentent, ou qu'ils soient arrêtés pendant ce délai, privés de l'exercice des droits civils.
>
> Leurs biens seront administrés, et leurs droits exercés de même que ceux des absents.

(1) *V*. nos 10 et 11.

785. Une disposition si précise ne semblerait pas devoir laisser le moindre doute sur la solution affirmative de notre proposition. Avant d'en démontrer l'évidence en combattant les objections faites contre cette proposition, remarquons que l'article cité ne s'applique pas, comme ses expressions paraîtraient d'abord l'annoncer, à tout condamné par contumace.

Cet article fait partie d'une section au Code Civil, où il s'agit uniquement de régler les causes et les effets *de la privation des droits civils par suite de condamnations judiciaires.* On doit conclure de ces termes: que l'administration des biens des contumaces et l'exercice de leurs droits ne doit avoir lieu comme pour les biens des absents, que par une conséquence de la privation de l'exercice des droits civils.

Or, les contumaces privés de l'exercice de leurs droits civils sont seulement ceux qui ont été condamnés à une peine emportant mort civile; c'est ce qu'établirait jusqu'à l'évidence la discussion qui eut lieu au Conseil d'Etat sur la rédaction de cet article 28, et sur la mort civile et ses effets (1), si la loi laissait quelque incertitude à cet égard.

786. Mais la disposition de cet article sem-

(1) *V.* à ce sujet aux Procès-Verbaux, t. 1, p. 76, 77, 80, 114 et 132; t. 2, p. 97 *ad* 100, 147 et 48.

lerait avoir été étendue à tous les contumaces ondamnés à des peines afflictives et infamantes, ar l'art. 471 du Code d'Instruction Criminelle, onçu en ces termes :

Si le contumace est condamné, ses biens seront, à partir de l'exécution de l'arrêt, considérés et régis comme biens d'absent, et le compte du séquestre sera rendu à qui il appartiendra, après que la condamnation sera devenue irrévocable par l'expiration du délai donné pour purger la contumace.

Il résulte en effet, de la manière la plus évilente, des dispositions de cet article, que les)iens de tout condamné par contumace seront, usqu'à l'expiration du délai pour purger la conumace, *considérés et régis comme biens d'absent.*

787. L'article du Code Civil se contentant de lire que les biens des condamnés par contunace *seront administrés et leurs droits exercés de nême que ceux des absents,* renvoie aux règles sur l'absence, pour savoir qui sera chargé de cette administration, de cet exercice de droits.

Et il résulterait de l'article du Code d'Instruction Criminelle, qu'il doit en être de même à l'égard des biens et des droits de toutes sortes de contumaces.

788. La mort civile une fois encourue, donne ouverture à la succession de celui qu'elle frappe. Tant que le délai pour purger la contumace n'est pas expiré, la mort civile est résoluble; mais aussitôt que ce délai est expiré, elle produit l'ef-

fet de dépouiller le condamné de tous les biens qu'il possédait lors de sa condamnation ; d'ouvrir sa succession tout comme s'il était mort naturellement, et d'en investir les héritiers de telle sorte que, se représentât-il ensuite et fût-il acquitté, il est cependant dépouillé à jamais des biens qu'il possédait au moment de sa condamnation.

Dès-lors le législateur a dû voir qu'il était tout simple, d'appeler à administrer ces biens pendant la contumace, ceux qui devraient les recueillir si la condamnation devenait définitive.

789. Mais, lorsqu'il n'y a pas de mort civile, le condamné n'est que privé de l'exercice de ses droits civils pendant la durée de sa peine. Cette peine une fois subie, tous les effets de la condamnation cessent, et le condamné, qui n'avait pas pu administrer ses biens pendant la durée de sa peine, reprend cette administration.

Dans ces circonstances, le législateur a pu croire qu'il convenait que les biens de ces condamnés fussent administrés comme ceux des absents ; mais il n'y avait aucun motif pour déférer leur administration aux héritiers du condamné ; car ils n'ont encore aucun droit, même éventuel, à ces biens, puisque la propriété de ces biens ne cesse pas de résider sur la tête du condamné.

790. Il ne suffisait pas d'ailleurs de pourvoir

à leur administration pendant la contumace, comme lorsqu'il s'agissait des biens de contumaces ayant encouru la mort civile; il fallait que l'administrateur exerçât ses fonctions jusqu'à l'expiration ou à la prescription de la peine.

Ces derniers points ont été réglés par l'article 29 du Code Pénal, dont voici les termes :

> Quiconque aura été condamné à la peine des travaux forcés à temps ou à la réclusion, sera de plus, pendant la durée de sa peine, en état d'interdiction légale; il lui sera nommé un curateur pour gérer et administrer ses biens, dans les formes prescrites pour la nomination des curateurs aux interdits.

791. Cet article pourvoit au personnel de l'administration des biens des contumaces qui n'ont pas encouru la mort civile; il explique l'art. 471 du Code d'Instruction Criminelle, et particularise le 28e au Code Civil de telle sorte, que ce dernier n'est plus relatif qu'aux contumaces ayant encouru la mort civile. Quant au mode de l'administration, il reste soumis pour tous les cas aux règles générales rappelées dans l'article du Code d'Instruction Criminelle; d'où suit que le curateur dont la nomination est commandée, régira les biens du condamné tout comme s'il était un envoyé en possession provisoire.

792. Si l'on n'interprétait pas ainsi cet art. 29, on serait plus qu'embarrassé pour déterminer les droits et les devoirs du curateur dont il parle; car le Code Civil ne donne plus un curateur aux

interdits, mais bien un tuteur et un subrogé-tuteur, et il assimile en tout les interdits aux mineurs.

Il est d'ailleurs évident que, dans cet article, le législateur n'a voulu que déterminer la personne qui gérerait les biens.

793. Mais il ne semblerait s'appliquer qu'aux condamnations définitives? (Nous ne parlons ici que de celles qui n'entraînent pas la mort civile.)

Remarquons toutefois qu'il ne distingue pas, et qu'il parle absolument de *quiconque aura été condamné*; ce qui comprend aussi bien les condamnations par contumace, que celles prononcées contradictoirement.

Il porte à la vérité : *pendant la durée de sa peine*, et l'on pourrait remarquer que le contumace ne la subit pas pendant qu'il reste contumace. Nous répondrons que : s'il demeure dans cet état assez de temps pour prescrire sa peine, il est censé l'avoir subie. La seule conséquence réelle de la contumace, est : que l'interdiction dure jusqu'à la prescription de la peine.

794. D'ailleurs, qui administrerait les biens pendant la contumace? Voudrait-on confier leur administration aux personnes qui y seraient appelées s'il s'agissait des biens d'un absent? Mais comment appeler les héritiers à cette administration, dès qu'il n'y a aucune chance pour l'ouverture de la succession? On ne pourrait donc

diviser les biens ; et auquel des héritiers pourrait-on les remettre ?

Quoique condamné seulement par contumace, l'individu n'en est pas moins condamné ; la lettre de la loi et de son esprit commandent d'appliquer l'article 29, aussi bien aux condamnations par contumace qu'aux condamnations contradictoires. En suivant pour les deux cas les dispositions du Code Pénal, tout le patrimoine restera réuni et sera dans des mains qui ne peuvent le divertir.

795. Nous estimons donc que les biens de tous les contumaces seront administrés et régis comme biens d'absent. Si le contumax a encouru une peine emportant mort civile, l'administration de ses biens sera dévolue aux mêmes personnes que s'il avait été déclaré absent ; si, au contraire, le contumax ne peut pas mourir civilement, l'administration de ses biens sera confiée à un curateur nommé dans les mêmes formes que les curateurs aux interdits, c'est-à-dire par le conseil de famille.

796. Nous pouvons donc aussi dire : qu'il y a une *absence civile*, c'est-à-dire une absence qui n'existe que par la force de la loi.

797. Cette manière d'entendre les articles que nous avons cités, nous semble conforme à leur signification grammaticale, à leur esprit, et à l'esprit général de notre législation civile.

Cependant, des auteurs des plus recommandables professent une opinion bien différente de la nôtre ; ce sont, principalement, M. Delvincourt et M. Legraverend. Ce dernier, dans un Traité sur la législation criminelle (1), où il a approfondi les questions de savoir, 1° qui doit administrer les biens des contumaces ; 2° si l'Etat gagne une partie quelconque des fruits de ces biens, résout les deux questions affirmativement, et rapporte les opinions les plus imposantes à l'appui de la sienne.

L'autorité de cet auteur, surtout lorsqu'elle est fortifiée par l'opinion de M. Delvincourt, nous fait un devoir de bien examiner les deux questions sous toutes leurs faces.

Nous remarquerons toutefois que M. Legraverend avoue lui-même que son opinion est commandée par celle des autorités qu'il rapporte.

Ce sera donc ces autorités que nous devrons apprécier surtout, sans négliger les motifs ajoutés par M. Legraverend; nous leur adjoindrons celle de M. Delvincourt, peut-être la plus imposante de toutes.

798. Nous remarquerons d'abord que la question de savoir qui doit administrer les biens du contumax n'a été abordée de front par aucune des autorités citées par M. Legraverend; sa solution a été présentée comme la conséquence du

(1) Traité de la législation criminelle en France. 2 v. in-4.

parti qui devait être pris sur le point de savoir : si les nouveaux Codes d'Instruction Criminelle et Pénal, ordonnaient que tous les fruits et revenus des biens des contumaces leur fussent rendus ou à leurs ayant-cause? et comme on aurait décidé que non, on en concluait: que dès que l'Etat devait profiter de partie de ces revenus et fruits, il était indispensable de reconnaître que l'Etat devait administrer pendant le temps où les fruits devaient lui appartenir.

La discussion qui avait eu lieu au Conseil d'Etat à l'occasion de la rédaction de l'article 28 du Code Civil, la manière dont se sont exprimés et l'orateur du Gouvernement en présentant l'article 471 du Code d'Instruction Criminelle à la sanction du Corps-Législatif, et ceux de la commission formée dans le sein de ce Corps, suffisent, à nos yeux, pour démontrer que la solution donnée à la question relative aux fruits, est une erreur.

799. Rappelons, d'abord, comment fut préparée la rédaction de cet article 28.

Après la discussion la plus approfondie, le Conseil d'Etat avait approuvé, pour quatrième rédaction, une disposition ainsi conçue:

« *Lorsque la condamnation emportant la mort civile n'aura été rendue que par contumace, les héritiers et la veuve du condamné ne pourront se mettre en possession de ses biens, pendant les cinq années qui suivront l'exécution, qu'en donnant caution.*

« *L'exécution provisoire aura lieu, même quant à ce qui concerne les actions qui résultent de la dissolution du mariage entre l'épouse du condamné et ses héritiers, sauf que l'époux ne peut contracter un nouveau mariage qu'après l'expiration des cinq années.* »

De plus, on lisait dans un article précédent : « *Le mariage qu'il* (le condamné) *avait contracté précédemment est dissous, quant à tous ses effets civils. Son époux et ses héritiers peuvent exercer respectivement les droits et les actions auxquels sa mort naturelle donnerait ouverture. Le tout sauf la caution dont il sera parlé ci-après.* »

800. Si ces rédactions avaient été conservées, nous n'aurions pas le moindre doute sur les personnes à qui devrait être confiée l'administration des biens du contumax, au moins lorsqu'il aurait encouru une condamnation emportant la mort civile. Ont-elles été changées parce que le législateur n'a pas voulu que cette administration fût remise aux héritiers du contumax, à sa veuve ?

Elles ont été modifiées, sur les observations du Tribunat dont il fut rendu compte au Conseil d'Etat par M. Bigot-Préameneu en ces termes :

« La section du Tribunat pense que les fictions ne doivent pas être multipliées. La condamnation par contumace, a-t-elle dit, n'opère pas réellement la mort civile au moment même, puisque le condamné peut s'y soustraire en se représentant dans les cinq ans. Il n'est donc ni juste ni naturel *que son mariage soit dissous, qu'il cesse d'être successible, que ses biens passent à ses héritiers.* Le contumax n'est *qu'un absent auquel on ne doit dès-lors appliquer que les lois relatives à l'absence* (1).

801. Il est, ce nous semble, évident que le Tribunat ne critiquait, que ce qui semblait être définitif d'après les rédactions que nous venons de rapporter. Celle qu'il proposait achèvera de mettre au grand jour l'esprit de sa critique : voici les termes de cette rédaction.

« *Le condamné par contumace sera privé des droits civils pendant les cinq ans, ou jusqu'à ce qu'il se représente pendant ce délai; mais leur exercice ne sera que suspendu, et il ne sera considéré comme les ayant perdus définitivement qu'après l'expiration des cinq années.* »

« *Tous les biens qui appartiendront aux condamnés par contumace seront, jusqu'à l'expiration du délai, administrés comme les biens des absents.* »

Sur cette rédaction, M. Boulay observa que : « la différence essentielle entre les deux opinions

(1) Procès-Verbaux, t. 2, p. 96.

consiste en ce que le Conseil regarde la mort civile comme absolue du moment de l'exécution par effigie, et que la Section du Tribunat pense qu'il ne doit y avoir d'abord et pendant les cinq ans de la contumace qu'une interdiction légale. »

Après une longue discussion (1), le Conseil d'Etat adopta le système proposé par la Section du Tribunat, et chargea sa propre Section de présenter une rédaction conforme à ce système.

802. C'est ainsi qu'a été amenée celle qui forme l'article 28 au Code civil. Nous pouvons donc soutenir que le Conseil d'Etat a entendu ne pas rapporter la partie de la rédaction première, d'où résultait que les héritiers et le conjoint du condamné pourraient, moyennant caution, se mettre en possession de ses biens. On n'a fait que changer les termes d'où devait découler cette règle, parce que d'un côté, on parlait dans la première rédaction de la *veuve*, et que l'intention du législateur était de ne pas considérer le mariage comme rompu; parce que de l'autre, les termes de cette première rédaction ne disaient pas assez clairement sur quelles bases reposerait la possession des héritiers, ni quelles seraient les conséquences de cette possession.

Le Tribunat avait dit que, pendant les cinq ans, les biens *devraient être administrés comme*

---

(1) Procès-Verbaux, ibid. p. 97.

ceux des absents; ces termes rendaient parfaitement toute la pensée du législateur sur le personnel et sur le mode de la possession. La Section de législation du Conseil d'Etat chargée de la nouvelle rédaction, considéra comme suffisant de les transcrire dans le travail qui lui avait été confié.

803. Il est donc évident que le Conseil d'Etat entendit, non-seulement faire administrer les biens des contumaces comme ceux des absents, mais encore, confier cette administration aux personnes qui l'auraient obtenue s'il se fût agi de biens d'absent déclaré.

M. Locré a interprété comme nous toute cette discussion; car, voici comment il s'exprime à son sujet (1) :

« Dans le système de la mort civile résoluble, le condamné perd à l'instant même ses biens et ses droits.

« Ses biens passent à ses héritiers, à la charge par eux de donner caution : s'ils ne peuvent la fournir, les immeubles qu'ils recueillent sont frappés d'inaliénabilité, les meubles vendus et leur prix employé.

« Les droits que le condamné aurait à exercer sont ouverts au profit de ceux qui le représentent, ou qui sont appelés à sa place quand il n'y a pas lieu à représentation.

---

(1) *V.* ibid., t. 1, p. 416 et suiv.

« Si la mort civile est révoquée dans les cinq ans de grâce, les effets qu'elle a produits sont anéantis pour le passé : en conséquence, le condamné reprend ses biens et les successions qui se sont ouvertes à son profit pendant sa contumace. »

804. Nous paraissons avoir laissé de côté la question relative aux fruits, quoique nous ayons dit que celle de savoir qui administrerait, avait été subordonnée à la solution de cette question. Nous avons voulu montrer d'abord, comment la seconde question nous semblait résolue par les discussions du Conseil d'Etat; voyons maintenant, en supposant qu'il fallût absolument donner la jouissance à ceux qui doivent garder les fruits, si ces fruits sont réellement attribués, en tout ou en partie, à l'Etat.

805. Que trouvons-nous à cet égard dans les écrits d'où découle nécessairement la manifestation de l'intention du législateur?

Voici ce que disait M. le comte Berlier, organe du Gouvernement, en présentant au Corps Législatif les chapitres 1er *ad* 5 du titre 4 du livre 2 du Code d'instruction criminelle (1) :

« Il me reste à vous en indiquer un autre (changement) qui, fondé sur les idées les plus

(1) *V.* l'édition de ce Code, procédé d'Herhan, in-18, Paris, 1809, 2e partie, p. 152.

ibérales, ne saurait manquer d'obtenir votre assentiment; de vous parler de la restitution des fruits ou revenus des biens séquestrés durant la contumace.

« Dans l'état présent de notre législation, ces fruits et revenus sont séquestrés *au profit* de l'Etat, *et lui appartiennent irrévocablement;* (ces mots sont également en caractères italiques dans l'édition que nous copions) la loi du 3 brumaire an 4 contient une disposition expresse à ce sujet.

« Cette confiscation des fruits était-elle juste et commandée par l'intérêt public? On ne l'a point pensé. A la vérité, si l'on a recours aux anciens usages de la monarchie, l'on y voit le contumax placé *extra sermonem regis,* ce que Montesquieu traduit par ces mots, *hors de la protection des lois;* et l'on sent bien qu'un tel état de choses devait entraîner la confiscation à sa suite.

« Mais, sans considérer ce qui existait dans ces anciens temps, ou même à des époques plus rapprochées de nous, qu'y a-t-il d'essentiellement important dans la matière qu'on discute, et quel est le but que la loi doit se proposer? C'est d'obliger le contumax à se représenter; tout ce qui tend à cette fin est utile, tout ce qui ira au-delà est de trop.

« D'après ces données, l'on conçoit toute l'utilité du séquestre : en effet, il ne faut pas, en laissant au contumax la possession de ses biens et la jouissance de ses revenus, le mettre dans le cas de perpétuer sa désobéissance à la loi.

« En le privant de la jouissance de ses biens, la loi employe le plus puissant mobile qu'elle ait en son pouvoir pour l'obliger de se représenter; mais *l'expectative de la réintégration* sera une peine d'autant plus efficace, qu'elle sera moins accompagnée de restrictions, et que la soumission du contumax lui sera plus profitable.

« *La confiscation irrévocable des fruits et revenus échus durant la contumace* irait donc contre le but qu'on doit se proposer, et elle serait surtout extrêmement dure envers l'homme qui, ayant purgé sa contumace, serait reconnu innocent. »

M. Chollet, rapporteur de la commission de législation au Corps Législatif, reproduisit les mêmes idées pour motiver au nom de cette commission la proposition d'adoption de la loi présentée (1).

Le législateur eut donc l'intention de supprimer toute confiscation des revenus et fruits des biens des contumax.

806. Nous avons trouvé extraordinaire que les mêmes motifs qui ont fait supprimer la confiscation pour le temps pendant lequel la contumace peut être purgée, n'ayent pas montré la nécessité de confisquer les fruits échus postérieu-

(1) Ibid., p. 166.

rement. Qu'est-ce qui forcera celui que sa conscience accusera et qui craindra que la vérité soit connue, à se représenter, alors qu'il saura que quoiqu'il ne se représente qu'après la prescription de sa peine, il sera toujours non-seulement à l'abri de toute poursuite, mais encore réintégré dans tous ses biens et dans tous les intérêts et revenus échus depuis sa fuite? On voulait admettre tout ce qui pouvait amener le contumax à se représenter? la confiscation de ses fruits et revenus, s'il ne reparaissait qu'après la prescription de sa peine, aurait pu servir à atteindre le but proposé.

807. Ce moyen d'amener la représentation est employé contre les contumaces condamnés à une peine emportant la mort civile; il y a même plus, pendant leur contumace, les biens ne sont considérés que comme ceux d'un absent. Mais, si le temps pour purger la contumace expire pendant qu'elle dure encore, par le seul fait de l'accomplissement de ce temps et de plein droit, le condamné est dépouillé irrévocablement de tous les biens qu'il possédait lors de sa condamnation, dans la propriété desquels il ne rentrerait même pas, quoiqu'il fût acquitté par un jugement à la suite de sa représentation ou de son arrestation après l'expiration du délai pour purger la contumace. Seulement les fruits que perd dans ce cas le contumax, n'appartiennent pas à l'Etat, pas plus que le reste de son patri-

moine : tout est acquis à ses héritiers (1). Il doit en effet suffire qu'il soit dépouillé. Si les fruits ou revenus avaient été déclarés la propriété de l'Etat, on aurait fait plus que ce qui était nécessaire pour forcer le contumax à se représenter, et l'on aurait fait supporter la peine à ceux qui n'avaient point participé à la culpabilité, aux héritiers.

808. Donc aucune partie des fruits et revenus des biens des contumaces n'est acquise à l'Etat. Mais l'on ne voulait attribuer à l'Etat la gestion de ces biens que dans le cas où l'Etat aurait dû gagner des fruits, donc il ne doit jamais avoir cette gestion, dès qu'il ne doit jamais retenir aucune partie des fruits.

809. Nous venons de poser en principe que le condamné à une peine emportant la mort civile, s'il ne se représente pas dans les cinq ans qui suivent l'exécution par effigie de sa condamnation, perd irrévocablement la propriété de tous ses biens; M. Delvincourt professe formellement une opinion contraire. Nous examinerons ce que dit à ce sujet cet auteur si imposant, lorsque nous nous occuperons de son opinion sur la question de savoir qui doit administrer les biens des contumaces.

810. Voyons auparavant pourquoi M. Legra-

---

(1) Arg. des art. 25, premier alinéa, 28, 29, 30, au Code Civil, et 471 du Code d'Inst. Crim.

verend professe, sur les deux questions que nous venons de proposer, l'opinion contraire à la nôtre (1).

« Lorsque le Code Civil parut, dit ce judicieux auteur, comme celui du 3 brumaire an 4 était encore en vigueur, on se fit la question de savoir si le premier avait fait cesser totalement l'effet du second, et par conséquent : « s'il n'y avait plus lieu désormais à aucun séquestre, si les héritiers étaient fondés, aussitôt après le jugement de contumace, à réclamer l'envoi en possession, ou si, au contraire, le législateur, par la nouvelle disposition, avait voulu dire simplement que les droits des contumaces, soit à des successions échues dans l'intervalle, soit à toute autre chose, seraient exercés, pour lui être conservés, en cas de représentation dans les délais; et qu'on prendrait, à l'égard de ces biens, des mesures conservatrices, comme cela a lieu pour les absents. »

M. Legraverend rapporte les raisons pour et contre, et termine en disant : qu'on avait fini par penser qu'il fallait s'en tenir au Code du 3 brumaire pour toutes les condamnations qui n'emportaient pas la mort civile.

Nous serions autorisés à conclure de là : que l'on avait admis l'administration comme pour

---

(1) *V*. l'ouvrage cité, t. 2, p. 525 et suiv.

biens d'absents, toutes les fois qu'il s'agirait de ceux d'un condamné à une peine emportant la mort civile.

811. Mais on avait demandé encore : si le Code civil s'appliquait non-seulement aux contumax jugés depuis sa promulgation ; mais encore à ceux jugés antérieurement.

« La matière, dit notre auteur, parut trop importante pour que la législation restât dans cet état d'incertitude ; le Ministre de la justice provoqua en conséquence de la part du Conseil d'Etat, une décision interprétative qui fut rendue le 19 août 1809 et approuvée le 20 septembre suivant.

812 « Tel était l'état des choses, continue M. Legraverend (1), lorsque le Code d'Instruction Criminelle, promulgué en 1808, et par conséquent long temps avant l'avis du Conseil d'Etat, fut mis en activité par l'installation successive des Cours royales, qui se fit en 1811.

« Quelle a été l'influence de ce Code sur le sort des accusés et des condamnés en état de contumace, ou du moins sur le séquestre, la gestion et l'administration de leurs biens?.... Quel est le sens, quel doit être l'effet des diverses dispositions de ce Code, soit relativement au sé-

(1) *V.* l'ouvrage cité, t. 2, p. 529.

questre qui précède la condamnation, soit relativement aux suites de la condamnation?....

« Il convient, pour résoudre ces questions, de bien se pénétrer à la fois et des dispositions du Code Civil, et de celles du Code d'Instruction Criminelle, et des motifs qui ont guidé le législateur, notamment dans la rédaction de ce dernier Code.

« En consultant le texte de ces diverses dispositions, et en les rapprochant du discours de l'orateur du gouvernement qui a présenté la partie du Code d'Instruction Criminelle qui traite des contumaces, on peut avoir des incertitudes, et l'on est porté, au premier aperçu, à penser que dans aucun cas les biens ne sont gérés au profit de l'Etat; on pourrait même croire que, d'après la loi, les choses devraient être réglées de la manière suivante. »

813. Là M. Legraverend trace la marche qui lui paraît indiquée par la loi, et qui lui semble, dit-il après l'avoir décrite, *la plus naturelle*.

Si notre auteur eût soutenu cette manière de voir, nous examinerions si la marche qu'il a indiquée est exacte en tous points; et nous aurions observé, entre autres: qu'il semble résulter de l'art. 130 du Code Civil, lequel est rappelé dans le 476e du Code d'Instruction Criminelle, que le contumax qui a laissé écouler les cinq ans à lui accordés pour purger sa contumace, est, après ce délai, mort civilement, pour le temps du moins qui précédera son jugement, s'il est jugé plus tard. Qu'il est, par voie de conséquence, dépouillé sans retour de tout ce qu'il possédait lorsqu'il fut condamné ; qu'ainsi les fruits perçus pendant la contumace devraient être livrés à ses héritiers, puisque, par sa mort civile, sa succession est ouverte au profit de ses héritiers, auxquels les biens sont dévolus de la même manière que s'il était mort naturellement.

814. Mais passons aux motifs qui ont engagé M. Legraverend à sacrifier sa propre opinion.

« Il paraît, dit-il (1), que ce n'est pas ainsi (l'auteur veut parler de la marche qu'il vient de tracer) que s'exécutent les dispositions des Codes Civil et d'Instruction Criminelle.

« Voici comment s'expliquait à cet égard le procureur-général en la Cour de cassation, après avoir rappelé l'espèce de bizarrerie que présentait, relativement aux condamnations par contumace emportant la mort civile, et à celles qui ne l'emportaient pas, l'exécution simultanée du Code Civil et du Code des délits et des peines qui se trouvait toujours en vigueur.

« ....Le Code d'Instruction Criminelle de 1808 qui sera exécutoire à compter du 1er janvier 1810,

---

(1) Ibid., p. 530.

a fait heureusement, disait-il, disparaître cette bizarrerie choquante.

«....« Par l'art. 465 de ce Code, il est dit que si l'accusé ne se représente pas, ou ne peut pas être saisi dans les dix jours qui suivent la notification faite à son domicile, de l'arrêt de mise en état d'accusation, il sera rendu *une ordonnance portant qu'il sera tenu de se représenter dans un nouveau délai de dix jours, sinon..... que ses biens seront sequestrés pendant l'instruction de la contumace.*

«....« Cet article ne dit pas que ce séquestre aura lieu au profit de l'Etat; mais l'art. 466 le fait entendre assez clairement : « *le procureur-général,* (porte-t-il) *adressera cette ordonnance au directeur des domaines et des droits d'enregistrement du domicile du contumace.*

«....« Mais, poursuit l'art. 471, *si le contumax est condamné, ses biens seront, à partir de l'exécution de l'arrêt* (par effigie), *considérés et régis comme biens d'absent, et le compte du séquestre sera rendu à qui il appartiendra, après que la condamnation sera devenue irrévocable par l'expiration du délai donné pour purger la contumace ;* c'est-à-dire après vingt ans.

«....« Ainsi, avant la condamnation par contumace, les fruits qui tombent dans le séquestre appartiennent à l'état; après la condamnation, ils sont mis en réserve pour être rendus, soit à l'accusé contumax, s'il se présente après les vingt ans, soit à ses héritiers, s'il ne se représente pas dans ce délai.

«....« Mais, après comme avant la condamnation, c'est toujours l'administation de l'enregistrement qui fait les fonctions de séquestre ; c'est ce qui résulte de l'art. 472, qui veut que, *dans les trois mois du jugement de condamnation, il en soit adressé un extrait au directeur des domaines et droits d'enregistrement du domicile du contumax* (1). »

« L'avis du Conseil d'Etat, en date du 19 août 1809, approuvé le 20 septembre suivant, que M. le procureur-général ne connaissait peut-être pas lorsqu'il écrivait ce que l'on vient de lire, continue M. Legraverend, vient encore à l'appui de l'opinion de ce magistrat.

« On ne peut se dissimuler, en effet, que cet avis, postérieur aux deux Codes, quoiqu'antérieur à la mise en activité du Code d'Instruction Criminelle, ne doive être consulté pour résoudre la question, et ne forme, avec les Codes Civil et d'Instruction Criminelle, l'état de la législation sur cet objet.

« D'un autre côté, ajoute notre auteur, une

---

(1) Ce passage est extrait du 12e volume du Répertoire de Jurisprudence. *Verbo* : *Séquestre pour contumace*, aux pag. 488 et 489.

décision du ministre de la justice, conforme à une décision du ministre des finances sur le même objet, porte qu'il résulte de l'avis du Conseil d'Etat déjà cité, que la régie doit, aux termes des dispositions du Code Civil et du Code d'Instruction Criminelle, administrer les biens des contumaces; qu'elle doit les administrer *au profit de l'Etat*, jusqu'à l'envoi en possession des héritiers, et que, loin d'avoir à demander compte des produits du séquestre, les héritiers envoyés en possession doivent acquitter en entier les frais de la procédure criminelle; et ces décisions des deux ministres, quoique rendues en 1810, antérieurement à la mise en activité du Code d'Instruction Criminelle, doivent être considérés comme réglant d'une manière définitive le séquestre et la gestion des biens des contumaces, d'après la combinaison des Codes Civil et d'Instruction Criminelle, et de l'avis du Conseil d'Etat, du 20 septembre 1809, sur lesquels elles sont basées. »

815. Voilà les autorités auxquelles M. Legraverend a sacrifié son opinion; nous allons les examiner.

816. Commençons par remarquer que, lorsque le texte des lois est clair, on ne doit pas lui donner un sens autre que celui que présentent ses expressions; à moins que ce sens n'amenât à un résultat injuste, ou tout au moins en op-

position avec d'autres textes bien clairs et bien positifs.

Or nous n'avons trouvé aucune obscurité dans les articles 28 du Code Civil, 471 du Code d'Instrction Criminelle, et 29 du Code Pénal.

817. Mais, dira-t-on peut-être, ce n'est pas sur la signification de ces articles que porte la difficulté ; nous sommes d'accord que les biens des coutumaces doivent être administrés et régis comme ceux des absents ; la difficulté consiste à désigner les personnes qui administreront ces biens; désignation qui n'est dans aucun des articles cités.

Cette objection n'est que spécieuse. Le législateur en disant que les biens seront administrés comme ceux des absents, ne dit-il pas, par voie de consé quence forcée, et aussi clairement que si la loi contenait une disposition littérale à cet égard, que cette administration sera confiée aux personnes qui auraientadministré les biens s'ils eussent appartenu à un absent?

Le législateur doit être censé l'avoir entendu ainsi, à moins qu'il n'ait manifesté une opinion contraire, *directement* et par une disposition formelle, ou indirectement, en développant lui-même sa pensée. Or aucun texte formel n'annonce une intention contraire, et les orateurs qui ont eu mission pour expliquer la pensée du législateur, ont dit de la manière la plus formelle, que ces administrateurs seraient les mêmes que pour le cas d'absence.

818. Il y a plus ; le législateur a, par l'art. 29 du Code Pénal, créé d'autres administrateurs pour une classe de contumaces qu'il n'avait pas en vue lorsqu'il sanctionna l'article du Code Civil ; d'où la conséquence, qu'il entendait avoir pourvu par ce dernier article, au personnel de l'administration des biens des contumaces dont il s'occupait alors.

819. Objecterait-on encore que nous n'avons rapporté que la discussion qui a eu lieu pour la rédaction de l'article du Code Civil?

Nous répondrions que celui du Code d'Instruction Criminelle ne répand aucune obscurité sur la matière ; car le mot *séquestre* (1) s'adapte parfaitement au personnel, aussi bien qu'au genre d'administration des biens des absents, laquelle n'est qu'un *dépôt ;* non à la vérité dans toute l'acception légale de ce mot, mais un dépôt-séquestre ; d'où nous conclurions que le législateur n'a pas modifié le premier de ces articles par le dernier. Nous avons prouvé au contraire, plus haut, que le dernier généralisait la disposition du premier, et l'étendait, des contu-

(1) M. Locré dit formellement à la p. 380, ibid., que l'on a entendu mettre les biens de l'absent sous le *séquestre*. M. Bigot-Préameneu, dans l'exposé des motifs, en dit autant.

maces ayant encouru une peine emportant mort civile, à toute sorte de contumaces ; de telle sorte, que lorsque le législateur avait voulu faire gérer autrement les biens des contumaces n'ayant pas encouru la mort civile, il l'avait dit formellement dans l'art. 29 du Code Pénal.

820. Si tous les contumaces étaient également traités quant à leurs biens, on pourrait dire qu'il est impossible de croire que le législateur ait voulu créer des administrateurs différents pour tel ou tel.

Mais d'abord; dès que lorsqu'il a désigné nommément des administrateurs, il n'a pas parlé de l'Etat, cet argument ne prouverait rien contre notre opinion.

821. D'ailleurs il y a une grande différence entre ce qu'éprouvent dans leurs biens tels ou tels contumaces. Ceux qui ont encouru la mort civile, sont menacés d'être dépouillés s'ils ne font pas purger la contumace ; les autres, au contraire, ne sont et ne peuvent être, dans aucun cas, privés que de la gestion de leurs biens.

Il n'est donc pas étonnant que l'administration des biens des contumaces de la première classe soit confiée à des personnes autres que celle des biens des contumaces de la seconde. Nous avons vu par quels motifs, cette administration avait été donnée, dans le premier cas, aux mêmes personnes que s'il se fût agi de biens d'absent, tandis que, dans le second cas, il avait été impossible de la confier aux mêmes personnes, qu'au contraire tout avait commandé la mesure consacrée par l'art. 29 au Code Pénal (1).

822. Remarquons de plus, le vice de la proposition par laquelle on voudrait soutenir qu'il doit résulter de l'art. 471 que, dérogeant en cela au 28ᵉ du Code Civil, cet article ordonne que les biens des contumaces seront régis, jusqu'à la prescription de la peine, par l'administration des domaines.

Jamais cette règle ne pourrait embrasser la classe des contumaces compris dans l'art. 29 au Code Pénal; l'Etat n'aurait donc que la régie des biens des contumaces qui ont encouru la mort civile. Mais, d'après l'art. 25 au Code Civil, aussitôt que la mort civile est définitive, la succession du condamné est ouverte au profit de ses héritiers, *auxquels ses biens sont dévolus de la même manière que s'il était mort naturellement.* Or, comment, après une disposition si formelle, pouvoir soutenir que ces biens resteraient dans les mains de l'Etat jusqu'à la prescription de la peine ?

M. le procureur-général en la Cour de cassa-

(1) *V.* n° 777 et suiv.

tion a professé que cette conséquence résultait de ce que les articles 466 et 472 au Code d'Instruction Criminelle voulaient, qu'extrait et de l'ordonnance de se représenter, et de l'arrêt de condamnation, fût envoyé au directeur des domaines.

L'opinion du jurisconsulte qui remplissait ces fonctions est sans doute bien imposante; car, comme jurisconsulte, M. Merlin est l'un des hommes de son siècle les plus capables de faire autorité. Nous nous permettrons cependant de scruter cette opinion.

823. Et d'abord, que disposent les articles 465 et 466 au Code d'Instruction Criminelle? *Si l'accusé ne se représente pas, ou ne peut pas être saisi dans les dix jours qui suivent la notification faite à son domicile de l'arrêt de mise en état d'accusation, il sera rendu une ordonnance portant qu'il sera tenu de se représenter dans un nouveau délai de dix jours, sinon..... ses biens seront séquestrés pendant l'instruction de la contumace; le procureur adressera cette ordonnance au directeur des domaines et droits d'enregistrement du domicile du contumax.*

Pour que ces dispositions dussent servir à interpréter l'art. 471 suivant, il faudrait qu'elles dussent recevoir leur application dans les hypothèses auxquelles s'applique cet article; ou tout au moins, qu'il fût impossible d'exécuter le premier des articles cités, autrement que dans les formes tracées par les autres.

Mais les articles 465 et 466 ne s'occupent ni des mêmes hypothèses, ni d'hypothèses identiques avec celles du 471e. Les premiers règlent ce qui devra se pratiquer avant le jugement de condamnation, le dernier dispose pour le temps qui suivra la condamnation.

Et comment aurait-on pu faire régir les biens dans les premières hypothèses, comme dans les secondes. Tant qu'un accusé n'est pas jugé, il est réputé innocent. Ne pouvait-il pas être éloigné de son domicile, et n'avoir pas eu connaissance de l'accusation dirigée contre lui aussitôt qu'on la lui a notifiée? Jusqu'au jugement, il n'est qu'en présomption de contumace; aussi, quoique personne ne soit admis à aller le défendre lorsque le temps de le juger est arrivé, cependant ses parents, ses amis (1) peuvent présenter les motifs de sa non présence et en *plaider* la légitimité; et, si l'excuse est jugée légitime, il doit être sursis pendant le temps que le juge arbitrera, non-seulement à son jugement, mais encore au séquestre de ses biens (2).

Pourquoi donc le législateur aurait-il pu vouloir dépouiller l'accusé de quelqu'un de

---

(1) Art. 468, Code d'Inst. Crim.

(2) Art. 469, ibid.

ses droits tant qu'il n'aura pas été déclaré contumax et condamné! La non comparution d'un accusé n'emmène pas nécessairement sa condamnation; les preuves de sa culpabilité sont pesées, et si elles ne sont pas jugées suffisantes, l'accusé est acquitté (1). Sa condamnation seule établit et sa culpabilité et son absence; alors seulement il peut être traité comme absent, parce que la loi n'a pas voulu le supposer présent, afin de n'avoir pas à punir sa désobéissance.

824. Elle a cependant voulu que, dès l'instant où il ne s'est pas présenté après la sommation réitérée qui lui en a été donnée, le séquestre pût être apposé sur ses biens.

Nous disons pût; car l'art. 467 suppose même qu'il pourra ne pas être apposé de fait jusqu'au jugement, puisqu'il dispose : « *si la Cour trouve l'excuse légitime, elle ordonnera qu'il sera sursis au jugement de l'accusé et au séquestre de ses biens....* » et l'excuse ne doit être présentée qu'au moment où le contumax va être jugé. La loi fait la menace de ce séquestre, afin de porter l'accusé à se représenter, par la crainte d'être dépossédé. Nous pensons, toutefois, que cette dépossession peut avoir lieu, et c'est un moyen bien puissant d'amener la représentation de l'accusé.

---

(1) Arg. des art. 470 et 471, ibid.

Mais le séquestre ne peut être, dans cette hypothèse, remis ni aux héritiers, car il n'y a pas même probabilité d'ouverture de succession, ni à un curateur, puisque l'article 29 n'en crée un que pour les cas où la condamnation est prononcée. C'est la société qui poursuit l'accusé; il était dans l'ordre que la société mît les biens dans ses mains.

825. Lors, au contraire, que l'accusé est condamné, s'il a encouru la mort civile, il y a présomption d'ouverture de sa succession. Dans tous les cas, le condamné doit être dépouillé de l'exercice de ses droits civils; la loi ne veut, ne peut même plus le considérer que comme absent. Mais l'atteinte portée à la société est vengée, la société n'exerce plus aucune poursuite; elle ne devait donc plus garder les biens dans ses mains; surtout dès qu'ils ne lui sont pas dévolus.

826. Dira-t-on, que puisque nous reconnaissons que, jusques à la condamnation, le séquestre doit être remis dans les mains de l'Etat, nous devons reconnaître aussi qu'il doit en être de même après la condamnation; puisque l'article 472 ordonne, aussi bien que le 466e, qu'extrait du jugement soit envoyé au directeur de l'enregistrement et des domaines? Quel but a cet envoi, dira-t-on peut-être, si le directeur des domaines ne doit pas être séquestre?

Nous répondrons, que ce n'est pas parce que

la loi ordonne que des extraits de l'ordonnance de se représenter soient envoyés au directeur des domaines, que nous pensons que l'Etat doit avoir le séquestre des biens des condamnés. Notre opinion à cet égard est basée, d'un côté, sur ce qu'il est dans l'ordre des choses que, tant que l'Etat poursuit, il soit seul chargé d'exécuter; de l'autre, sur ce que la loi ne considère un individu comme contumax et comme *absent*, que lorsqu'il a été condamné, et que ce n'est que pour cette époque qu'elle désigne et qu'elle a dû désigner les personnes qui administreraient.

827. Veut-on connaître, d'ailleurs, les motifs de l'envoi de ces extraits? Le législateur entend que le condamné, que l'accusé même, soient dépouillés. Il a craint, il a dû aimer à craindre (car il chérit l'amour conjugal, la tendresse paternelle, la piété filiale, les liens de famille), que l'accusé, le condamné, ne fussent jamais dépouillés par leurs proches; il a voulu assurer la désinvestiture, en chargeant l'Etat d'y procéder au défaut des parents. L'Etat n'hérite-t-il pas lorsqu'il n'y a pas d'héritiers, ou lorsque les héritiers répudient? Au moyen de l'envoi des extraits, le directeur des domaines est prévenu que le condamné ne doit plus administrer; et si ce fonctionnaire voit que l'administration n'est pas enlevée au contumax, il se met à même de la lui ôter; ce qui forcera la famille à le faire elle-même.

828. Mais, dira-t-on encore peut-être, on a voulu priver le contumax de ses revenus; il ne le sera pas, si l'administration de ses biens est confiée à ses proches; car ils lui feront passer des secours et ne le laisseront pas même s'apercevoir de la privation de l'administration de ses biens !

Voyez la mère de famille, lorsqu'elle punit l'enfant le plus coupable. Ordinairement elle le prive des mets qui feraient ses délices, et elle donne dans sa famille les ordres les plus sévères pour que personne ne viole la condamnation. Mais elle détourne la tête, et des larmes de joie inondent ses paupières, lorsqu'elle aperçoit son plus jeune fils partager son gâteau avec son frère coupable et condamné.

Tel est le législateur à l'égard de la grande famille. Il a ordonné par l'article 31 au Code Pénal que : « *pendant la durée de la peine il ne pourra lui être remis* (au condamné) *aucune provision, aucune portion de ses revenus.* » Mais croit-on qu'il ne palpite pas de joie lorsqu'il pense aux effets des sentiments de la nature? Ces sentiments ne sont-ils pas la base de tout l'édifice social? Et l'on voudrait que le législateur eût désiré les comprimer? qu'il eût été dans sa pensée d'en prévenir les effets? Eh quoi! il n'a pas voulu confisquer les fruits et revenus des biens du contumax, parce que, si ce contumax est innocent et qu'il n'ait différé de se représenter *que parce qu'il aura douté de la justice, de la loyauté de ses juges* (1), *un tort de cette espèce* n'a pas dû être puni par la confiscation; et l'on voudrait que l'épouse, le père, le fils, qui doivent ne jamais croire à la culpabilité, même après la condamnation contradictoire, plus barbares que la loi, ne fournissent pas au condamné de quoi traîner sa misérable existence, jusques au jour où il lui sera donné de manifester son innocence!

829. On ferait d'ailleurs, par la confiscation des revenus, supporter à toute une famille la peine encourue par un de ses membres.

La famille ne sera jamais punie, dira-t-on peut-être encore, puisque l'article 475 dispose que : « *durant le séquestre il peut être accordé des secours à la femme, aux enfants, au père ou à la mère de l'accusé, s'ils sont dans le besoin.* » Ajouterait-on que si le séquestre devait être administré par les héritiers, cet article 474 serait parfaitement sans objet?

Sans remarquer qu'il n'empêchera qu'imparfaitement la peine de retomber sur les innocents; qu'il ne nomme pas d'ailleurs tous les parents, les aïeux, les frères, par exemple; nous répondrons : que cet article recevrait son application

(1) *V.* le Discours de M. Chollet, au lieu cité ci-dessus.

dans le cas où les parents, s'il y en a, n'auraient pas voulu se charger de l'administration.

Mais d'ailleurs, sa nécessité sera évidente lorsque nous aurons rappelé que, toutes les fois que le condamné n'aura pas été condamné à une peine emportant la mort civile, ses biens seront administrés par un curateur; et il faudra bien, dans ces cas, invoquer cet article en faveur de la famille du condamné.

Les dispositions que nous venons d'examiner ne disent donc rien contre notre opinion.

830. M. Legraverend cite encore un avis du Conseil d'Etat qu'il pense ne pas avoir été connu de M. le Procureur-Général en la Cour de Cassation lors des conclusions dont nous avons rapporté plus haut un passage.

831. Nous dirons d'abord, que nous ne croirons jamais devoir suivre les avis du Conseil d'Etat lorsque leur disposition sera contraire à la loi.

Nous savons que la jurisprudence a consacré, jusques à un certain point, l'opinion contraire.

Quel a été son motif?

D'après les lois organiques, les avis du Conseil d'Etat qui interprétaient des lois ne pouvaient être réformés que par le Sénat; et si le Sénat gardait le silence, ces avis étaient censés approuvés par le législateur.

Ces lois organiques nous rappellent un certain

partage, d'une certaine proie, fait par un certain animal qui, après s'en être approprié les trois quarts, s'écrie :

« Si quelqu'un de vous touche à la quatrième,
« Je l'étranglerai tout d'abord. »

Il est vrai que le chef du gouvernement impérial n'avait pas, comme l'animal en question, dit sa pensée tout haut; mais elle était si bien comprise, que les hommes même qui, depuis le retour à l'autorité légitime, sont les plus ardents à discuter, à fronder les actes du Gouvernement, étaient non-seulement silencieux, mais faisaient à qui mieux mieux pour rogner la part de pouvoir que ce chef ne s'était pas franchement attribuée.

Nous nous trompons même lorsque nous disons que le despote n'avait pas dit toute sa pensée : elle était certainement bien expresse pour l'hypothèse qui nous occupe, puisque le Sénat ne pouvait réformer, les avis du Conseil d'Etat par exemple, que lorsqu'ils lui étaient dénoncés par le chef du Gouvernement.

Les actes faits par un majeur, alors qu'il est dominé par la force, sont nuls; et le silence d'un Etat sous le joug d'un despote serait à jamais invoqué contre l'Etat? Nous ne pouvons le penser, et nous espérons que tôt ou tard la justice reprendra tous ses droits!

832. En attendant, revenons à l'avis cité pour n examiner les termes. Le voici tel que nous le isons dans M. Legraverend (1) :

« Le Conseil d'Etat, qui a vu le rapport fait par le ministre de la Justice, et les observations du ministre des Finances sur les difficultés survenues, depuis l'émission du Code Civil, relativement au régime d'administration des biens des condamnés par contumace; après avoir entendu la Section de législation et des finances sur les questions proposées, savoir :

« 1°, Si l'article 28 du Code civil dispose seulement pour les contumaces à juger, ou s'il a disposé pour les contumaces jugées antérieurement à la publication de la loi du 27 ventôse an 11 ;

» 2°, A qui, du domaine ou des présomptifs héritiers, appartient la régie et administration des biens dont fait mention l'article 28 précité, et à compter de quelle époque ces héritiers pourraient la demander; est d'avis,

« Que, conformément à l'article 2 du titre préliminaire du Code Civil, portant : *la loi ne dispose que pour l'avenir, et n'a pas d'effet rétroactif*, on doit se régler par la disposition de la loi, sous l'empire de laquelle la condamnation a été prononcée;

---

(1) Ibid., p. 528.

« Qu'à l'égard des condamnés dont le jugement est antérieur à la publication du Code Civil, il y a lieu de suivre les dispositions, soit de la loi du 16 septembre 1791, soit du Code Pénal du 3 brumaire an 4;

« Quant aux accusations et condamnations emportant mort civile, postérieures à la publication du Code Civil, comme l'art. 28 porte que les biens seront administrés de même que ceux des absents, et que, suivant l'art. 120, les héritiers présomptifs des absents ont la faculté d'obtenir l'envoi en possession provisoire, à la charge de donner caution, il résulte que l'administration du domaine est tenue de faire toutes les démarches et actes nécessaires pour mettre sous le séquestre les biens et droits du contumax, et qu'elle doit les gérer et administrer au profit de l'Etat jusqu'à l'envoi en possession en faveur des héritiers;

« Qu'enfin, dans le régime antérieur et postérieur à la publication du Code Civil, les droits des créanciers légitimes peuvent être exercés, après avoir été reconnus par les tribunaux, et qu'il peut être accordé, par l'administration, des secours aux femmes et enfants, pères et mères dans le besoin. »

833. Ou nous nous trompons bien, ou nous ne voyons dans cet avis autre chose d'opposé à notre opinion, que ces mots: *au profit de l'Etat*,

qui sont aussi en opposition formelle avec le texte de l'art. 471 du Code d'Instruction Criminelle, et avec celui de l'art. 30 du Code Pénal; comme nous l'avons déjà établi.

834. Quant à la question de savoir à qui du domaine ou des présomptifs héritiers, appartient la régie et administration des biens du contumax, elle est bien formellement posée dans l'avis précité. Que décide le Conseil d'Etat?

Que, pour les contumaces antérieures à la publication du Code Civil, en vertu de l'art. 2 de ce Code, il faut suivre les lois antérieures;

Que, pour celles postérieures à cette publication, les héritiers présomptifs ayant, en vertu des dispositions combinées des art. 28 et 120 de ce Code, la faculté d'obtenir l'envoi en possession provisoire, l'Etat doit administrer *jusqu'à l'envoi en possession en faveur des héritiers.*

835. Le Conseil d'Etat ne pensait donc pas que le Code Civil eût voulu dire simplement : que les droits du contumax, soit à des successions échues, soit à autre chose, dans l'intervalle des cinq ans, seraient exercés pour lui être conservés en cas de représentation dans les délais, et qu'on prendrait à l'égard de ces biens des mesures conservatoires comme cela a lieu pour les biens des absents (1). Le Conseil d'Etat a vu

(1) Expressions de M. Legraverend, ibid., p. 526.

dans les articles du Code Civil qu'il rappelle, des dispositions qui disent clairement, que : *les héritiers présomptifs sont appelés à demander la possession provisoire des biens des contumaces.*

836. Mais il dit aussi, que l'Etat administrera, *jusqu'à l'envoi en possession en faveur des héritiers?* sans doute! parce qu'il a parfaitement senti que le législateur ne veut pas que la morosité des héritiers à demander l'envoi en possession fasse, que le contumax conserve la gestion et administration de ses biens ; mais le domaine ne doit *administrer que jusqu'à l'envoi en possession*, et le Conseil d'Etat n'a dit nulle part que cet envoi ne peut être demandé, qu'après le délai donné pour purger la contumace.

837. Les deux décisions citées par M. Legraverend décident-elles autre chose que l'avis du Conseil d'Etat?

En voici une, telle que nous la lisons là où cet auteur l'indique (1) :

« Son Excellence le grand-juge ministre de la Justice, consulté sur la question de savoir s'il y a lieu à restituer les fruits provenant des biens d'un individu condamné par contumace, par arrêt d'une Cour de justice criminelle, ou s'ils doivent rester au trésor public, a répondu : que la restitution ne lui paraissait pas devoir souffrir

(1) Recueil de Sirey, p. 160 des décisions diverses, t. 12.

de difficulté; qu'il suit évidemment de l'avis du Conseil d'Etat du 19 août 1809, que le jugement d'envoi en possession des héritiers du condamné est conforme à l'art. 28 du Code Civil, et que le séquestre, apposé plus de deux ans après, ne peut pas en empêcher les effets; qu'ainsi tous les fruits, perçus depuis l'envoi en possession, appartiennent aux héritiers et doivent leur être rendus en donnant une caution conformément à la loi. »

On lit à la suite : « Une décision conforme a été rendue, le 20 avril 1810, par Son Excellence le ministre des Finances. » M. Legraverend donne à la première, la date du 10 août même année.

Sans doute, si ces décisions étaient en opposition avec la loi, nous ne leur accorderions pas plus d'autorité qu'aux avis du Conseil d'Etat; mais elles s'y sont parfaitement conformées, et nous pensons qu'elles viennent à l'appui de notre opinion.

838. Remarquons l'espèce sur laquelle elles furent rendues.

Après un jugement de condamnation par contumace, les héritiers avaient été envoyés en possession des biens du contumax. Cependant, et deux ans après ce jugement, l'administration des domaines crut avoir le droit d'appréhender ces biens comme séquestre, et elle les appréhenda. Les ministres étaient consultés pour savoir 1° si la régie pouvait retenir la gestion des biens ; 2° si du moins elle pouvait garder les fruits qu'elle aurait perçus jusqu'à ce qu'elle aurait rendu les biens aux envoyés en possession. LL. EE. répondent, *que le jugement d'envoi en possession des héritiers du condamné est conforme à l'art. 28 du Code Civil, et que le séquestre, apposé plus de deux ans après, ne peut pas en empêcher les effets; qu'ainsi tous les fruits perçus depuis l'envoi en possession appartiennent aux héritiers, et doivent leur être rendus.*

Ces décisions annoncent donc, non-seulement que les héritiers ont le droit de se faire envoyer en possession des biens des contumaces, mais encore, et tout en rappelant l'avis du Conseil d'Etat, elles décident que les fruits doivent être rendus aux héritiers.

839. M. Legraverend fait dire à la décision du ministre de la Justice que, *loin d'avoir à demander compte du produit du séquestre, les héritiers envoyés en possession doivent acquitter en entier les frais de la procédure criminelle* (1) : nous n'avons pas trouvé ces expressions dans Sirey.

840. Quoi qu'il en soit; il ne résulterait pas de cette règle que le séquestre, dût continuer à être dans les mains de l'Etat, même après la condamnation.

(1) Ibid., p. 531.

841. M. Legraverend, pour justifier de plus en plus l'opinion qu'il a embrassée, ajoute aux autorités qu'il a citées, les raisonnements suivants.

« En ce qui concerne les absents (1), leurs héritiers ne peuvent obtenir l'envoi en possession qu'après un jugement de déclaration d'absence, et ce jugement ne peut être rendu qu'après cinq ans de disparition sans nouvelles : jusque-là, il n'est question que de mesures conservatoires.

« Il n'existe pas de motifs pour avancer l'envoi en possession dans le cas d'un jugement par contumace.

« Dans le cas de la disparition sans nouvelles, on a souvent lieu de concevoir de justes doutes sur l'existence de l'individu, et cependant on attend cinq ans avant de permettre aux héritiers de prendre possession de ses biens et de ses papiers.

« Dans le cas de la contumace, la disparition a une cause qui est connue. »

842. Lorsque la loi se détermine à déclarer un individu absent, ce n'est qu'après avoir pris toutes sortes de moyens pour le découvrir, parce qu'elle ne connaît aucune raison qui le force à rester caché, et que, certaine de l'affection que chacun porte aux lieux qui l'ont vu

---

(1) Ibid., p. 529 et 530.

naître, elle craint qu'il ne soit décédé; ce qui l'amène à faire ouvrir la succession à dater du jour où l'absence a commencé.

843 Lorsqu'il s'agit d'un contumax, la loi soupçonne les motifs qui le font tenir éloigné; mais comme elle ne veut pas croire à sa désobéissance, elle le considère simplement comme absent du jour de sa condamnation. Si l'absence, dans ce cas, ne devait commencer qu'au jour de la disparition, ou des dernières nouvelles, elle n'aurait jamais lieu; car, le plus souvent, la moindre recherche produirait au moins des nouvelles. Dans le cas de l'absence, le délai entre la disparition et la déclaration d'absence est établi afin que l'on vérifie si l'absence est réelle. Qu'y a-t-il à vérifier dans l'absence pour cause de condamnation? Le jugement qui condamne, est le jugement de déclaration d'absence, et dès qu'il est rendu, les héritiers présomptifs peuvent demander l'envoi en possession.

844. D'ailleurs, quelle faveur ferait-on aux contumaces dans l'opinion de M. Legraverend? aucune, puisqu'ils seraient toujours privés de l'administration de leurs biens. L'opinion de cet auteur n'aurait d'autre résultat, que de faire retomber la peine sur les héritiers présomptifs.

845. L'absence du contumax est une *absence civile* qui procède des mêmes causes que la *mort civile*. Pour prouver la mort d'un individu, il faut

nécessairement rapporter son acte mortuaire ; mais lorsque cet individu a encouru une peine emportant mort civile, le jugement qui le condamne est, aux yeux de la loi, son *acte mortuaire*; plein de vie naturelle, il est mort pour la société. De même, l'individu qui n'a pas obéi à la justice, et qui s'est laissé condamner par contumace, est *absent* aux yeux de la loi, quoique pouvant être présent *physiquement.*

Si la loi eût été certaine que la cause de la désobéissance du contumax à ses ordres, était volontaire, elle l'eût sans doute puni de cette désobéissance; elle a voulu supposer, parce qu'il en sera ainsi quelquefois, que la désobéissance provient d'une absence réelle. Si le contumax est réellement absent, aucun tort ne lui est fait; s'il ne l'est pas, il n'est pas trop puni, parce qu'il est traité comme absent, puisqu'il dépend de lui de faire cesser à chaque instant, en se représentant, les effets de l'état dans lequel la loi veut le supposer.

846. La peine prononcée contre les contumaces serait bien autrement aggravée ; elle serait surtout reportée de plus en plus sur des innocents, si nous devions décider que les fruits et revenus perçus par l'Etat lui appartiennent irrévocablement.

Non-seulement nous ne trouvons rien dans la loi qui amène à cette pénible conséquence;

mais, en comparant les termes du Code des délits et des peines du 3 brumaire an 4 avec ceux du Code d'Instruction Criminelle, on trouvera un changement total de rédaction, destiné certainement, comme l'ont proclamé les organes du gouvernement et de la section de législation du Corps Législatif (1) à ne plus laisser exister cette confiscation.

847. Ne craignons pas d'ajouter, quoique M. Legraverend professe le contraire (2), que si une semblable disposition était dans les Codes cités, elle aurait été rapportée par l'art. 66 de la Charte; car, certainement, cette rétention des fruits serait une confiscation, comme le disent formellement les orateurs dont nous avons rapporté les propres paroles (3).

848. Nous n'avons cité jusqu'ici que des autorités contraires à notre opinion; en voici une qui la corrobore, et elle est d'autant plus imposante, que c'est celle de l'un des rédacteurs du Code Civil.

« Le contumax, dit M. de Maleville (4), conserve tous ses droits civils pendant les cinq ans; mais il ne peut pas les exercer en justice, *et ce*

---

(1) *V. Suprà*, N° 805 et suiv.

(2) *V.* ibid., la note à la p. 532.

(3) *V. Suprà*, p. 489 et suiv.

(4) Ibid., p. 58 et 59.

seront ses parents qui les exerceront à sa place, comme dans le cas d'absence. Cette privation est même forcée pour lui ; car il ne pourrait les exercer sans compromettre sa sûreté, pendant le temps que la prudence l'oblige à la retraite. »

849. Toutefois M. Thoulier a embrassé l'opinion de M. Legraverend.

« Pendant ces cinq ans, dit-il (1), le contumax conserve ses droits civils, mais il est privé de leur exercice (art. 28), à partir du jour de l'exécution de l'arrêt (art. 471 et 472 du Code d'Instruction Criminelle). Ses biens, considérés et régis comme biens d'absent, sont mis en séquestre *sous la garde du directeur des domaines et droits d'enregistrement de son domicile*, et le compte du séquestre est rendu à qui il appartient, après que la condamnation est devenue irrévocable par l'expiration du délai donné pour purger la contumace.

« L'administration des domaines doit, après l'exécution, faire toutes les démarches et actes nécessaires pour mettre sous le séquestre les biens et droits du contumax, et elle doit les gérer et administrer *au profit de l'Etat* jusqu'à l'envoi en possession en faveur des héritiers. (Avis du Conseil d'Etat approuvé le 7 septembre 1809.) »

850. Il nous reste à peser l'opinion de M. Del-

(1) Ibid., p. 248.

vincourt avec le scrupule et la défiance de nous-même que nous inspire ce savant professeur; aussi avons-nous lu avec la plus grande attention tout ce qu'il dit à ce sujet.

Il base son opinion sur ce que le contumax qui a encouru une peine emportant mort civile, n'est cependant dépouillé irrévocablement de ses biens, que lorsque la condamnation est devenue irrévocable par l'expiration du délai donné pour purger la contumace. Il considère, en conséquence, que, pendant tout ce délai, le législateur a dû ne pas faire ouvrir la succession du contumax, ni par conséquent, appeler ses héritiers à l'administration de ses biens; et, comme il pense que le contumax peut purger sa contumace jusqu'à la prescription de la peine, il n'appelle les héritiers à appréhender les biens, qu'au bout de vingt années à dater de l'exécution de la condamnation par effigie (1).

Après y avoir de plus en plus réfléchi, nous déclarons que nous ne pouvons partager aucune des branches de l'opinion de M. Delvincourt.

851. Et d'abord, nous pensons que le contumax n'a que cinq ans pour purger sa contumace, et que s'il laisse passer ce délai, il est dé-

(1) *V.* ibid., p. 24, 25, 307; n° 25, 308; n° 51 et 312; n° 6 et suivantes.

pouillé irrévocablement de tous ses biens, tout comme s'il était mort naturellement.

852. M. Delvincourt base l'opinion contraire 1° sur ce qu'exige l'humanité. Il ne peut croire, dit-il, que le législateur ait voulu réduire à la mendicité un contumax reconnu plus tard innocent. Cependant il admet que le contumax perdra irrévocablement toutes les successions qui lui seront échues jusqu'au moment où il se sera représenté, ou jusqu'à celui où il aura été arrêté, s'il ne s'est ou n'est constitué prisonnier qu'après les cinq ans depuis l'exécution de sa condamnation par effigie.

Nous ne concevons pas cette distinction. Si la loi avait trouvé juste de ne pas dépouiller le contumax reconnu innocent, elle lui aurait rendu aussi bien les successions qui lui sont échues pendant sa contumace, que son propre patrimoine. Combien de condamnés, dont toute la fortune consiste dans ces successions, dans leurs droits légitimaires qui ne se sont ouverts qu'après la condamnation !

853. Le second motif sur lequel M. Delvincourt base son opinion, est, que: d'après la combinaison des articles 465, 466, 471 et 641, l'administration des domaines ne doit se dessaisir des biens, *que vingt ans après l'exécution de l'arrêt.* « Or, dit notre auteur, pourquoi retarderait-on pendant vingt ans la restitution du séquestre, si, à

compter de l'expiration des cinq premières années, les héritiers avaient un droit irrévocable à la succession, un droit entièrement indépendant de la comparution postérieure du condamné? N'est-il pas évident qu'en accordant au condamné, d'un côté vingt ans pour comparaître et se justifier, et en prescrivant de l'autre à la régie des domaines, de tenir les biens en séquestre pendant les mêmes vingt années, on a prévu qu'il était possible que l'accusé se représentât, justifiât son innocence, et pût, dans ce cas, réclamer le compte du séquestre apposé sur ses propres biens (1)? »

853. Plus loin, M. Delvincourt accuse les auteurs qui ne partageront pas son opinion, de la combattre par une pétition de principe, lorsqu'ils argumenteront contre lui de ce que le jugement par contumace produit, entre autres effets, celui de faire envoyer en possession les héritiers du contumax (2).

J'en demande pardon à M. Delvincourt, que je respecte, autant que j'aime ses ouvrages; mais il me semble que lui aussi raisonne par pétition de principe. En effet, pour prouver que le contumax mort civilement, n'est dépouillé irrévocablement de ses biens qu'après la prescription

---

(1) Ibid., p. 313.

(2) *V.* p. 314.

de sa peine, il s'appuie sur ce que, jusqu'à cette prescription, les biens doivent rester dans les mains de l'administration des domaines; et, ensuite il soutient que l'administration des domaines doit rester séquestre des biens des contumaces jusqu'à la prescription de la peine, parce que ces biens doivent être restitués aux contumaces, pourvu qu'ils se constituent, ou soient constitués prisonniers, avant cette prescription; or voilà bien une pétition de principes évidente.

854. Nous croyons avoir établi que les biens doivent être remis aux héritiers présomptifs aussitôt après l'exécution de la condamnation. Le seul argument sérieux, contre cette opinion, qui nous reste à combattre après tout ce que nous avons dit en examinant celle de M. Legraverend, est pris, de ce que le contumax parait avoir le droit de reprendre ses biens, pourvu qu'il se fasse juger de nouveau; qu'ainsi il est inutile de distribuer ces biens aux héritiers.

Pour détruire cet argument, nous pensons qu'il nous suffit de rapporter les expressions de l'art. 476 du Code d'Instruction Criminelle, dont M. Delvincourt n'a pu, ce nous semble, affaiblir en aucune manière les conséquences irrésistibles, malgré ce qu'il dit à ce sujet. Il porte :

« *Si cependant la condamnation par contumace était de nature à emporter la mort civile, et si l'accusé n'a été arrêté, ou ne s'est représenté qu'après les cinq ans qui ont suivi l'exécution du jugement de contumace ; ce jugement, conformément à l'art.* 30 *du Code Civil, conservera, pour le passé, les effets que la mort civile aurait produits dans l'intervalle écoulé depuis l'expiration des cinq années jusqu'au jour de la comparution de l'accusé en justice.* »

855. M. Delvincourt a bien encore voulu, pour soutenir son opinion, argumenter de ce qu'il était inutile de remettre aux héritiers des biens qui peuvent leur échapper ensuite ; ce qui serait, dit-il, laisser les propriétés incertaines, déranger les calculs, les arrangements de famille (1).

Nous répondrons : que toutes les fois que les héritiers ne possèdent qu'à titre d'envoyés en possession, ils ne doivent pas se croire propriétaires, qu'ainsi ils ne calculeront pas sur la propriété ; que cette propriété ne sera pas plus incertaine lorsqu'il s'agira des biens d'un contumax, que lorsqu'il sera question de ceux de tout absent déclaré.

Nous croyons en conséquence, devoir persister absolument dans notre première opinion relativement au personnel de l'administration des biens des contumaces.

856. Finissons par établir : que si M. Merlin professa d'abord l'opinion qui a influé sur celle

(1) Ibid., p. 313.

de M. Legraverend : cet auteur, après avoir mieux réfléchi sur les lois nouvelles et sur ce qui les prépara, a adopté l'opinion contraire : c'est ce que prouve, ce nous semble du moins, un passage de son ouvrage, intitulé : *Questions de droit.*

Ce passage est au quatrième volume v° *séquestre pour contumace*, pages 596 et 597 de la deuxième édition.

Un jugement de la Cour de justice criminelle et spéciale du département du Gard, vu la fuite de D...., accusé de faux en écritures publiques et authentiques, déclarait, conformément à l'article 464 du Code des Délits et des Peines du 3 brumaire an 4, que D.... était déchu des droits et du titre de citoyen français, et que ses biens seraient et demeureraient confisqués au profit de l'état, pendant tout le temps de sa coutumace.

Sous prétexte que cet article avait été abrogé par les 27e et 28e du Code Civil, la dame D...., s'était pourvue en règlement de juges devant la Cour de cassation. M. Merlin, donnant ses conclusions sur ce pourvoi le 18 fructidor an 12, pensa que les moyens invoqués par la dame D.... ne pouvaient motiver qu'une demande en cassation; ce qui fut ainsi jugé.

857. Ce magistrat, afin de faire apprécier le fond de la difficulté proposée par la dame D...., rapporte l'avis du Conseil d'Etat du 19 août 1809;

et cependant nous lisons, dans une note qui est au bas de la page 596 : « Elle (une disposition qui aurait généralisé celle contenue dans l'art. 28 du Code Civil) a été placée depuis dans les articles 465 et 471 du Code d'Instruction Criminelle. Le premier ordonne simplement que les biens des contumaces seront séquestrés, sans dire qu'ils le seront au profit de l'Etat ; le second ajoute : « Si le contumax est condamné, ses biens seront, à partir de l'exécution de l'arrêt, considérés et régis comme biens d'absent.. »

858. Ici donc, M. Merlin ne dit plus, comme dans le passage cité plus haut : « *Cet article* (l'article 465) *ne dit pas que ce séquestre aura lieu au profit de l'Etat, mais l'art.* 466 *le fait entendre assez clairement.* »

859. Maintenant, pourquoi M. Merlin a-t-il changé d'opinion ? Le passage que nous allons transcrire dit clairement que c'est par suite de la lecture approfondie de la discussion qui avait eu lieu au Conseil d'Etat ; discussion que nous avons déjà rapportée (1). Voici, en effet, à propos de quoi M. Merlin a mis dans la seconde édition de son ouvrage imprimé en 1810, la note que nous venons de transcrire.

Après avoir remarqué qu'après la publication

(1) *V.* N° 799 et suiv.

du Code Civil, « il existait une différence, peut-être singulière, entre le sort du condamné par contumace pour un crime emportant mort civile, et celui du contumax, soit condamné, soit simplement poursuivi pour un crime moins grave, » il ajoute :

« Mais, singulière ou non, cette différence n'existe pas moins ; il n'appartient qu'au législateur de la faire disparaître ; et, non-seulement le législateur n'a pas délégué aux tribunaux le pouvoir de la faire cesser eux-mêmes, mais il est prouvé démonstrativement par le procès-verbal de la discussion du Code Civil au Conseil d'Etat, qu'il a entendu que cette différence subsistât jusqu'à ce qu'une loi y eût pourvu.

« Voici, en effet, ce que nous lisons dans ce procès-verbal, séance du 24 thermidor an 9, tome 1er, page 114. »

M. Merlin rapporte cette discussion ; vient ensuite le renvoi à la note que nous venons de transcrire. Après avoir fini de copier cette discussion, M. Merlin ajoute :

« Nous craindrions, Messieurs, d'affaiblir les traits de lumière qui jaillissent de ce passage du procès-verbal du Conseil d'Etat, si nous cherchions à y ajouter nos observations personnelles »

860. Il est évident que M. Merlin est revenu de l'opinion qu'il avait d'abord émise : que les

fruits perçus par l'Etat lui étaient acquis; et comme l'administration attribuée à l'Etat n'avait pour motif que de le saisir de ces fruits, que l'on supposait lui appartenir, il est prouvé, par voie de conséquence, que l'Etat ne doit pas conserver cette administration après le jugement de condamnation, si les héritiers la réclament.

861. Concluons de tout ce que nous venons de dire que : lorsqu'un individu, poursuivi pour un crime, ne se sera pas constitué prisonnier après que l'ordonnance de se représenter lui aura été notifiée; dix jours après cette notification, l'administration des domaines pourra faire apposer le séquestre sur ses biens.

862. Si cet individu est arrêté, ou se constitue prisonnier avant son jugement, le séquestre sera levé aussitôt, et il lui sera rendu compte par l'administration, qui n'aura le droit de retenir que les frais de l'ordonnance de se représenter, et ceux du séquestre.

863. Si l'individu se laisse juger par défaut, ou il sera acquitté ou il sera condamné.

S'il est acquitté, le séquestre sera également levé, et la régie ne pourra retenir que les frais de la contumace et du séquestre.

S'il est condamné, ou bien la peine qu'il a encourue emporte la mort civile, ou bien elle est de celles spécifiées dans l'art. 29 du Code Pénal, ou bien enfin elle n'est énumérée dans aucun des articles cités.

Dans le premier cas, la Régie, qui aura le droit de prendre possession de ses biens, poursuivra l'exercice de ce droit jusqu'au moment où les héritiers ou ayant-cause se seront fait envoyer en possession. Mais aussitôt que l'envoi en possession aura été prononcé, la régie abandonnera l'administration des biens à ceux qui l'auront obtenue ; lesquels ne seront tenus que de payer les frais de la condamnation et du séquestre. Mais la régie n'aura pas à précompter sur ces frais les fruits qu'elle peut avoir perçus pendant qu'elle détenait les biens ; parce que, d'après l'art. 471, le compte du séquestre ne doit être rendu qu'après l'expiration du délai donné pour purger la contumace, et que, vouloir que la régie précomptât ce qu'elle aurait perçu, pendant le séquestre, serait l'obliger indirectement à rendre compte de suite.

Dans le second cas, aussitôt après la condamnation, le conseil de famille devra être convoqué, pour nommer un curateur; lequel, devant administrer les biens du contumax comme ceux des absents, fera faire inventaire, et donnera caution; après quoi, l'administration des biens lui sera délaissée, après qu'il aura payé, avec les biens du condamné les frais de la contumace et ceux du séquestre.

Dans le troisième cas, le condamné aura le droit de reprendre ses biens, de se faire rendre compte des fruits, et il n'aura à payer que les frais de la condamnation et ceux du séquestre : dans ce cas, il n'est pas privé de l'exercice de ses droits civils.

864. Si le condamné est arrêté ou se constitue prisonnier pendant le délai qu'il a pour purger sa contumace, quelle que soit la peine qu'il avait encourue, ses biens lui seront restitués ; l'Etat lui rendra compte, ainsi que les envoyés en possession ou le curateur ; et ce délai est de cinq ans, et non de vingt comme nous l'avons établi plus haut (1). Car il s'agit évidemment ici du délai pour purger la contumace, lequel n'est que de cinq ans d'après les art. 28, 29, 30, 31 du Code Civil, et 476 du Code d'Instruction Criminelle ; tandis que le délai de vingt ans n'est que celui par lequel toute peine se prescrit, et pendant (lequel) la représentation du condamné ou son arrestation, font bien tomber le jugement de condamnation, mais ne purgent plus la contumace pour le passé dès que les cinq années sont expirées. Ceci n'est toutefois applicable que lorsque le contumax avait encouru la mort civile.

865. En conséquence si le condamné n'est arrêté ou ne se constitue prisonnier qu'après les cinq ans, ou il avait encouru la mort civile, ou il ne l'avait pas encourue.

Dans le premier cas, il a été dépouillé irrévocablement de tous les biens qu'il possédait au moment de sa condamnation ; ces biens sont

(1) V. N° 849 et suiv.

devenus la propriété incommutable de ses héritiers; il ne peut donc en rien réclamer. Ses héritiers, au contraire, une fois les cinq ans expirés, ont le droit de faire rendre compte à l'Etat de la régie qu'il a pu exercer.

Dans le second cas, les droits civils du condamné n'étant que suspendus, aussitôt qu'il est constitué prisonnier, il en reprend l'exercice et le curateur doit lui remettre l'administration des biens et son compte; mais ce curateur a pu, aussitôt le délai pour purger la contumace expirée, faire rendre compte à l'Etat de sa gestion.

866. Dès que, dans le cas de la condamnation à une peine emportant mort civile, les biens du condamné doivent être administrés et régis par les mêmes personnes que s'il s'agissait des biens d'un absent, l'époux en optant pour la continuation de la communauté, pourra-t-il prendre ou conserver cette administration? Nous le pensons; car il n'y a aucune raison pour priver l'époux de ce droit. Mais l'accomplissement du délai pour purger la contumace faisant ouvrir la succession du contumax, lorsqu'il a encouru la mort civile, dans ce cas son époux ne pourra conserver l'administration des biens que jusqu'à l'expiration du délai.

867. Nous avons encore conclu des termes des articles 28 au Code Civil et 471 au Code d'Instruction Criminelle, que tous ceux que la loi charge de l'administration des biens des

contumax, devront suivre, pour cette administration, les règles tracées pour celle des biens des absents. Résultera-t-il de ce principe, que ces administrateurs feront les fruits leurs, dans la même proportion que les administrateurs des biens des absents?

Cette question est assez embarrassante, parce qu'il paraît, au premier coup d'œil, que, dès que toutes les règles sur l'administration des biens de l'absent sont applicables au curateur, on ne peut faire exception pour celle-ci.

Nous observerons cependant que la peine ne se prescrivant que par vingt ans, le condamné se verrait, par cette disposition, dépouillé de tous les fruits et revenus de ses biens; et cependant nous croyons avoir prouvé que le législateur a supprimé cette confiscation au profit de l'Etat, et il ne l'a certainement pas rétablie au profit des particuliers.

868. Cette règle, d'ailleurs, n'est pas, à proprement parler, relative à l'administration des biens; c'est une prime que le législateur a accordée, afin d'encourager les individus qu'il appelait à l'administration des biens des absents; or, le motif de cette prime ne se rencontre pas ici.

869. Nous pensons, en conséquence, que ceux qui administreront les biens des contumax, devront, le cas y échéant, rendre compte des fruits et revenus de ces biens : ce sont de véritables *negotiorum gestores*.

CHAPITRE SEPTIÈME.

Des causes de la cessation de l'absence, et des effets de cette cessation.

870. L'absence n'est pas un état naturel dans la vie civile de l'homme; elle est, au contraire, une interprétation de cet état.

871. Il y a absence, toutes les fois que l'on ignore, légalement du moins, le lieu de la résidence d'un individu, et qu'on n'en a aucune nouvelle depuis une époque déterminée. Cet état établit l'incertitude sur la vie ou la mort de l'absent déclaré ou définitif.

872. Mais dès que l'absence est une exception, elle doit cesser de plein droit quand les motifs sur lesquels elle est basée ne subsistent plus.

873. Pour qu'elle puisse être déclarée, il faut

la réunion des trois circonstances : 1° qu'un individu ait disparu sans que l'on ait de trop fortes raisons pour croire à sa mort ; 2° que l'on ne reçoive aucune nouvelle de cet individu ; 3° que la disparition et les dernières nouvelles remontent au moins à cinq ans.

874. Par voie de conséquence, l'absence cessera de plein droit, aussitôt que l'une de ces trois circonstances sera détruite ; c'est ce que décide l'art. 131, en ces termes :

> Si l'absent reparaît, ou si son existence est prouvée pendant l'envoi provisoire, les effets du jugement qui aura déclaré l'absence, cesseront, sans préjudice s'il y a lieu, des mesures conservatoires prescrites par le chapitre premier du présent titre pour l'administration de ses biens.

L'art. 132 fait aussi cesser l'absence, si l'absent reparaît, ou si son existence est prouvée, même après l'envoi définitif.

875. Mais, pour qu'un individu soit traité comme absent, il ne faut pas seulement la réunion sur sa tête des trois circonstances ci-dessus, il faut encore que sa vie et sa mort soient incertaines. Les articles 131 et 132 disent comment s'évanouit l'incertitude sur la vie ; le 130e indique ce qui fait cesser l'incertitude de la mort. « *La succession de l'absent*, porte cet article, *sera ouverte du jour de son décès prouvé*, *au profit des héritiers les plus proches.....* »

876. Ainsi donc, l'absence peut cesser de trois manières :

1° Par le retour de l'absent;

2° Par la preuve acquise de son existence;

3° Par la preuve acquise de sa mort.

877. La première cause de la cessation de l'absence n'a besoin d'aucune explication; il est évident, que dès que l'absent est de retour, il ne peut plus être compté parmi les absents.

Passons aux deux autres.

878. 2° *La preuve de son existence :* Comment cette existence devra-t-elle être prouvée? Faudra-t-il une preuve complète, ou de simples présomptions? De quels actes, de quels témoignages résultera la preuve complète?

879. Si tout, dans la loi sur l'absence, ne devait pas être expliqué en faveur de l'absent, ces questions seraient plus difficiles à résoudre. Mais comme la loi range à regret un individu dans la classe des absents, elle ne doit pas être fort exigeante pour l'en éliminer.

Elle se contentera de tout ce qui pourra servir à prouver l'existence; de lettres directes ou indirectes; de pièces ou actes d'où résulterait que l'absent vit; de témoignages : elle recueillera tout.

880. Cependant, lorsqu'il s'agira de faire cesser l'envoi provisoire, c'est-à-dire les effets de l'absence, il faudra une preuve complète de l'existence de

l'absent. Ses biens ne périclitent pas dans les mains des possesseurs provisoires ; il n'y a aucun danger à les leur laisser administrer, quoique déjà l'existence de l'absent soit probable.

Mais lorsque la certitude de l'existence sera acquise, et que les envoyés en possession devront rendre compte, leur possession sera considérée comme ayant pris fin du jour où il sera reconnu qu'ils n'ont plus ignoré l'existence de l'absent.

Ainsi, comme la publication des jugements de déclaration d'absence peut faire adresser aux fonctionnaires publics, aux magistrats, des documents sur l'existence de ceux que ces jugements concernent, ils devront s'empresser de les transmettre au procureur du Roi près le tribunal qui aura rendu les jugements, lequel en donnera de suite connaissance aux possesseurs provisoires; car, la connaissance de l'existence de l'absent parvenue à ces possesseurs, peut seule faire cesser pour eux l'absence, et par conséquent les effets de leur possession ; jusque-là, ils jouissaient de bonne foi.

881. Si cette preuve n'est acquise qu'après l'envoi définitif, c'est alors qu'il sera urgent, non-seulement de la faire connaître à ceux qui ont obtenu cet envoi, mais encore de la rendre

publique, afin que, personne ne contracte désormais avec les possesseurs définitifs.

882. L'absent, ou ses représentants, ou ayant cause seront au surplus admis à prouver que son existence était suffisamment établie pour les possesseurs et pour ceux qui ont traité avec eux, afin de faire annuler les actes passés postérieurement à l'époque où l'existence étoit connue.

Il suffira même sans doute, pour que ces actes soient déclarés nuls, d'établir que le bruit de l'existence de l'absent était parvenu aux oreilles des tiers qui ont traité avec les possesseurs. Il serait bien difficile de prouver qu'ils ont été certains de cette existence; le doute à cet égard aura dû suffire aux tiers de bonne foi pour les empêcher de contracter avec ceux qui ne devoient plus être, si l'absent existoit, les maîtres de disposer de ses biens.

883. La cessation de l'absence *par le décès de l'absent* n'aura au contraire lieu, que lorsque la preuve du décès sera complète. Il ne s'agit plus ici de l'intérêt de l'absent, mais seulement de celui de ses représentants ou ayant-cause. Or, en principe, celui qui réclame un droit, est obligé de prouver d'abord sa qualité; il faut donc que celui qui veut exercer un droit qui lui serait échu par le décès d'un absent, prouve ce décès.

884. D'après l'art. 46 au Code Civil, on ne peut être admis à prouver un décès que par l'acte mortuaire, à moins qu'il n'ait pas existé des re-

gistres, ou que ces registres soient perdus : cet article régira la manière de prouver le décès des absents, comme l'établit l'article 5 de la loi du 13 janvier 1817 rapportée au chapitre cinq ci-dessus (1).

885. Aussitôt que l'absence aura dû cesser, tous ses effets seront considérés comme ayant pris fin aussi.

886. Si cette cessation a lieu pendant l'envoi provisoire, les possesseurs restitueront les biens à l'absent lui-même s'il revient, ou à son procureur fondé s'il en constitue un.

887. Pendant tout le temps qui s'écoulera depuis que les effets de l'absence auront dû cesser, jusqu'à celui où les envoyés en possession se dessaisiront réellement de cette possession, ces envoyés seront censés gérer les biens pour l'absent.

888. Les cautions intéressées à acquérir leur libération, pourront agir, ce nous semble, afin d'amener le dessaisissement et la reddition du compte des envoyés en possession qu'elles avaient cautionnés.

889. Dès que la preuve de l'existence de l'absent sera acquise, on procédera contre lui, comme contre tout individu non présent.

890. Si l'existence de l'absent n'est prouvée

(1) *V. Suprà*, n° 766.

qu'après l'envoi définitif, ceux qui avaient obtenu cet envoi devront bien rendre compte, mais seulement d'après les règles contenues en l'article 132.

Ainsi, l'absent ne pourra réclamer ses biens, que dans l'état où ils se trouveront; et le prix de ceux qui auraient été aliénés, ou les biens provenant de l'emploi qui aura été fait du prix des biens vendus.

891. Remarquons que, si le législateur n'a pas voulu troubler les droits acquis par des tiers, ni trop gêner la libre disposition des biens dans les mains des envoyés en possession définitive, elle s'est arrêtée là, et tout annonce qu'elle n'entend pas que ces envoyés puissent s'enrichir aux dépens du patrimoine de l'absent.

Appliquons cette observation aux règles posées pour le mode de la restitution que doivent les possesseurs définitifs.

892. Ils doivent restituer, 1° *les biens dans l'état où ils se trouveront;* à moins, sans doute, qu'ils n'aient profité de leur dégradation même. Dans ces biens, par exemple, était une belle forêt de haute fûtaie, les envoyés en possession l'ont abattue ; ils doivent en rendre le prix. D'ailleurs ce prix est celui d'un immeuble; or, une autre disposition veut que tout possesseur définitif rende le prix des immeubles.

L'absent avait une manufacture, un fonds de

commerce, les possesseurs définitifs ont détruit cette manufacture, ont vendu le fonds de commerce; si ces opérations les ont enrichis, ils doivent rendre ce dont ils ont réellement profité.

Mais ils auront laissé tomber en ruine, brûler les maisons, dépérir les établissements, les usines, détériorer les terres; ils ne devront rendre tout cela que dans l'état où il se trouvera.

893. 2°. *Le prix de ceux qui auraient été aliénés.* La loi permet bien aux possesseurs définitifs d'abuser de leur propriété, mais elle ne veut pas qu'ils puissent se hâter de dénaturer les biens pour que l'absent ne puisse rien trouver à son retour. Ils seront obligés de rendre le prix des biens aliénés par eux, alors même que leur fortune ne se serait pas accrue. Mais comme les tiers ne doivent souffrir en rien de la cessation de l'absence, la restitution du prix des biens vendus n'aura lieu qu'après que tous les créanciers des possesseurs définitifs auront été satisfaits; les créanciers par actes ayant date certaine, s'entend. Mais cette condition sera la seule exigée pour primer l'absent ou ses représentants; il ne sera pas nécessaire que les créances fussent ni privilégiées, ni hypothécaires, et par conséquent inscrites.

894. 3°. *Ou des biens provenant de l'emploi du prix de ces biens.* Pour que les possesseurs définitifs puissent offrir d'abandonner des biens,

en remplacement de ceux vendus, il faudra qu'en achetant ces biens qu'ils offrent, ils aient déclaré que l'acquisition était faite des deniers provenant du prix de ceux de l'absent, vendus.

895. « On a demandé, dit M. de Maleville sur l'art. 132 (1), si les hypothèques que les héritiers présomptifs auraient assises sur les biens de l'absent, après l'envoi définitif, seraient détruites par son retour; je crois, répond notre illustre auteur, qu'elles subsisteraient; car, dès que l'absent ne peut pas quereller même les ventes, à plus forte raison, les simples hypothèques, et l'article décide bien nettement la question, en disant qu'il prendra les biens dans l'état où ils se trouveront.

« Vainement alléguerait-on pour l'opinion contraire, continue M. de Maleville, le cas de l'hypothèque établie sur un fonds, par quelqu'un qui n'en a qu'une propriété résoluble; laquelle hypothèque s'évanouit, lorsque le cas de la résolution arrive : un héritier envoyé en possession définitive, ne peut pas être assimilé à un acquéreur à pacte de rachat, ou sous quelqu'autre condition; la loi le considère comme propric-

(1) Ibid., p. 147 et 148.

taire perpétuel et incommutable; et ce n'est que par mesure d'équité que, dans le cas invraisemblable du retour de l'absent, après trente-cinq ans d'absence, ou après la centième année de son âge, elle veut que l'héritier présomptif lui rende ses biens, mais dans l'état où ils se trouveront, et sans préjudice du droit des tiers : d'ailleurs celui qui a contracté avec quelqu'un qui n'a qu'une propriété résoluble, a dû connaître la condition de celui-ci; il s'est exposé à un risque évident; au lieu que celui qui a traité avec l'héritier présomptif envoyé en possession définitive, l'a fait sous l'autorité des lois et de la justice, et avec un propriétaire désigné incommutable. »

Nous pensons : que pour accorder tous les intérêts, il faut décider que les biens de l'absent demeureront hypothéqués en faveur des tiers; mais que les envoyés en possession devront dédommager le patrimoine de l'absent. C'est ce qui résulte même de l'obligation imposée à ces possesseurs de restituer le prix des biens vendus; l'hypothèque est une sorte d'aliénation.

896. La loi ne commande que le remboursement du prix des biens vendus; ne sera-il rien dû pour les biens donnés?

Si un possesseur définitif a donné des biens de l'absent à ses enfants, il en devra récompense; car, il s'en est servi pour payer une dette naturelle et civile, et son patrimoine s'est accru de toute l'importance de la donation. Toute autre donation ne nous semble pas devoir astreindre à une récompense. Le possesseur définitif a pu se croire propriétaire; en donnant, il ne s'est pas enrichi.

897. La donation ne peut non plus être annulée, puisque les tiers ne doivent souffrir en rien de la cessation de l'absence.

L'absent ou ses représentants en obtiendraient toutefois l'annulation, s'ils établissaient qu'elle a été frauduleuse; qu'elle a caché une vente, un échange, le payement d'une dette, si elle avait été faite alors que le donateur et le donataire avaient d'assez justes motifs de croire au retour de l'absent.

898. Nous avons expliqué, sous la seconde section du chapitre 3, comment et dans quel délai l'absent, ou ses représentants ou ayant-cause, peuvent réclamer les biens des mains des envoyés en possession définitive, nous y renvoyons pour ne pas nous répéter.

899. En dernière analyse, lorsque l'absence cesse pendant la troisième période, l'absent et ses représentants, ou ayant-cause, s'ils agissent en temps utile, reprennent les biens des mains des envoyés en possession définitive. Mais ils

les reprennent de manière à ne pas rendre la restitution onéreuse aux possesseurs, et à ne blesser, sous aucun rapport ni prétexte, les intérêts que les tiers avaient acquis de bonne foi.

FIN.

TABLE
DES MATIÈRES.

(Note. Les chiffres renvoient ordinairement aux numéros des alinéas.)

FIN DE LA TABLE.

PARIS, DE L'IMPRIMERIE D'A. EGRON.

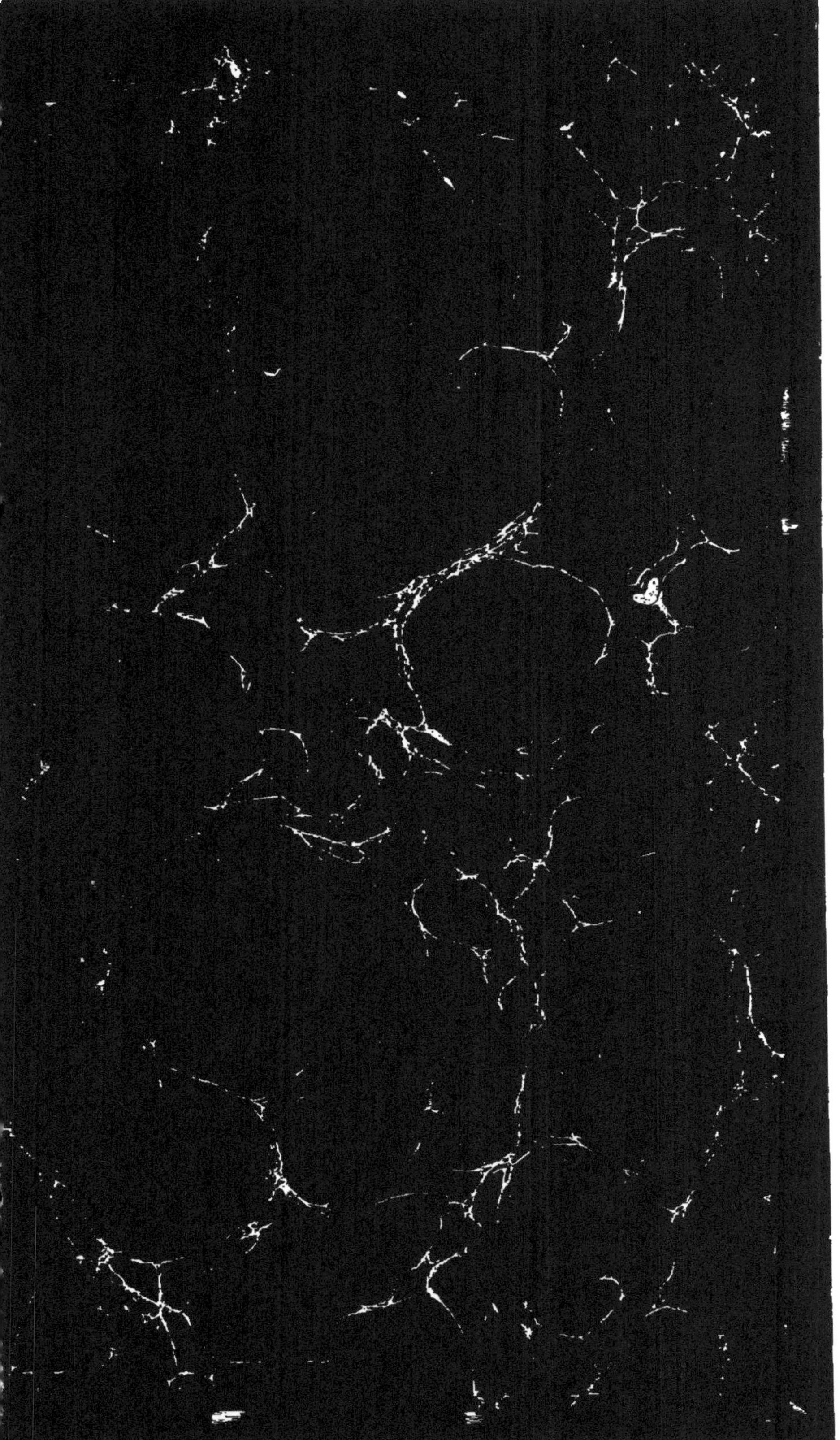